魏莉莉 / 著

中国梦
与
"90一代"

THE CHINESE DREAM
AND THE "90s GENERATION"

上海社会科学院出版社
SHANGHAI ACADEMY OF SOCIAL SCIENCES PRESS

图书在版编目(CIP)数据

中国梦与"90一代" / 魏莉莉著 .— 上海 ：上海社会科学院出版社，2022
 ISBN 978-7-5520-3822-4

Ⅰ. ①中… Ⅱ. ①魏… Ⅲ. ①青年社会学—研究—中国—现代 Ⅳ. ①C913.5

中国版本图书馆 CIP 数据核字(2022)第 117674 号

中国梦与"90一代"

著　　者：魏莉莉
责任编辑：刘欢欣
封面设计：周清华
出版发行：上海社会科学院出版社
　　　　　上海顺昌路 622 号　邮编 200025
　　　　　电话总机 021-63315947　销售热线 021-53063735
　　　　　http：//www.sassp.cn　E-mail：sassp@sassp.cn
照　　排：南京理工出版信息技术有限公司
印　　刷：上海新文印刷厂有限公司
开　　本：720 毫米×1000 毫米　1/16
印　　张：15
字　　数：234 千
版　　次：2022 年 9 月第 1 版　2022 年 9 月第 1 次印刷

ISBN 978-7-5520-3822-4/C·217　　　　　　　　定价：78.00 元

版权所有　翻印必究

本研究获得国家社科基金青年项目"中国梦背景下'90后'人生追求的现状、成因及培养策略研究"(项目批准号:14CKS038)的资助。

代　序

杨　雄

党的十九大提出"两步走"战略以及《中共中央关于制定国民经济和社会发展第十四个五年规划和二〇三五年远景目标的建议》，到2035年，中国基本实现社会主义现代化远景目标，人均国内生产总值达到中等发达国家水平，中等收入群体将显著扩大，到21世纪中叶，中国要建成富强民主文明和谐美丽的社会主义现代化强国。而现代化强国最重要的核心内容是人的现代化，无疑庞大的青年群体是实现中国现代化强国梦想的建设者与接班人。

改革开放40多年来，中国经济实现高速增长，成为世界第二大经济体。国家的发展极大地提高了人民的生活水平，为青年一代的成长成才提供了丰富的物资和精神条件，也为这一代追求个人梦想提供了时代机遇。2020年我国已全面建成小康社会，从新时代开启新征程，它得到了大多数中国人，特别是青年一代所组成的超级样本量的验证。由于不同代人生存的时代背景和社会环境不同，因此其在人生追求上的具体表现和特征会存在差异。现代化进程必然包括物质和精神层面的双重动力和目标，是这种双重动力和目标相互作用的结果。

魏莉莉副研究员主持的国家社会科学基金项目"中国梦背景下'90后'人生追求的现状、成因及培养策略研究"，采用社会学代际比较的研究视角，围绕"90后"一代人生追求的价值取向，与"60后"、"70后"和"80后"开展了纵向比较，主要研究如下四个问题：(1)中国梦背景下"90后"人生追求的内涵结构是什么？(2)"90后"的人生追求在代际层面和内涵层面究竟具有怎样的特征？(3)形成"90后"人生追求的宏观和微观原因是什么？(4)如何有效提升"90后"的人生追求，并以此提升国家竞争力，助推中国梦早日实现。经过实证研究与统计分析，概括得出主要结论：

其一,"90后"人生追求的内涵结构与分析框架。综合人生追求的基本概念和历史溯源,结合"中国梦"大背景以及我国《中长期青年发展规划(2016—2025年)》,该书提出在青年发展的各个领域中,"思想道德""婚恋""就业创业"以及"社会融入与社会参与"这四个领域,能够集中反映"90后"的人生追求特征。其中,"思想道德"对应"价值取向",构成"90后"人生追求体系的基础底色;"婚恋"对应"婚恋家庭",属于人生追求体系中的情感层面;"就业创业"对应"就业创业",属于人生追求体系中的生存和发展层面;"社会融入与社会参与"对应"政治认同"和"社会参与","政治认同"属于归属感层面的追求,"社会参与"属于群体属性方面的追求,由此形成"90后"人生追求的内涵结构和基本框架。

其二,"90后"在人生追求上呈现出鲜明时代特征。这一特征体现在"90后"人生追求的各个维度上:(1)在价值取向上,"90后"高度认同自由和快乐,但仍然以物质主义价值追求居多。"90后"在价值追求上是处于理想我与现实我的矛盾统一之中;(2)在婚恋家庭上,"90后"既认同成功婚姻的关键在于尊重、理解等情感因素,但同时非常注重物质因素,表现出观念上的理想化和行为上的务实化;(3)在就业创业上,"90后"具有非常鲜明的务实性,经济收入仍是择业最重要因素。尽管"90后"最注重追求自由和快乐,但是当落实到具体的职业选择时,他们就趋于务实,将经济收入放在所有可考虑因素的首位;(4)在政治认同上,"90后"具有较高政治热情,但其动机表现出实用性和功利性取向;(5)在社会参与上,"90后"参与意愿最高的是兴趣类组织,但实际参与比例最高的是校友会和工会。参与意愿与参与行为存在一定差距,体现出理想和现实之间的落差。

其三,"90后"的人生追求特征系社会因素综合影响之产物。(1)成长环境和受教育程度是影响"90后"人生追求的个体原因,具体体现在不同户籍、不同受教育程度、不同政治面貌以及不同家庭背景的"90后"在人生追求的许多方面存在显著差异。(2)全球化是影响"90后"人生追求的时代特征。在全球化的背景下,"90后"参与国际交流的机会越来越多,这种国际化的经历对他们的人生追求产生影响,表现为具有不同国际化经历的"90后"在人生追求的各个方面均存在差异。(3)媒体是影响"90后"人生追求的重要力量。在各类媒体中,新闻联播作为我们国家的主流媒体,对"90

后"人生追求诸多方面产生影响。而作为网络原住民的"90后",部分也会采取翻墙行为浏览境外网页,对其人生价值观产生一定影响。(4)社会转型是影响"90后"人生追求的宏观背景。传统—现代—后现代社会转型是"90后"生存面临的重要社会环境,其中各种社会要素交织在一起,形成一种复杂的社会氛围,共同对"90后"的人生追求目标产生作用。(5)认同与信任危机将可能对"90后"人生追求产生负面效应。不同的社会信任度对"90后"不同领域的人生追求有较大的影响作用。

习近平总书记在十九大报告中指出:"青年兴则国家兴,青年强则国家强。青年一代有理想、有本领、有担当,国家就有前途,民族就有希望。"因此认真研究青年一代的人生追求与行为方式,因势利导地引导其价值取向,将这一代培养成为坚定的社会主义事业建设者与接班人,无疑对实现中华民族的伟大复兴具有重要战略意义。

以上是本人阅读魏莉莉博士新著《中国梦与"90一代"》后的几点较深印象,即写之,是为序。

记于淮海中路上海社会科学院社会学研究所
2022年3月22日

目　　录

代序 …………………………………………………………………… 1
第一章　绪论 ………………………………………………………… 1
　　第一节　中国梦与青年梦 ………………………………………… 1
　　第二节　人生追求 ………………………………………………… 7
　　第三节　主要研究视角 …………………………………………… 12
　　第四节　调查基本情况 …………………………………………… 19
第二章　价值观追求现状及成因 …………………………………… 25
　　第一节　社会主义核心价值观追求 ……………………………… 26
　　第二节　生活价值观追求 ………………………………………… 34
　　第三节　物质/后物质主义价值观追求 …………………………… 54
　　第四节　对社会思潮的态度 ……………………………………… 60
　　小结 ………………………………………………………………… 76
第三章　婚恋家庭追求现状及成因 ………………………………… 78
　　第一节　对家庭重要性的看法 …………………………………… 79
　　第二节　婚姻追求 ………………………………………………… 86
　　第三节　育儿追求 ………………………………………………… 90
　　小结 ………………………………………………………………… 103
第四章　就业创业追求现状及成因 ………………………………… 105
　　第一节　择业动机 ………………………………………………… 106
　　第二节　就业地选择 ……………………………………………… 111
　　第三节　就业单位选择 …………………………………………… 119

第四节	创业意愿和行为	127
小结		135

第五章　政治参与追求现状及成因　137
第一节	入党行为和意愿	138
第二节	对政治的兴趣	145
第三节	政治活动参与行为和意愿	151
第四节	参军意愿	165
小结		170

第六章　社会参与追求现状及成因　173
第一节	参与社团组织的行为	174
第二节	参与社团组织的意愿	182
第三节	社交媒体参与	191
小结		200

第七章　结论和对策建议　202
第一节	主要结论	202
第二节	对策建议	213

参考文献　219

第一章 绪 论

改革开放40多年来,中国经济实现高速增长,成为仅次于美国的世界第二大经济体。国家的发展极大地提高了人民的生活水平,为青年的成长成才提供了丰富的物资和精神条件。习近平总书记提出国家富强、民族振兴、人民幸福的中国梦,这为当代青年追求个人梦想提供了重要的时代机遇。在全球政治经济格局变动,中美贸易争端以及各国利益纷争的国际背景下,青年要把个人梦想融入国家和民族的梦想中,把人生理想融入国家和民族的事业中,才能最终成就一番事业。

第一节 中国梦与青年梦

中国梦为青年追梦提供了时代际遇,同时,中国梦的实现需要青年的接续奋斗。在当前中国特色社会主义进入新时代的历史时期,青年应当努力奋进,在实现中华民族伟大复兴中国梦的伟大实践中放飞自己的青春梦想。

一、中国梦为青年追梦提供了时代际遇

中国梦是当代青年追梦的时代大背景。正如习近平总书记在《青年要自觉践行社会主义核心价值观——在北京大学师生座谈会上的讲话》中指出:"党的十八大提出了'两个一百年'奋斗目标。现在,我们比历史上任何时期都更接近实现中华民族伟大复兴的目标,比历史上任何时期都更有信心、更有能力实现这个目标。……每一代青年都有自己的际遇和机缘,都要在自己所处的时代条件下谋划人生、创造历史。青年是标志时代的最灵敏的晴雨表,时代的责任赋予青年,时代的光荣属于青年。"①

2012年11月29日,习近平总书记带领中央领导集体参观国家博物馆举办的《复兴之路》展览时首次明确提出"中国梦",他指出:"每个人都有理想和追求,都有自己的梦想。现在,大家都在讨论中国梦,我以为,实现中华民族伟大复兴,就是中华民族近代以来最伟大的梦想。这个梦想,凝聚了几代中国人的夙愿,体现了中华民族和中国人民的整体利益,是每一个中华儿女的共同期盼。历史告诉我们,每个人的前途命运都与国家和民族的前途命运紧密相连。国家好,民族好,大家才会好。实现中华民族伟大复兴是一项光荣而艰巨的事业,需要一代又一代中国人共同为之努力。"②

此后,习近平总书记在国内国际多个重要场合,先后多次阐述中国梦。③其中,2013年3月17日,习近平在人民大会堂举行的第十二届全国人民代表大会第一次会议上的讲话,首次对中国梦的深刻内涵及其实现途径作了集中阐释④,他指出:"实现全面建成小康社会、建成富强民主文明和谐的社会主义现代化国家的奋斗目标,实现中华民族伟大复兴的中国梦,就是要实现国家富强、民族振兴、人民幸福,既深深体现了今天中国人的理想,也深深反映了我们先人们不懈追求进步的光荣传统。……实现中国梦必须走中国道路,必须弘扬中国精神,必须凝聚中国力量。"⑤

中国梦,"核心内涵是中华民族伟大复兴","基本内涵是实现国家富强、民族振兴、人民幸福","在新的历史时期,中国梦的本质是国家富强、民族振兴、人民幸福"⑥。中国梦的话语表达,对原本比较严肃的意识形态话语进行了创造性的转换,使其可亲可爱、更接地气,具有很大的亲和力、感召力,从而更为人民大众喜闻乐见,易于为人民大众所接受,它将每个人每天的奋

---

① 习近平.青年要自觉践行社会主义核心价值观——在北京大学师生座谈会上的讲话[N].人民日报,2014-05-05(2).
② 习近平.承前启后继往开来继续朝着中华民族伟大复兴目标奋勇前进——在参观《复兴之路》展览时的讲话[N].人民日报,2012-11-30(1).
③ 丁俊萍.中国梦之中国力量[M].武汉:武汉大学出版社,2015:4.
④ 丁俊萍.中国梦之中国力量[M].武汉:武汉大学出版社,2015:5.
⑤ 习近平.在第十二届全国人民代表大会第一次会议上的讲话[N].人民日报,2013-03-18(1).
⑥ 中共中央文献研究室.为实现中华民族近代以来最伟大的梦想而奋斗——学习《习近平关于实现中华民族伟大复兴的中国梦论述摘编》[N].人民日报,2013-12-03(6).

斗与国家未来要实现的宏伟目标联系在一起,使其成为一个整体。①2013年10月23日,习近平总书记在同全国总工会新一届领导班子成员集体谈话时说:"中国梦是一种形象的表达,是一个最大公约数,是一种为群众易于接受的表述,核心内涵是中华民族伟大复兴。"②

由此可见,当前我们国家追求实现中国梦的历史进程为青年一代追求个人发展和人生梦想提供了伟大的历史机遇和时代机缘。

二、中国梦的实现需要青年的接续奋斗

中国梦要实现,离不开全国人民的共同努力,离不开一代又一代青年的接续奋斗。中共十八大之后,习近平总书记在不同的会议、不同的场合反复强调党对青年的殷切期望,强调青年是实现中华民族伟大复兴的生力军,强调青年兴则国家兴,青年强则国家强。正如2013年5月4日习近平总书记在同各界优秀青年代表座谈时所指出:"青年一代有理想、有担当,国家就有前途,民族就有希望,实现我们的发展目标就有源源不断的强大力量。……中国梦是我们的,更是你们青年一代的。中华民族伟大复兴终将在广大青年的接力奋斗中变为现实。……中国共产党始终高度重视青年、关怀青年、信任青年,对青年一代寄予殷切期望。中国共产党从来都把青年看作是祖国的未来、民族的希望,从来都把青年作为党和人民事业发展的生力军,从来都支持青年在人民的伟大奋斗中实现自己的人生理想。"③

2016年4月26日,习近平在与知识分子、劳动模范、青年代表座谈会上的讲话中又指出:"青年是中国特色社会主义事业接班人、是国家的未来和民族的希望。我们要全面建成小康社会,进而建成富强民主文明和谐的社会主义现代化国家,实现中华民族伟大复兴,必须依靠知识,必须依靠劳动,必须依靠广大青年。这是我们国家和民族发展的力量所在,也是我们事业成功的力量所在。……实现中华民族伟大复兴的中国梦,需要一代又一代有志青年接续奋斗。青年人朝气蓬勃,是全社会最富有活力、最具有创造性

---

① 丁俊萍.中国梦之中国力量[M].武汉:武汉大学出版社,2015:6.
② 中共中央文献研究室.习近平关于实现中华民族伟大复兴的中国梦论述摘编[M].北京:中央文献出版社,2013:10.
③ 习近平.在同各界优秀青年代表座谈时的讲话[N].人民日报,2013-05-05(2).

的群体。党和人民对广大青年寄予厚望。"①

2019年是五四运动爆发100周年,2019年4月30日习近平在纪念五四运动100周年大会上的讲话中特别指出:"五四运动以来的100年,是中国青年一代又一代接续奋斗、凯歌前行的100年,是中国青年用青春之我创造青春之中国、青春之民族的100年。……实践充分证明,中国青年是有远大理想抱负的青年!中国青年是有深厚家国情怀的青年!中国青年是有伟大创造力的青年!无论过去、现在还是未来,中国青年始终是实现中华民族伟大复兴的先锋力量!……青年是整个社会力量中最积极、最有生气的力量,国家的希望在青年,民族的未来在青年。今天,新时代中国青年处在中华民族发展的最好时期,既面临着难得的建功立业的人生际遇,也面临着'天将降大任于斯人'的时代使命。新时代中国青年要继续发扬五四精神,以实现中华民族伟大复兴为己任,不辜负党的期望、人民期待、民族重托,不辜负我们这个伟大时代。"②

以上论述,充分体现了以习近平同志为核心的党中央对青年的充分信任和殷殷期望。青年是接续历史、现实和未来的传承者,是建设中国特色社会主义事业承前启后、继往开来的一代,当代青年个人的前途命运与国家和民族的前途命运紧密相连,实现民族复兴的接力棒,将历史地交到当代青年的手上,中国梦的实现需要当代青年在前辈的基础上接续奋斗。③

三、青年追梦应与中国梦同频共振

不同时代的青年有不同的历史使命和担当,当代青年追求个人梦想应与国家的需求相结合,青年梦应融于中国梦,青年梦是中国梦的有机组成部分,青年梦和中国梦在根本上是统一的。正如马克思曾经说过的:"作为确定的人,现实的人,你就有规定,就有使命,就有任务,至于你是否意识到这一点,那都是无所谓的。这个任务是由于你的需要及其与现存世界的联系而产生的。"④

历史告诉我们,广大青年的命运时刻都同国家、民族和人民的命运紧

---

① 习近平.在知识分子、劳动模范、青年代表座谈会上的讲话[N].人民日报,2016-04-30(2).
② 习近平.在纪念五四运动100周年大会上的讲话[N].人民日报,2019-05-01(2).
③ 杨雄."四个伟大":当代青年发展的基本遵循[J].青年研究,2017(6):1-4.
④ 马克思,恩格斯.马克思恩格斯全集(第3卷)[M].北京:人民出版社,1960:329.

紧相连。要自觉树立和坚持崇高的理想信念,将个人发展与国家需要紧密结合起来,心有国家,不畏艰难,锐意进取,为祖国和人民建功立业,在报效国家的过程中成就事业。①正如习近平总书记同各界优秀青年代表座谈时所指出:"近代以来,我国青年不懈追求的美好梦想,始终与振兴中华的历史进程紧密相联。在革命战争年代,广大青年满怀革命理想,为争取民族独立、人民解放冲锋陷阵、抛洒热血。在社会主义革命和建设时期,广大青年响应党的号召,向困难进军,向荒原进军,保卫祖国,建设祖国,在新中国的广阔天地忘我劳动、艰苦创业。在改革开放历史新时期,广大青年发出团结起来、振兴中华的时代强音,为祖国繁荣富强开拓奋进、锐意创新。"②

在充分肯定历史上青年在振兴中华的过程中作出的重要贡献后,习近平总书记又提出了对当代青年全程参与实现"两个一百年"奋斗目标,将实现中国梦的同时实现自己人生目标的殷切期望。习近平指出:"中国梦是国家的梦、民族的梦,也是包括广大青年在内的每个中国人的梦。'得其大者可以兼其小。'只有把人生理想融入国家和民族的事业中,才能最终成就一番事业。"③"现在在高校学习的大学生都是20岁左右,到2020年全面建成小康社会时,很多人还不到30岁;到本世纪中叶基本实现现代化时,很多人还不到60岁。也就是说,实现'两个一百年'奋斗目标,你们和千千万万青年将全过程参与。有信念、有梦想、有奋斗、有奉献的人生,才是有意义的人生。当代青年建功立业的舞台空前广阔、梦想成真的前景空前光明,希望大家努力在实现中国梦的伟大实践中创造自己的精彩人生。我相信,当代中国青年一定能够担当起党和人民赋予的历史重任,在激扬青春、开拓人生、奉献社会的进程中书写无愧于时代的壮丽篇章!"④

由此可见,当代青年只有将自己的人生梦想和人生追求融入当前我们国家实现中国梦的伟大实践之中,将个人的发展融入国家的发展,将个

---

① 丁俊萍.中国梦之中国力量[M].武汉:武汉大学出版社,2015:316.
② 习近平.在同各界优秀青年代表座谈时的讲话[N].人民日报,2013-05-05(2).
③ 习近平.给北京大学学生回信勉励当代青年勇做走在时代前面的奋进者开拓者奉献者[N].人民日报,2013-05-05(1).
④ 习近平.青年要自觉践行社会主义核心价值观——在北京大学师生座谈会上的讲话[N].人民日报,2014-05-05(2).

人努力的方向和目标与国家的需求相结合,让青春梦与中国梦同频共振,才能真正实现个人价值与国家和社会价值的统一,才能谱写精彩而无悔的人生。

四、《中长期青年发展规划》为青年追梦指明了方向

"青年是国家的未来、民族的希望。青年兴则民族兴,青年强则国家强。促进青年更好成长、更快发展,是国家的基础性、战略性工程。"[①]为此,在习近平总书记的亲自关心下,党中央决定由团中央牵头起草青年发展规划,先后有50多个部委参与,历经中央书记处办公会议、国务院常务会议、中央政治局常委会会议审议[②],最终由中共中央、国务院于2017年4月14日印发《中长期青年发展规划(2016—2025年)》(简称《规划》)。这是我国第一份系统阐述青年发展的中央文件、第一份全面促进青年发展的国家规划,把党的青年工作实践推进到新的历史阶段[③],体现了党和政府对青年的高度关心以及对青年工作的高度重视。

《规划》提出了青年发展的指导思想、根本遵循和总体目标,聚焦当前我国青年成长发展迫切需要关注的核心权益,从思想道德、教育、健康、婚恋、就业创业、文化、社会融入与社会参与、权益保护、预防犯罪、社会保障等10个领域,分别提出了每个领域的具体发展目标,并且针对每个领域青年发展所面临的突出问题,有重点地提出发展措施。同时,从对国家发展、青年发展具有支撑作用的角度,提出了10个重点项目。[④]《中长期青年发展规划(2016—2015年)》作为当前我国青年发展的纲领性文件,对青年发展的实践产生了重要而深远的影响。

《规划》体现了党和国家对青年成长成才的期望以及对青年发展促进中国梦实现重要意义的高度重视,正如《规划》中所指出的:"赢得青年才能赢得未来,塑造青年才能塑造未来。要站在党和国家事业后继有人、兴旺发达的高度,把青年发展摆在党和国家工作全局中更加重要的战略位置,整体思考、科学规划、全面推进,努力形成青年人人都能成才、人人皆可出彩的生动局面,为实现'两个一百年'奋斗目标、实现中华民族伟大复兴的中国梦注入

---

① 中共中央国务院印发《中长期青年发展规划(2016—2025年)》[N].人民日报,2017-04-14(1).
②③ 杜沂蒙.积极推进中长期青年发展规划的落实[N].中国青年报,2019-04-23(1).
④ 《中长期青年发展规划(2016—2025年)》新闻发布会举行[N].中国青年报,2017-05-18(1).

强劲、持久的青春动力。"①

《规划》对青年在当前国际环境复杂多变,国内任务艰巨繁重的背景下所应发挥的努力拼搏的作用提出了要求:"未来10年,是实现'两个一百年'奋斗目标、实现中华民族伟大复兴中国梦的关键时期。面对复杂多变的国际环境和国内艰巨繁重的改革发展任务,统筹推进'五位一体'总体布局和协调推进'四个全面'战略布局,适应和引领经济发展新常态,牢固树立和贯彻落实创新、协调、绿色、开放、共享的发展理念,需要青年一代充分发挥作用,在改革发展稳定第一线建功立业、接续奋斗。"②

因此,当代青年要追求实现人生梦想就要和"中国梦"以及《中长期青年发展规划》相结合,将个人的梦想融入国家的梦想中,将个人的追求融入社会发展的追求中,不断修炼自己的思想道德水平和过硬本领,参与到就业创业中,不断融入社会、参与社会,积极发挥主动性和创造性,自觉响应国家号召,在改革开放和社会主义现代化建设的第一线做出努力和贡献,从而实现个体的人生价值,成就自己的美好人生。

第二节 人生追求

人生追求是一个永恒的话题。自人类产生以来,对人生问题、人生意义以及人的生存价值的追问就没有停止过。纵观人类发展史,本质上就是一部不断追问人生终极意义的历史。

一、人生追求的基本概念

人生追求,也叫人生目标,是个体对某理念较长期稳定的动机性心理倾向,这一理念关乎"人活着为了什么",对它的不同回答直接决定着个体以怎样的姿态度过人生。③"人生追求"由两个词构成。其中,"人生"指人的生存和生活的总体,人生的主体是人,人生的主题是活动,人生过程也就是人能动的活动过程,人的需要、动机、目的和追求是人生活动的发动

---

①② 中共中央国务院印发《中长期青年发展规划(2016—2025年)》[N].人民日报,2017-04-14(1).

③ 王彤.当代中国大学生人生追求的心理学研究[D].重庆:西南大学,2018:P1.

者和动力源。①"追求"指积极行动以争取达到某种目的,如追求光明、追求真理等。②因此,人生追求,就是人在生存和生活的过程中通过采取积极的行动要争取达到的目的或目标。

与人生追求相关的概念还有如人生观、人生价值观、生存价值观、价值目标等。通过对这些概念的分析有助于加深我们对人生追求概念的理解。

"人生观"指对人生的根本看法和观点。主要内容是对人生目的、意义的认识和对人生的态度。人生观是世界观的重要组成部分,是世界观在人生问题上的具体表现。它指导着人们的生活方向,影响着人们的道德品质和道德行为,决定着人们一生的价值目标和生活道路。人生观要回答的基本问题是:人究竟为什么活着?人生的意义和价值是什么?人应当怎样度过自己的一生?应当使自己成为一个什么样的人?等等。某个历史时代或某一社会的人生观,是由该时代该社会的社会物质生活条件所决定的。它是社会历史条件和社会关系的产物,是一定社会或一定阶级的意识形态,具有鲜明的时代性和阶级性。从个人来看,由于人们所处的社会经济地位、生活和职业环境不同,文化素养、价值观念和觉悟程度不同,因而对生活中所遇到的各种问题,如生死、祸福、荣辱、劳动、爱情、婚姻、家庭等,具有不同的看法,这就会形成不同的人生观。③

"人生价值观"是对人生价值的根本看法。人生价值观问题,实质上就是一个人生目的和人对社会的关系的问题,也可以说就是人怎样生活才算值得,怎样生活才有意义的问题。它是人生观的核心。由于在社会中所处的地位不同,生活环境不同,文明素养不同,人们对于人生的价值有不同的认识、观念和态度,从而形成不同的人生价值观。在阶级社会里,各种人生价值观都打上阶级的烙印。④

"生存价值观"是具有自我意识从事实践活动主体的人在生存论意义上对人的价值追求、价值选择等形成的根本性认识、观点和看法,是关于不同价值对人生存的意义、作用和各种价值之间关系的认识。通俗地讲,就是人

---

① 徐少锦,温克勤.伦理百科辞典[M].北京:中国广播电视出版社,1999:17.
② 张清源.现代汉语常用词词典[M].成都:四川人民出版社,1992:531.
③ 宋希仁等.伦理学大辞典[M].长春:吉林出版社,1989:17.
④ 刘炳瑛.马克思主义原理辞典[M].杭州:浙江人民出版社,1988:19.

们关于人为什么活着和怎样活着才有意义的观点和看法,它决定着人的生存目标、生存意向、思维方式和行为方式,表现为人的整体生存状态。①

"价值目标"指人的道德意识和道德活动,必有一个最终的目的和目标,解决为什么活着和怎样活着的问题。价值目标作为一个人的总的意向或最高目的,它联系着人的一切行为和活动,贯穿于他的全部社会实践之中,体现他的理想和人生观。价值目标的选择是以他对利益的理解为前提的。正确的价值目标的选择是在社会实践中经过反复思想斗争才能实现的。一个人的道德价值目标,作为一个"总开关"的作用,它会渗透到人们的全部行为活动过程之中,起到统一道德认识,调节道德活动,增强道德信念的重大作用。不同世界观、人生观的人有着不同价值目标。②

通过对以上概念的分析,我们可以知道,一个人的人生追求会受到其所处环境的不同而不同,从宏观上说,会受其所处时代和文化环境的影响,从微观上说,会受其生活环境如家庭、学校、社区环境的影响,并且不同社会阶层的人会有不同的人生追求目标。因此,我们在探究"90一代"的人生追求时要放在其所处的时代背景、阶层背景、家庭背景等因素之中进行综合分析。

二、人生追求研究的历史溯源

就中国哲学而言,牟宗三认为:"中国哲学以'生命'为中心。儒道两家是中国所固有的。后来加上佛教,亦还是如此。儒释道三教是讲中国哲学所必须首先注意与了解的。2 000多年来的发展,中国文化生命的最高层心灵,都是集中在这里表现。"③概括可言,以儒释道为主要内容的中国传统文化强调人的社会价值和精神价值的重要性,并将其置于物质价值之上。如儒家思想的代表人物孔子曾经说过:"富与贵,是人之所欲也;不以其道得之,不处也。贫与贱,是人之所恶也;不以其道得之,不去也。""朝闻道,夕死可矣。"④可见,孔子把人的社会价值和精神价值看得高于物质价值。⑤而

---

① 王德军.生存价值观探析[M].北京:社会科学文献出版社,2008:14.
② 宋希仁等.伦理学大辞典[M].长春:吉林出版社,1989:394.
③ 牟宗三.中国哲学的特质[M].上海:上海古籍出版社,1997.
④ 《论语·里仁》。
⑤ 王德军.生存价值观探析[M].北京:社会科学文献出版社,2008:21.

且孔子非常注重道德修养,认为义大于利,正如孔子所说:"君子喻于义,小人喻于利。"①另一位儒家代表人物孟子则说过:"生,亦我所欲也;义,亦我所欲也。二者不可得兼,舍生而取义者也。"②同样强调社会价值和精神价值对人生存的根本性。③传统中国长期以来还形成了安贫乐道、知足常乐、随遇而安的生活价值观念。④如道家的代表人物老子曾经说过:"五色令人目盲,五音令人耳聋,五味令人口爽,驰骋畋猎令人心发狂,难得之货令人行妨。是以,圣人以腹不为目。故去彼取此。"表达了老子唤醒人要摈弃外界物欲的诱惑,而持守内心的安足,过一种无外欲的本真生活。⑤而从印度传入中国并成为中国传统文化一部分的佛教更是主张一定的禁欲主义,反对现实人生,人生即苦,涅槃最乐,通过修行而禁欲可以进入极乐世界。⑥

与之相对,西方现代生存价值观认为,人存在的根本意义或动力在于功利主义和享乐主义。正如王德军所总结的:"现代西方对世界的祛魅和社会生活的世俗化,使整个社会的价值取向发生了变化,人们由对精神价值的高度重视转变为对物质价值的高度重视,强调现实功利价值超过了非功利精神价值,社会的全部活动都严格遵循效益原则运转,目标是最大限度地获取利润,经济冲动力成为社会前进的唯一主宰,拼命赚钱,成为现代社会人们追求的价值目标。"⑦功利主义认为快乐可以量化,又认为一切其他价值都可以归结为快乐,所以一切价值都可以量化,从而一切价值都可以用货币去度量,没有什么无价的,不可用金钱衡量的东西。⑧西方现代社会世俗化生活的主调则是享乐主义,即认为感官上的快乐就是人生的目的,仅凭感官上的快乐就能使人幸福和满足。⑨

马克思主义哲学认为,人的生存价值取向是实现人的自由与全面的发

---

① 《论语·季氏》。
② 《孟子·告子章句上》。
③ 王德军.生存价值观探析[M].北京:社会科学文献出版社,2008:21.
④ 王德军.生存价值观探析[M].北京:社会科学文献出版社,2008:98.
⑤ 李耳.老子[M].太原:三晋出版社,2008:14.
⑥ 王德军.生存价值观探析[M].北京:社会科学文献出版社,2008:22.
⑦ 王德军.生存价值观探析[M].北京:社会科学文献出版社,2008:128.
⑧ 卢风.启蒙之后近代以来西方人价值追求的得与失[M].长沙:湖南大学出版社,2003:283.
⑨ 王德军.生存价值观探析[M].北京:社会科学文献出版社,2008:132.

展。马克思主义哲学则认为人的本质是人本身所固有的,深藏于人的内部、比较稳定和相对不变的人的规定性,其实际上是指什么使人成为人的问题,是人如何产生和发展的问题。作为自然界最复杂、最独特的存在物,人不仅有自然属性,还有社会属性和精神属性,人是自然、社会和精神的统一体。人的活动是有目的的,人的活动目的是在一定的价值原则指导下形成的,体现出人的生存价值观。"人离开动物越远,他们对自然界的影响就越带有经过事先思考的、有计划的、以事先知道的一定目标为取向的行为的特征。"在马克思看来,人的生存活动目的就是走向人的本质自我,不断实现人的解放的过程。在人的生存活动中,满足需要层次越高,生存的价值属性就越高。自由是人的最高生存价值,但绝对意义上的自由人永远也不可能达到,所以,人永远走在向自我本质生成的路上。马克思认为,人的本质不能仅仅被理解为直接的、片面的享受,仅仅被理解为占有、拥有,人是物质和精神的统一体,物欲的追求、生理的快感不是人生的根本,人应该以一种全面的方式,占有自己的全面的本质。因此,马克思主义在重视生产力发展和物质财富增长的同时,更关心人的彻底解放和人的全面发展,人只有全面发展才是人的最高生存价值。①

三、本研究人生追求的内涵

综合人生追求的基本概念和历史溯源,结合当前中国梦的时代背景,本研究从指导青年发展的纲领性文件《中长期青年发展规划(2016—2025年)》出发,对青年发展的各个领域进行梳理,从"思想道德""婚恋""就业创业"以及"社会融入与社会参与"这四个领域提炼出"90一代"人生追求的内涵与结构框架,如图1-2-1所示。

其中,"思想道德"对应"价值观追求",构成"90一代"人生追求体系的基础底色;"婚恋"对应"婚恋家庭追求",属于人生追求体系中的情感层面;"就业创业"对应"就业创业追求",属于人生追求体系中的生存和发展层面;"社会融入与社会参与"对应"政治参与追求"和"社会参与追求","政治参与追求"属于归属感层面的追求,"社会参与追求"属于群体属性方面的追求。

---

① 王德军.生存价值观探析[M].北京:社会科学文献出版社,2008:135-145.

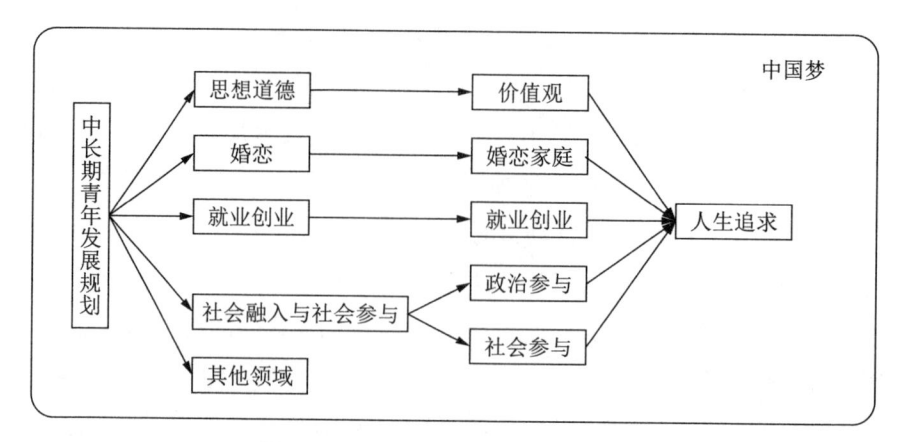

图 1-2-1　本研究人生追求的内涵结构

第三节　主要研究视角

本研究的开展主要参考了 4 种研究视角或理论即代际比较、阶层分化、成人初显期以及传统—现代—后现代社会转型理论。在代际比较上，本研究主要通过对"60 后""70 后""80 后"和"90 后"①这四代人在人生追求各个维度上的比较来综合分析"90 一代"的人生追求特征。在阶层分化上，本研究重点分析了不同背景如不同户籍、不同受教育程度、不同家庭背景的"90 后"在人生追求上存在的群体差异。成人初显期理论为我们展示了"90 后"这个年龄阶段独特的生理心理特点以及其不稳定性和可塑性的特征。传统—现代—后现代社会转型理论则为我们分析和理解"90 一代"的人生追求特征提供了宏观和动态的社会变迁的视角。

一、代际比较

代际比较是当前开展青年研究时较多采用的一种视角。正如沈杰所总结的："在青年社会学这一学科的基本理论领域中，青年与社会之间的关系问题是最基本的又是最丰富的，内含有两个层面的意涵：最一般的表现形式是青年个体与社会整体的关系，还有一个独特的表现形式是青年群体与成

---

① 为方便叙述，本书会同时使用"90 一代"和"90 后"两个概念，均指出生年份为 1990—1999 年的人群。

人社会的关系，更具独特性的表现形式是青年世代与其他世代的关系，而青年世代与成年世代的关系一直具有重要的理论价值和现实意义。"①事实上，人类社会正是在代际传承和代际更替中不断向前发展。

代际比较是基于世代理论的一种研究视角，作为一种独立的理论形态，世代理论是在20世纪得以正式确立②。"二战"之后，针对美国社会代际隔阂日益凸显的社会现实，美国著名文化人类学家玛格丽特·米德撰写的《文化与承诺：论1970年代各代人之间的新关系》③一书，在国内通常被译作《代沟》④，对我国的代际比较研究产生了较大的影响。

"代沟"又称代差、世代隔阂，指两代人之间由于出身、经历、社会地位、所受教育及性格、爱好、习惯等诸因素不同而导致他们在思想意识、价值观念、生活方式和行为方面所出现的差异以致隔阂的社会现象⑤。在传统社会，由于社会生产力发展比较缓慢，不同代人面对的社会环境差异不大，代沟问题不太明显。随着工业革命的发生和现代社会的到来，科技技术迅猛发展，社会节奏加快，社会变迁加剧，代沟问题日益凸显。

米德从文化传递的方式出发，将整个人类的文化划分为3种基本类型，即前喻文化(又被译为后象征文化)、并喻文化(又被译为互象征文化)和后喻文化(又被译为前象征文化)。前喻文化，指晚辈主要向长辈学习；并喻文化，指晚辈和长辈的学习都发生在同辈人之间；后喻文化指长辈反过来向晚辈学习。这三种文化模式构成米德代沟思想的理论基石⑥。

目前对代沟现象的形成主要有6种归因：(1)技术决定说，认为代沟是社会高度技术化的产物；(2)父权衰落说，认为代沟是父权衰落的必然过程；(3)社会地位差别悬殊说，认为世代冲突的直接原因是社会青老成员间社会地位差别悬殊；(4)新社会化说，认为在技术统治和官僚统治的当代社会，父母无

---

①② 沈杰.世代分析：青年社会学的重要研究视角[J].云南大学学报(社会科学版),2018, 17(3):100-106.
③ Margaret Mead. Culture and Commitment: The New Relationships between the Generations in the 1970s[M]. Columbia University Press. 1978.
④ 该书有两个中译本:(1)米德.文化与承诺：一项有关代沟问题的研究[M].周晓虹,周怡,译.石家庄：河北人民出版社,1987.(2)米德.代沟[M].曾胡,译.北京：光明日报出版社,1988.
⑤ 彭克宏.社会科学大词典[M].北京：中国国际广播出版社,1989:283.
⑥ 米德.文化与承诺：一项有关代沟问题的研究[M].周晓虹,周怡,译.石家庄：河北人民出版社,1987:6-7.

能对付变化不居的现实,无力教育孩子正确对待生活,青少年只能通过同龄人实现社会化,青少年趋于自恋和自我,并对父母、成人和社会表现出不满、鄙视、抗议和叛逆;(5)社会心理未成熟说,认为青年一代的社会心理尚未成熟,是造成世代冲突的主要原因①;(6)体制说,认为体制加剧了代冲突,老年人会通过维护体制来保护自己的权益,而青年人的权益会受到体制的威胁②。

针对当前中国代际关系的现状,周晓虹提出"代际反哺"的概念。他认为文化反哺是在急速的社会变迁时代所发生的年长一代向年轻一代进行广泛的文化吸收的过程,它标志着人类社会原本由父及子的文化传承模式出现了革命性的变化或代际"颠覆"③。这实质上是米德所说的后喻文化即前象征文化现象。

基于以上分析,本研究采用代际比较的研究视角,通过对"60后""70后""80后"和"90后"在人生追求上的比较,分析不同代的代际共同点和代际差异,以此来探究"90一代"的代特征。

二、阶层分化

阶层视角是社会学研究的经典视角之一。社会分层指社会成员由于财富、权力、教育或特权等的差异而分为不同等级,在社会秩序中具有不同地位的现象,社会分层的标准主要是权力、声望和财富;此外,宗教、家庭、教育水平、职业等,也可以作为分层的标准④。

传统社会分层理论的两大流派是马克思的阶级理论和韦伯的分层理论。马克思主义阶级分层理论认为阶级的存在仅仅同生产发展的一定历史阶段相联系,是私有制社会的普遍现象;划分阶级的标准是人们在生产关系中所处的地位,主要是对生产资料的占有关系,以及由此决定他们在生产方式中所起的作用与领取社会财富的方式、数量等;阶级内部成员具有共同的经济地位与共同的利益,他们的行为表现一致性程度较高;每一个阶级内部又分为若干阶层,各个阶层的利益、价值观和政治倾向有所不同⑤。韦伯的

---

① 李庆善.美国社会学界关于"代沟"研究的综述[J].青年研究,1986(5):44-47.
② 周怡.代沟理论:跨越代际对立的尝试[J].南京大学学报(哲学社会科学版),1995(2):47-52.
③ 周晓虹.文化反哺:生发动因与社会意义[J].青年探索,2017(5):78-87.
④ 陈国强.简明文化人类学词典[M].杭州:浙江人民出版社,1990:277.
⑤ 中国大百科全书总编辑委员会.中国大百科全书社会学[M].北京:中国大百科全书出版社,2002:283-284.

社会分层理论认为划分社会层次结构有三重标准,即财富——经济标准,威望——社会标准,权力——政治标准,财富指社会成员在经济市场中的生活机遇,是个人用其经济收入来交换商品与劳务的能力,即把收入作为划分社会阶级、阶层结构的经济标准;社会标准指个人在他所处的社会环境中所获得的声誉与尊敬;权力则是处于社会关系之中的行动者即使在遇到反对的情况下也能实现自己的意志的可能性。[1]在以上两大流派的基础上,社会分层理论有众多发展。

社会分层理论为我们理解当前社会中不同群体拥有不同的利益取向、价值观念和行动方式等提供了重要的概念工具和理论视角。陆学艺等根据普通民众对当前社会性区分的主观感受,结合赖特的新马克思主义和戈德索普的新韦伯主义阶级划分模式[2],将当代中国的社会阶层划分为十大阶层,即(1)国家与社会管理者阶层(拥有组织资源),(2)经理人员阶层(拥有文化资源和组织资源),(3)私营企业主阶层(拥有经济资源),(4)专业技术人员阶层(拥有文化资源),(5)办事人员阶层(拥有少量文化资源或组织资源),(6)个体工商户阶层(拥有少量经济资源),(7)商业服务业员工(拥有很少量三种资源),(8)产业工人阶层(拥有很少量三种资源),(9)农业劳动者阶层(拥有很少量三种资源),(10)城乡无业、失业、半失业者阶层(基本没有三种资源)。[3]实证调查数据已经证明,不同社会阶层的人在经济地位、社会地位、消费、生活方式、身份认同及社会态度等方面都存在众多差异。[4]

社会分层在青年身上的反映已经引起我国诸多研究者的关注。如孙立平曾提出的,进入 20 世纪 90 年代中期之后,中国社会逐渐形成较为稳定的社会分层结构,这种分层通过代际传递反映在青年群体身上,不仅导致他们经济基础不同,而且不同阶层的青年形成了不同的价值取向、思维

---

[1] 中国大百科全书总编辑委员会.中国大百科全书社会学[M].北京:中国大百科全书出版社,2002:284.
[2] 李春玲.断裂与碎片 当代中国社会阶层分化实证分析[M].北京:社会科学文献出版社,2005:99.
[3] 陆学艺.当代中国社会阶层研究报告[M].北京:社会科学文献出版社,2002:9.
[4] 李春玲.断裂与碎片 当代中国社会阶层分化实证分析[M].北京:社会科学文献出版社,2005:127.

方式和性格特征①。陆玉林在对中国青年文化的回顾与反思中提出,从总体上说,我国的青年文化不仅是代际性文化,也是阶层性文化②,他认为,在群体分化已经表现为阶层分化,而各阶层间的社会、经济、生活方式及利益认同的差异趋于明晰之际,价值观念的阶层分化和群体差异在所难免③。杨雄在对"第五代人"的研究中也曾提出,目前青年分层的事实已启示我们,未来青年群体更不可能是"铁板一块",主体价值观的分化将更加明显。④

社会分层理论对本研究的启示是,从代际比较的角度,"90一代"在生理年龄上虽然可以划归为一代人,但事实上,不同的"90后"出身于不同的家庭背景,拥有不同的户口类型、接受了不同程度的教育,具有不同的政治面貌,拥有不同的经历和价值取向,因此"90一代"内部存在很大的分化,我们在关注代际差异的同时也要关注"90后"内部的群体差异。

三、成人初显期理论

成人初显期是由美国心理学家阿奈特教授提出的关于18岁至20多岁时期的一个发展概念⑤。在这一时期很多年轻人获得了相应水平的教育和培训,这将为他们的未来奠定基础并为他们选择职业增加筹码,此时的年轻人正在脱离青春期,还没有开始承担必然存在于成年期的各项长期责任,此时有关恋爱、职业和世界观的各种可能正在被探寻,到28岁、29岁,很多人做出了各项带有长远影响的人生选择⑥。成人初显期是伴随结婚和生育年龄推迟以及受教育年限延长等因素出现的一种社会现象。

成人初显期具有5个主要特征:(1)自我同一性的探索时期,年轻人更深刻地认识到"我是谁"以及在生活中"我想要什么";(2)不稳定,年轻人处于各种选择中,特别是在恋爱和职业方面不断变化的选择,使这一阶段成为人生中情感异常丰富而强烈、经历充实而紧张的时期;(3)自我关注,此时的年轻人对其他人有较少的义务与承诺,相对有更多的自由,他

---

① 孙立平.失衡:断裂社会的运作逻辑[M].北京:社会科学文献出版社,2004:81-83.
② 陆玉林.当代中国青年文化的回顾与反思[J].中国青年政治学院学报,2002(4):37-42.
③ 陆玉林.论社会主义核心价值观培育中的代际问题[J].中国青年政治学院学报,2014(1):19-24.
④ 杨雄."第五代人":自身特点与发展趋势[J].中国青年研究,2002(3):11-16.
⑤⑥ 段鑫星,程嘉.成人初显期理论及其评述[J].当代青年研究,2007(2):20-27.

们需要自我关注,自己照顾好自己,并开始为成人生活创建基础;(4)处于夹缝感,此时的年轻人处于青春期(通常和父母一起住并在高中学习)和成年初期(通常已结婚,有了孩子并已安定,有稳定的职业)之间,有上不着天、下不着地的飘浮感;(5)充满机遇,未来充满各种可能,人生充满多种不同的前景①。

事实上,早在20世纪90年代,我国学者熊建生就将青年的本质特征归纳为四点:第一,矛盾性,青年面临的矛盾、困惑、冲突众多,青年的思想认识和行为选择表现出明显的两极性,积极与消极交替,优点与缺点并存,兴奋与苦闷失调,动机与效果分离;第二,突变性,青年期生理、心理、思想诸方面突击发展,青年感受外界刺激极为强烈,最容易受现实社会环境的影响;第三,边缘性,青年处于社会的边缘和边际状态,具体表现为青年物质生活、群体生活、政治生活和精神生活的边缘性;第四,可塑性,青年各方面尚未定型,处于发展之中,就社会而言,青年是社会重点塑造、教化的对象,就青年自身而言,青年具有可以塑造的内在条件和需要。②

本研究的研究对象"90后",部分还在大学学习,或者已经步入职场和婚姻,处于职业和婚姻的探索时期,自我同一性以及价值观尚在形成和完善期间,基本处于成人初显期的年龄范围。这一时期的青年具有矛盾性、突变性、边缘性和可塑性。因此,成人初显期以及青年本质特征的理论为本研究立足"90后"的身心发展特点进行深入分析提供了较好的理论基础,使我们能够以发展的眼光看待当前"90一代"的人生观和价值观,并着力于以科学的思想和理论进行引领。

四、传统—现代—后现代社会转型理论

传统—现代—后现代社会转型理论为我们理解当代青年的人生追求和价值观提供了非常重要的理论视角。美国政治学家罗纳德·英格尔哈特对传统、现代和后现代社会的社会目标和个人价值观进行过分析(见表1-3-1)。传统社会的核心社会工程是在稳态经济下的生存,而在现代化阶段,核心社会会工程是最大化经济增长,不惜以环境和生活质量为代价,到了后现代社

---

① 阿奈特.长大成人你所要经历的成人初显期[M].段鑫星,等译.北京:中国轻工业出版社,2007:5-13.

② 熊建生.青年学通论[M].武汉:武汉大学出版社,1995:63-76.

会,核心社会工程将转移到最大化主观幸福感上来。在个人价值观方面,传统社会遵循的是宗教和社区规范,而到现代社会,最核心的个人层面的转变则是成就动机的兴起,向工具理性的广泛转变削弱了所有的传统规范,而当社会向后现代社会转型时,曾在工业社会或现代社会中发挥关键作用的价值观如经济成就动机、经济增长、经济理性的重要性逐渐衰退,自我表现和渴求有意义的工作对更多的人变得越发重要,人们工作动机的首要目标从强调最大化收入转变为日趋强调工作经历的品质,个人价值观则从生存价值观转移到幸福价值观。权威系统也逐渐从传统社会遵从传统权威,现代社会遵从理法权威,认同科学和理性分析的力量,逐步转变到后现代社会淡化对理法和宗教权威的强调,人们对科学、技术以及理性的信仰削弱,对个人自由日益强调[①]。

青年研究的发展深受传统社会到现代社会以及现代社会到后现代社会这两次社会转型的影响。一般认为,青年概念是伴随工业化和现代化的发生而出现的一个概念,随着工业化和城市化的进程,生产程序变得逐渐复杂,职业专门化程度不断加深,教育的规模日益扩展,这一切都使青年所处其中的家庭结构、学习环境、代际关系发生了种种急剧而深刻的变化,不仅青年自身的角色发生了重大变化,社会对青年的认识同样发生了重大变化,青年作为生命历程中一个独特的阶段被提出。[②]受现代化理论的影响,青年发展过程被看成是一个连续的和确定的过程,青年发展遵循一定的轨迹,即沿着"学习—就业—组建婚姻家庭—生儿育女等"这样一个轨迹前行,顺序是固定的、不可逆转的,在处于各个节点的重要的生活事件之间的过渡或转换是连续的、确定的,因而也是可以预期的。[③]而后现代理论则认为,青年发展并非遵循个人传记体式的轨迹,"学习—就业—组建婚姻家庭—生儿育女等"不是一个线性的发展过程,时序是可以反转的。更为重要的是,青年在不同节点间的过渡,既不连续,也不确定,存在一种"去标准化"的趋

---

① 英格尔哈特.现代化与后现代化43个国家的文化、经济与政治变迁[M].北京:社会科学文献出版社,2013:84-87.
② 沈杰.现代性进程中的青年发生与演变[J].北京青年研究,2018,27(1):5-15.
③ 吴鲁平.青年研究的理论范式转型及其学科意义[J].中国青年政治学院学报,2014,33(2):20-26.

势,甚至在两个节点之间,有可能出现断裂,其结果可能是永远也没有实现节点与节点之间的过渡。①因此,后现代社会强调青年主体的自我选择和自我建构,强调青年在学习、就业和生活方式等方面选择的多样性,具体表现为,在婚姻方面,青年可以选择结婚、同居或不婚,现代核心家庭被后现代碎片化家庭所取代,在就业方面,青年可以选择全日制工作、临时性工作或者暂时不工作等等。②后现代社会更强调多元、包容及尊重个体的选择。

表 1-3-1　传统社会、现代社会和后现代社会:社会目标和个人价值观③

	传统社会	现代社会	后现代社会
核心社会工程	在稳态经济下生存	最大化经济增长	最大化主观幸福感
个人价值观	传统宗教和社区规范	成就动机	后物质主义和后现代主义价值观
权威系统	传统权威	理法权威	淡化对理法和宗教权威的强调

受传统—现代—后现代社会转型理论的启示,当我们看到"90后"具有与上几代人不同的人生追求时,就能够从社会发展和社会变迁的角度,结合现代社会和后现代社会的背景,从多元、包容和尊重的视角去分析,而不是仅仅持有非此即彼以及僵化的角度来看待"90一代"的人生追求特征。

第四节　调查基本情况

一、数据来源

本文的研究对象为"90一代"即"90后",指出生年份为 1990—1999 年的人群。根据《中国统计年鉴(2014)》中公布的调查数据,2013 年我国 15—19 岁的人口占总人口的比重为 6.14%,20—24 岁的人口占总人口的比重为 8.71%,而 2013 年时,1999 年出生的人口刚好是 15 岁,1990 年出生的人刚

---

①② 吴鲁平.青年研究的理论范式转型及其学科意义[J].中国青年政治学院学报,2014,33(2):20-26.

③ 英格尔哈特.现代化与后现代化 43 个国家的文化、经济与政治变迁[M].北京:社会科学文献出版社,2013:84.

好是 24 岁,由此推算,"90 后"占总人口的比例为 14.85%,当年全国总人口数为 13.607 2 亿人,因此我国"90 后"的总人口数超过 2 亿人①。

考虑到样本的代表性和研究的可行性,本研究以上海的"90 后"青年为主要调查对象。②由于上海是国内现代化程度最高的城市之一以及上海所具有的多元性和包容性特点,我们认为上海的"90 后"能够在一定程度上代表我国新时代的青年人群。同时,为了开展代际比较研究,课题组对"60 后""70 后"和"80 后"开展了调查。本研究调查问卷的设计主要参考了英格尔哈特的世界价值观量表(WVS)③,并根据中国的实际情况进行了修订。

本次调查问卷面向上海的常住人口发放。抽样分为两个阶段。第一阶段,采取多阶段分层随机抽样的方法抽取在校大学生。按不同专业、年级随机抽取的原则,总共抽取了 8 所高等院校 32 个专业的大学生。第二阶段,通过分层抽样的办法,抽取了浦东新区、杨浦区、嘉定区、闵行区、徐汇区和黄浦区 6 区的 25 个街镇、50 个居村委会作为二级抽样框,并从这 50 个居村委会中,按照等距抽样的原则,抽取已经参加工作或待业在家的常住人口作为调查样本。

二、调查问卷基本结构

本研究的调查问卷主要包括 7 个部分,具体如下:

第一部分:个人背景,主要包括被调查者的性别、出生年月、户口类型、受教育程度、政治面貌、家庭背景等。

第二部分:价值观,主要包括对社会主义核心价值观的认同、对生活价值观的认同、对未来国家发展目标的选择以及对各类社会思潮的态度等。

第三部分:婚恋家庭,主要包括对家庭重要性的看法、对成功婚姻的看法、理想孩子数量和性别偏好以及育儿追求等。

第四部分:就业创业,主要包括择业动机、就业地选择、就业单位选择、创业意愿和行为等。

---

① 中华人民共和国国家统计局.中国统计年鉴 2014 汉英对照[M].北京:中国统计出版社,2014:25,31.

② 调查数据主要来源于上海社会科学院"青少年发展与社会政策"智库团队 2015—2016 年期间采集形成的"上海青年价值调查"数据库(Shanghai Youth Survey, SYS)。

③ 世界价值观调查从 20 世纪 80 年代初开始,以 4～5 年为一个周期,目前已经开展了七轮,涵盖世界 100 多个国家。

第五部分:政治参与,主要包括入党行为和意愿、对政治的兴趣、政治活动参与行为和意愿以及参军意愿等。

第六部分:社会参与,主要包括社会信任度、参与社团组织的行为、参与社团组织的意愿等。

第七部分:媒体使用,主要包括网络使用状况,是否看新闻联播、是否用过翻墙软件以及微信使用状况等。

三、变量说明

从本次调查收集到的问卷来看,总有效样本量为4 992份,其中"90后"2 340份,"80后"2 016份,"70后"321份,"60后"315份;男性占比40.9%,女性占比59.1%;非农户口占比79.0%,农业户口占比21.0%;高中及以下学历占比16.5%,大学专科和高职学历占比32.0%,大学本科学历占比45.3%,研究生学历占比6.2%;中共党员占比15.5%,共青团员占比41.3%,群众占比43.2%。

由于本研究的研究对象是"90后",因此有必要对影响"90后"的相关因素做进一步分析。本研究在分析"90后"的人生追求目标时,主要考虑到以下几方面的影响因素(见表1-4-1):

表1-4-1 "90后"各变量的基本情况

变量类型	变量名称	数 值
个体人口学变量	性别	男性=37.8%,女性=62.2%
	户口类型	非农户口=72.0%,农业户口=28.0%
	受教育程度	高中及以下=4.9%,大学专科=35.8%,大学本科=53.9%,研究生=5.4%
	政治面貌	中共党员=10.4%,共青团员=71.9%,群众=17.7%
家庭背景	父亲职业	管理人员=29.1%,专业技术人员=5.7%,办事人员=8.0%,工人=18.4%,个体工商户和个体劳动者=9.4%,农民=7.8%,无业=21.6%
	母亲受教育程度	初中及以下=42.5%,高中/职高/中专/技校=29.1%,大学专科=13.7%,本科及以上=26.7%
	家庭经济主观感受	非常好=0.9%,比较好=13.7%,一般=69.5%,不太好=13.0%,很不好=2.9%
	是否有兄弟姐妹	有=13.6%,没有=86.4%

续表

变量类型	变量名称	数　值
国际化变量	是否出国出境过	出过＝31.5%,没出过＝68.5%
	是否有外国朋友	有＝48.8%,没有＝51.2%
媒体使用情况	每日上网时间(小时)	均值＝4.55,标准差＝3.22
	微信朋友圈人数(人)	均值＝181,标准差＝226
	平时是否看新闻联播	看＝53.7%,不看＝46.3%
	是否使用过翻墙软件	用过＝42.5%,没用过＝57.5%
社会信任度	社会上大多数人都可以信任	非常同意＝5.8%,较同意＝41.1%,一般＝10.3%,不太同意＝36.7%,完全不同意＝6.1%
生活价值观取向	传统价值取向(0—100分)	均值＝74.94,标准差＝18.99
	社会价值取向(0—100分)	均值＝74.88,标准差＝17.15
	成就价值取向(0—100分)	均值＝63.71,标准差＝16.01
	快乐价值取向(0—100分)	均值＝84.01,标准差＝17.33

（一）个体人口学变量

主要包括性别、户口类型、受教育程度和政治面貌。在本研究"90后"的样本中,男性占比37.8%,女性占比62.2%;非农户口占比72.0%,农业户口占比28.0%;高中及以下学历占比4.9%,大学专科、高职占比35.8%,大学本科占比53.9%,研究生占比5.4%;中共党员占比10.4%,共青团员占比71.9%,群众占比17.7%。

（二）家庭背景变量

主要包括父亲职业、母亲受教育程度、家庭经济主观感受以及是否有兄弟姐妹。一般认为,父亲的社会经济地位代表着家庭的社会经济地位,而社会经济地位最主要的测量指标是职业,因此本研究选择以父亲职业测量家庭的社会经济地位。一般认为,母亲与孩子的互动频率更高,影响更大,而母亲的受教育程度是代表家庭文化资本的重要指标,因此本研究选择以母亲的受教育程度测量家庭的文化资本。在本研究的"90后"中,父亲职业为管理人员的占比29.1%,专业技术人员占比5.7%,办事人员占比8.0%,工人占比18.4%,个体工商户和个体劳动者占比9.4%,农民占比7.8%,无业占比21.6%;母亲受教育程度为初中及以下的占比42.5%,高中/职高/中专/技校的占比29.1%,大学专科/高职的占比13.7%,本科及以上的占比26.7%;就家庭经济主观感受而言,非常好的占比0.9%,比较好的占比13.7%,一般的占比69.5%,不太好的占比13.0%,很不好的占比2.9%;有兄弟姐妹的占比13.6%,无兄弟姐妹的占比86.4%。

(三)国际化变量

主要包括是否有出国出境经历和是否有外国朋友。在被调查的"90后"中,有31.5%有过出国出境经历,68.5%没有出国出境经历;48.8%有认识且有交往的外国朋友,51.2%没有外国朋友。

(四)媒体使用情况

主要包括每日上网时间、微信朋友圈人数、是否看新闻联播以及是否使用翻墙软件。由于网络和微信已经成为绝大多数"90后"日常生活的重要组成部分,因此纳入了"每日上网时间"和"微信朋友圈人数"这两个变量。考虑到我们国家的主流媒体,尤其是新闻联播在主流意识形态建构方面仍然发挥着非常重要的引导作用[1],因此纳入了"是否看新闻联播"这一变量。考虑到虽然国家为了加强网络监管设置了防火墙,但为了追求更多更全的信息,一部分"90后"采取网络翻墙行为,浏览被屏蔽的境外网页,这也会对他们的价值观产生一定影响[2],因此本研究纳入了"是否使用翻墙软件"这一变量。在被调查"90后"中,平均每日上网时间为4.55小时,标准差为3.22;微信朋友圈人数的平均值为181人,标准差为226;平时看新闻联播的比例为53.7%,不看的比例为46.3%;使用过翻墙软件的比例为42.5%,没用过翻墙软件的比例为57.5%。

(五)社会信任度

在当代社会,社会信任是社会资本的重要组成部分,对个体的行为选择和认同取向有显著的影响作用。[3]本研究认为,"90后"的社会信任度对他们的人生追求目标会产生重要的影响作用,因此在模型分析时纳入了"社会信任度"这一变量。在被调查的"90后"中,对于"社会上大多数人都可以信

---

[1] 郝韶梦.主流媒体对主流意识形态建构[D].合肥:安徽大学,2017.
[2] 徐铖铖.大学生网络"翻墙"行为研究[D].杭州:浙江工业大学,2014.
[3] 姚望.增强抑或削弱:社会信任对中国特色社会主义制度自信的影响研究[J].宁夏党校学报,2019,21(2):107-114.

任"这一说法,表示非常同意的占比5.8%,较同意占比41.1%,一般占比10.3%,不太同意占比36.7%,完全不同意占比6.1%。

(六)价值观取向

受传统—现代—后现代社会转型理论的影响,本研究认为,在人们的各项价值观取向中,"传统价值取向""社会价值取向""成就价值取向"和"快乐价值取向"代表社会不同发展阶段重要的生活价值观取向,对"90后"各项人生追求目标会产生重要的影响作用,因此在模型分析时纳入了这四项生活价值观取向的变量。在被调查的"90后"中,"传统价值取向"的均值为74.94,标准差为18.99;"社会价值取向"的均值为74.88,标准差为17.15;"成就价值取向"的均值为63.71,标准差为16.01;"快乐价值取向"的均值为84.01,标准差为17.33。有关这四种生活价值观取向的具体分析,请见本书第二章第二节。

第二章 价值观追求现状及成因

价值观是在一定社会条件下,人的全部生活实践对自我、他人和社会所产生的意义的自觉认识,价值观与世界观和人生观密不可分,其核心是对人生目的的认识、对社会的态度和对生活道路的选择,它可以是肯定的、积极的,也可以是否定的、消极的,一个人不能没有价值观,一个健康的社会不能没有带有普遍适用性的积极向上的价值观[①]。

习近平总书记高度重视一个社会核心价值观的重要意义,他指出:"人类社会发展的历史表明,对一个民族、一个国家来说,最持久、最深层的力量是全社会共同认可的核心价值观。核心价值观,承载着一个民族、一个国家的精神追求,体现着一个社会评判是非曲直的价值标准。"[②]他非常注重对广大青年进行社会主义核心价值观教育,他指出:"青年的价值取向决定了未来整个社会的价值取向,而青年又处在价值观形成和确立的时期,抓好这一时期的价值观养成十分重要。这就像穿衣服扣扣子一样,如果第一粒扣子扣错了,剩余的扣子都会扣错。人生的扣子从一开始就要扣好。'凿井者,起于三寸之坎,以就万仞之深。'青年要从现在做起、从自己做起,使社会主义核心价值观成为自己的基本遵循,并身体力行大力将其推广到全社会去。"[③]

可见价值观认同和追求反映着青年人最基础和最根本的人生追求方向。那么当前"90一代"对社会主义核心价值观的认同情况如何呢?不同群体的"90后"在认同上存在哪些异同之处?这是本章要着重讨论的问

---

① 金炳华.马克思主义哲学大辞典[M].上海:上海辞书出版社,2003:272.
②③ 习近平.青年要自觉践行社会主义核心价值观——在北京大学师生座谈会上的讲话[N].人民日报,2014-05-05(2).

题。同时本章还分析了"90后"对不同生活价值观取向的认同状况,包括传统价值取向、社会价值取向、成就价值取向和快乐价值取向。此外,本章还分析了"90后"对物质/后物质主义价值倾向的选择以及对各类社会思潮的态度。

第一节　社会主义核心价值观追求

社会主义核心价值观是社会主义核心价值体系的内核,体现社会主义核心价值体系的根本性质和基本特征,反映社会主义核心价值体系的丰富内涵和实践要求,是社会主义核心价值体系的高度凝练和集中表达①。因此,分析"90一代"对社会主义核心价值观的认同状况具有重要的现实意义。

一、"90后"是追求自由的一代

社会主义核心价值观可以分为3个层面,即国家、社会和个人层面,其中富强、民主、文明、和谐是国家层面的价值要求,自由、平等、公正、法治是社会层面的价值要求,爱国、敬业、诚信、友善是公民层面的价值要求②。那么,不同代人对社会主义核心价值观中各项内容重要性的认同度如何呢?为此,本研究对其进行了测量,即就社会主义核心价值观的内容询问哪些选项对被调查者最重要。调查结果显示,对"90后"而言,排在前五位的价值观分别是"自由""文明""平等""诚信"和"富强","90后"的选择比例分别为50.8%、37.7%、35.3%、34.3%和32.1%。可见,"90后"是追求自由的一代。

(一)国家层面

富强、民主、文明、和谐作为国家层面的价值目标,其内在有着严密的逻辑关系,是从经济、政治、文化和社会等4个角度进行的阐述,其中经济富强

---

①　中共中央办公厅.关于培育和践行社会主义核心价值观的意见[N].人民日报,2013-12-24(1).

②　习近平.青年要自觉践行社会主义核心价值观——在北京大学师生座谈会上的讲话[N].人民日报,2014-05-05(2).

是基础,政治民主是保障,文明进步是动力,社会和谐是目标①。

富强即国富民强,是我国社会主义现代化国家的建设目标,是实现民主、文明、和谐的物质基础。从对"富强"重视度的选择来看(见表2-1-1),"60后""70后""80后"和"90后"的选择比例分别为57.5%、54.9%、46.3%和32.1%,可见,随着年龄的下降,人们选择重视富强的比例在逐渐下降,其中"90后"的选择比例最低,该选项在"90后"对12项社会主义核心价值观的选择中排序第五。之所以会出现这种逐渐下降的趋势,我们认为并不是因为更年轻的一代不重视国家富强,而是因为,随着中国经济的发展和国际地位的提升,与早期相比,国家富强作为青年人优先价值观的选择比例在逐渐下降。

表2-1-1 不同代人对社会主义核心价值观重要性认同度的比较　　%

不同层面	具体内容	60后	70后	80后	90后	排序*
国家层面	富强	57.5	54.9	46.3	32.1	5
	民主	29.1	30.4	30.0	26.0	7
	文明	43.5	46.1	38.9	37.7	2
	和谐	44.1	47.0	36.9	32.0	6
社会层面	自由	23.6	26.3	31.8	50.8	1
	平等	30.4	36.4	33.1	35.3	3
	公正	25.2	23.2	26.5	23.2	8
	法治	27.2	30.7	31.3	21.8	9
个人层面	爱国	10.9	12.2	9.3	11.1	11
	敬业	6.7	6.0	7.7	5.4	12
	诚信	37.1	39.8	36.3	34.3	4
	友善	10.9	9.4	10.9	20.2	10

说明:* 根据"90后"数值排序。

民主在我国指人民民主,其实质和核心是人民当家做主,其基本含义是

---

① 魏莉莉."80后""90后"青年对社会主义核心价值观的认同——基于代际和阶层比较[J].当代青年研究,2017(2):17-23.

建设和发展社会主义民主政治,依法保证人民参与选举、决策、管理和监督等重要权利。①从对"民主"重视度的选择来看,"60后""70后""80后"和"90后"的选择比例分别为29.1%、30.4%、30.0%和26.0%,可见,"90后"对民主的选择比例要低于前三代人,该选项在"90后"对12项社会主义核心价值观的选择中排序第七。

文明是社会进步和国家发展的重要标志,集中体现着社会主义先进文化的前进方向和社会主义精神文明的价值追求。从对"文明"重视度的选择来看,"60后""70后""80后"和"90后"的选择比例分别为43.5%、46.1%、38.9%和37.7%,可见,"90后"对文明的选择比例也要低于前三代人,尽管如此,"文明"在"90后"对12项社会主义核心价值观的选择中排序第二,选择比例仅次于排名第一的"自由",但就具体数值而言,低了13.1%。

和谐包括人与自然的和谐、人与人的和谐、人与社会的和谐,集中体现了学有所教、劳有所得、病有所医、老有所养、住有所居的生动局面,反映了中国传统文化的基本理念,是一种较为理想的社会状态。从对"和谐"重视度的选择来看,"60后""70后""80后"和"90后"的选择比例分别为44.1%、47.0%、36.9%和32.0%,可见,"90后"对和谐的选择比例仍然低于前三代人,该选项在"90后"对12项社会主义核心价值观的选择中排序第六。

(二)社会层面

自由、平等、公正、法治作为社会层面的价值取向,各要素之间具有内在的辩证关系,其中,自由是价值追求,平等是实现基础,公正是社会环境,法治是制度保障②。

自由指人们可以自我支配,凭借自由意志行动,并为自身的行为负责,人的自由和全面的发展是人类发展的终极价值追求。从对"自由"重视度的选择来看,"60后""70后""80后"和"90后"的选择比例分别为23.6%、26.3%、31.8%和50.8%,可见,随着年龄的下降和代际的更替,人们选择重视自由的比例在逐渐上升,其中"90后"的选择比例最高,该选项在"90后"对12项社会主义核心价值观的选择中排序第一,且其选择比例远远高于

---

① 陈秉公.论支撑中华民族伟大复兴的铸魂工程——解读十八大报告提出的"积极培育和践行社会主义核心价值观"[J].中国高等教育,2013(2):22-26.
② 朱颖原.社会主义核心价值观研究[D].太原:山西大学,2013:83.

排名第二的文明。由此可见,随着国家经济的发展和物质条件的逐渐改善,人们对自由的追求和向往越来越强烈,自由越来越成为人们的优先价值选择。

平等指权利和机会平等,要求保障人们在经济、政治、文化和教育等方面平等的机会和权利。从对"平等"重视度的选择来看,"60后""70后""80后"和"90后"的选择比例分别为30.4%、36.4%、33.1%和35.3%,可见,"90后"对平等的重视程度略高于"60后",与"70后"和"80后"基本持平,该选项在"90后"对12项社会主义核心价值观的选择中排序第三,也是比较靠前的。

公正指公平正义,是社会营造公平正义的社会环境,建立以权利公平、机会公平、规则公平为主要目标的社会公平保障体系,实现社会公平正义[①]。从对"公正"重视度的选择来看,"60后""70后""80后"和"90后"的选择比例分别为25.2%、23.2%、26.5%和23.2%,可见,"90后"对公正的重视程度与其他三代人基本持平,差别并不太大,该选项在"90后"对12项社会主义核心价值观的选择中排序第八。

法治指法律制度以及依法办事的态度观念和价值取向,法治是自由、平等、公正的制度保障,是当前我国实施依法治国的基本方略。从对"法治"重视度的选择来看,"60后""70后""80后"和"90后"的选择比例分别为27.2%、30.7%、31.3%和21.8%,可见,"90后"对法治重视程度的选择比例要低于前三代人,该选项在90后对12项社会主义核心价值观的选择中排序第九。

(三)个人层面

爱国、敬业、诚信、友善作为公民个人层面的价值准则,其内部的逻辑关系表现为爱国是核心和主线,敬业是具体化和外化,诚信是社会基础,友善是处世态度。[②]

爱国指热爱自己的祖国,体现的是人们对自己祖国的深厚情感,爱国作为公民基本的道德情操,是中华民族的优良传统。从对"爱国"重视度

[①] 陈秉公.论支撑中华民族伟大复兴的铸魂工程——解读十八大报告提出的"积极培育和践行社会主义核心价值观"[J].中国高等教育,2013(2):22-26.

[②] 朱颖原.社会主义核心价值观研究[D].太原:山西大学,2013:83.

的选择来看,"60后""70后""80后"和"90后"的选择比例分别为10.9%、12.2%、9.3%和11.1%,可见,"90后"对爱国的重视程度与其他三代人基本一致,该选项在"90后"对12项社会主义核心价值观的选择中排序第十一。

敬业是一个人对自己所从事的工作和学习负责任的态度,是对爱国主义情怀的具体化和实践化。从对"敬业"重视度的选择来看,"60后""70后""80后"和"90后"的选择比例分别为6.7%、6.0%、7.7%和5.4%,可见,"90后"对敬业的重视程度略低于前三代人,该选项在"90后"对12项社会主义核心价值观的选择中排序第十二。我们认为,虽然选择比例最低,但这并不意味着"90后"不重视工作,而是说和其他更重要、更根本的价值观相比,敬业未能置于优先价值观的位置。

诚信指诚实守信,即待人处事真诚,讲信誉,是处理人与人及人与社会关系的基本准则。从对"诚信"重视度的选择来看,"60后""70后""80后"和"90后"的选择比例分别为37.1%、39.8%、36.3%和34.3%,可见,"90后"对诚信的选择比例略低于前三代人,但我们同时注意到,"诚信"在"90后"对12项社会主义核心价值观的选择中排序第四,选择比例总体而言是比较靠前的。可见,就"90后"内部的排序而言,"90后"还是比较重视诚信的。

友善指友好善良,即人与人之间的亲近和睦,是处理人际关系的基本态度。从对"友善"重视度的选择来看,"60后""70后""80后"和"90后"的选择比例分别为10.9%、9.4%、10.9%和20.2%,可见,"90后"对友善的选择比例远高于前三代人,可见通过代际比较,我们认为"90后"是友善的一代,之所以如此,恰恰是因为当"90后"获得较好的物质保障之后,由于没有资源缺乏的紧张感,所以更容易对他人友善,表现出社会性的一面。该选项在"90后"对12项社会主义核心价值观的选择中排序第十。

二、"90后"对社会主义核心价值观认同的群体差异

从不同群体的比较来看,不同群体的"90后"所关注的社会主义核心价值观存在一定差异。

(一)性别差异

在性别方面,男性和女性所注重的核心价值观在部分内容上存在较

大差异(见表2-1-2),例如男性比女性更注重富强、民主和公正,以上几项男性比女性分别高出7.4%、4.0%和3.0%;而女性比男性更注重友善、平等和和谐,以上几项女性比男性分别高出7.3%、5.4%和4.6%。可见,相对而言,男性更注重理性层面的价值观,女性更注重感性层面的价值观。

表2-1-2　不同性别"90后"对社会主义核心价值观重要性认同度的比较　　%

不同层面	具体内容	男	女	差异值（男—女）
国家层面	富强	36.8	29.4	7.4
	民主	28.6	24.6	4.0
	文明	36.3	38.9	−2.6
	和谐	29.1	33.7	−4.6
社会层面	自由	51.8	50.7	1.1
	平等	31.8	37.2	−5.4
	公正	24.9	21.9	3.0
	法治	22.0	21.6	0.4
个人层面	爱国	11.0	11.2	−0.2
	敬业	6.6	4.8	1.8
	诚信	33.3	34.7	−1.4
	友善	15.7	23.0	−7.3

(二)户籍差异

在户籍方面,不同户口类型的"90后"所注重的核心价值观在部分内容上存在差异(见表2-1-3),其中非农户口的"90后"比农业户口的"90后"更注重自由、平等和民主,以上几项非农户口比农业户口的"90后"分别高出10.2%、6.6%和4.40%,而这些都是偏后现代的价值追求;而农业户口的"90后"比非农户口的"90后"更注重友善、诚信和敬业,以上几项农业户口比非农户口的"90后"分别高出4.3%、1.9%和1.7%,这些都属于个人层面的价值观。

表 2-1-3　不同户籍"90后"对社会主义核心价值观重要性认同度的比较　　%

不同层面	具体内容	非农户口	农业户口	差异值（非农户口—农业户口）
国家层面	富强	32.2	31.9	0.3
	民主	27.2	22.8	4.4
	文明	38.4	35.7	2.7
	和谐	32.0	32.0	0.0
社会层面	自由	53.7	43.5	10.2
	平等	37.2	30.6	6.6
	公正	23.1	23.3	−0.2
	法治	22.0	21.1	0.9
个人层面	爱国	11.4	10.4	1.0
	敬业	5.0	6.7	−1.7
	诚信	33.8	35.7	−1.9
	友善	19.1	23.4	−4.3

（三）受教育程度差异

从不同受教育程度的比较来看，不同学历的"90后"所注重的核心价值观在部分内容上存在较大差异（见表2-1-4）。其中受教育程度越高的"90后"越注重自由、诚信和敬业。具体而言，在对"自由"一项的选择上，高中及以下、大学专科、大学本科和研究生的选择比例分别为33.6%、51.7%、52.7%和41.9%，可见学历较高的"90后"会更注重自由；在对"诚信"一项的选择上，高中及以下、大学专科、大学本科和研究生的选择比例分别为33.6%、36.5%、32.2%和42.7%，可见相比之下，研究生学历的"90后"最注重诚信；在对"敬业"一项的选择上，高中及以下、大学专科、大学本科和研究生的选择比例分别为3.5%、4.7%、5.6%和11.3%，可见随着学历的上升，"90后"注重敬业的比例也在上升，研究生学历的"90后"最注重敬业。

相比之下，学历较低的"90后"更注重富强和和谐。其中，选择"富强"和"和谐"，高中及以下、大学专科、大学本科和研究生的比例分别为53.1%、31.2%、30.0%和37.9%以及45.1%、35.1%、28.9%和29.8%，可见高中及以下学历的"90后"最注重富强和和谐，这可能是因为国家发展得富强以及和谐,学历较低的人更能够从国家的基础保障中获得生存的资源,而学历较高的人则更可能通过个人的努力创造自我和社会价值,因此其选择国家富强和和谐为优先价值观的比例更低。

表 2-1-4 不同受教育程度"90后"对社会主义核心价值观重要性认同度的比较 %

不同层面	具体内容	高中及以下	大学专科	大学本科	研究生	差异值（研究生—高中及以下）
国家层面	富强	53.1	31.2	30.0	37.9	−15.2
	民主	23.0	27.0	25.9	21.8	−1.2
	文明	36.3	38.2	38.4	27.4	−8.9
	和谐	45.1	35.1	28.9	29.8	−15.3
社会层面	自由	33.6	51.7	52.7	41.9	8.3
	平等	29.2	36.9	35.9	25.8	−3.4
	公正	24.8	23.4	23.1	21.8	−3.0
	法治	27.4	16.5	24.1	29.8	2.4
个人层面	爱国	9.7	10.9	11.2	12.9	3.2
	敬业	3.5	4.7	5.6	11.3	7.8
	诚信	33.6	36.5	32.2	42.7	9.1
	友善	18.6	22.8	19.2	16.1	−2.5

（四）政治面貌差异

不同政治面貌的"90后"所注重的核心价值观在部分内容上存在一定差异(见表2-1-5)。

表 2-1-5 不同政治面貌"90后"对社会主义核心价值观重要性认同度的比较 %

不同层面	具体内容	中共党员	共青团员	群众	差异值（中共党员—群众）
国家层面	富强	45.6	28.7	36.4	9.2
	民主	29.3	26.0	25.1	4.2
	文明	34.7	38.7	34.9	−0.2
	和谐	30.5	31.6	34.6	−4.1

续表

不同层面	具体内容	中共党员	共青团员	群众	差异值（中共党员—群众）
社会层面	自由	38.5	53.4	49.1	−10.6
	平等	30.1	37.2	31.4	−1.3
	公正	21.3	23.6	22.1	−0.8
	法治	27.6	21.3	20.6	7.0
个人层面	爱国	16.3	10.7	10.1	6.2
	敬业	9.2	4.5	6.9	2.3
	诚信	36.8	34.4	32.9	3.9
	友善	14.2	21.1	20.4	−6.2

其中，中共党员更注重富强、民主、法治、爱国和诚信，其比群众高出的百分比分别为9.2%、4.2%、7.0%、6.2%和3.9%；相比之下，群众比中共党员更注重自由、友善和和谐，其比中共党员高出的百分比分别为10.6%、6.2%和4.1%。由此可见，中共党员会更关注国家经济、政治以及法治的发展，群众则更关注自由发展以及感性体验。

第二节 生活价值观追求

根据传统—现代—后现代社会转型理论，在人们的生活价值观追求方面，有四种价值取向具有重要的代表性意义，即传统价值取向、社会价值取向、成就价值取向和快乐价值取向。本研究在参考世界价值观调查问卷的基础上，根据中国的实际情况进行修订，形成测量这四种生活价值取向的指标（见表2-2-1）。调查请人们根据不同的生活追求内容，选择与自己的相符程度，其中非常符合＝6分，比较符合＝5分，有点符合＝4分，不太符合＝3分，不符合＝2分，完全不符合＝1分。

表 2-2-1 "90 后"各项生活价值取向的频数分布　　　　　　%

维度	具体内容	非常符合	比较符合	有点符合	不太符合	不符合	完全不符合
传统价值取向	保持传统很重要,继承优秀的传统文化	28.7	35.5	27.1	7.4	0.8	0.4
	遵循家风、家教、家规、家训很重要	26.6	31.7	27.1	11.7	2.1	0.8
社会价值取向	做一个为社会做贡献的人很重要	28.1	36.9	27.8	6.2	0.5	0.4
	帮助附近的人很重要,要关心他们的生存状况	19.5	36.7	33.1	9.7	0.7	0.3
成就价值取向	能想出新的主意很重要,要有创造性,总是按照自己的方式行事	18.3	34.7	32.3	13.4	0.8	0.3
	成功很重要,让别人认识自己的成就	16.8	26.6	32.8	21.2	1.9	0.9
	冒险很重要,拥有充满刺激、激动人心的生活	13.6	21.9	28.7	28.0	6.7	1.1
	做一个富有的人很重要,有很多钱和贵重财产	8.7	18.6	31.0	32.9	6.4	2.5
快乐价值取向	快乐生活很重要,要对自己好一点	43.9	36.4	16.5	2.5	0.4	0.4

"传统价值取向",侧重于以传统价值为导向,运用两题进行测量,即"保持传统很重要,继承优秀的传统文化"和"遵循家风、家教、家规、家训很重要";"社会价值取向"侧重于以贡献社会、帮助他人等社会价值为导向,运用两题进行测量,即"做一个为社会做贡献的人很重要"和"帮助附近的人很重要,要关心他们的生存状况";"成就价值取向",侧重于以个人的成就和发展为导向,运用四题进行测量,即"能想出新的主意很重要,要有创造性,总是按照自己的方式行事""成功很重要,让别人认识自己的成就"和"冒险很重要,拥有充满刺激、激动人心的生活""做一个富有的人很重要,有很多钱和贵重财产";"快乐价值取向"侧重于以自我的快乐为导向,运用一题进行测量,即"快乐生活很重要,要对自己好一点"。

一、"90后"是追求快乐的一代

"90后"在四种生活价值取向上的追求程度如何呢?本节将从代内比较和代际比较两个方面同时进行分析。

(一)"90后"选择快乐价值取向的比例最高

从"90后"的选择结果来看,选择符合比例(包括非常符合和比较符合)

最高的是"快乐价值取向",符合的比例达到80.3%,其中非常符合43.9%,比较符合36.4%,这表明"90后"中有超过80%的人把追求快乐生活以及对自己好一点作为生活中非常重要的内容,说明"90后"是追求快乐的一代。

在"传统价值取向"方面,"90后"选择符合的比例比较高,调查数据显示,在"继承优秀传统文化"上,"90后"选择符合的比例为64.2%,其中非常符合28.7%,比较符合35.5%;在"遵循家风、家教等"上,选择符合的比例为58.3%,其中非常符合26.6%,比较符合31.7%,这说明"90后"中有超过一半的人把保持传统,遵循家风作为自己生活中的重要内容并付诸行动,说明传统价值观对"90后"的影响力比较大。

在"社会价值取向"方面,"90后"选择符合的比例相对略低一些,在"贡献社会"上,"90后"选择符合的比例为65.0%,其中非常符合28.1%,比较符合36.9%;在"帮助他人"上,"90后"选择符合的比例为56.2%,其中非常符合19.5%,比较符合36.7%,这说明有超过一半的"90后"把贡献社会、帮助他人作为自己生活的重要内容,说明社会价值取向对"90后"具有一定的影响力。

在"成就价值取向"方面,"90后"选择符合的比例比以上3个价值取向要更低一些。具体而言,在"有创造性"上,"90后"选择符合的比例为53.0%,其中非常符合18.3%,比较符合34.7%;在"追求成功"上,选择符合的比例为43.4%,其中非常符合16.8%,比较符合26.6%;在"冒险精神"上,选择符合的比例为35.5%,其中非常符合13.6%,比较符合21.9%;在"追求财富"上,选择符合的比例为27.3%,其中非常符合8.7%,比较符合18.6%。由此可见,总体而言,"90后"选择符合成就价值取向的比例相对最低,而在成就价值取向内部的4道题目中,选择有创造性的比例最高,其次是追求成功,再次是追求冒险,排在最后的是追求财富。这说明,"90后"愿意有创造性、追求成功,但是冒险性较低,而且"90后"主观上认同自己追求财富的比例是最低的。

(二)快乐价值取向是四代人共同的优先价值选择

以上讨论的是"90后"内部不同生活价值取向之间的比较,那么不同代人在各种生活价值取向上存在哪些异同之处呢?为了便于理解和比较,本研究将各个维度以及各个具体项目的得分均转化为 0—100 的标准分(见表 2-2-2)。

表 2-2-2 不同代人四种生活价值取向的比较(平均分±标准差)

维度和项目	60 后	70 后	80 后	90 后	F 值
传统价值取向	79.44±17.22	76.75±16.25	76.39±17.96	74.94±18.99	6.661***
继承优秀传统文化	79.48±17.73	77.21±16.66	76.41±18.29	76.55±19.61	2.511
遵循家风、家教等	79.35±18.57	76.37±18.04	76.37±19.40	73.33±22.02	13.059***
社会价值取向	73.24±17.40	71.87±16.78	71.05±17.40	74.88±17.15	18.072***
贡献社会	75.52±19.22	74.05±17.82	73.48±18.67	76.94±18.96	12.522***
帮助他人	70.98±19.09	69.78±18.08	68.56±19.00	72.78±18.88	18.096***
成就价值取向	56.37±17.37	55.94±16.93	59.45±16.69	63.71±16.01	44.427***
有创造性	62.43±22.26	63.10±20.70	65.33±20.33	71.06±19.73	42.961***
追求成功	64.28±21.22	62.36±21.29	64.97±20.69	66.54±21.85	4.856**
追求冒险	47.72±21.83	48.15±22.72	54.16±23.31	60.86±23.73	60.923***
追求财富	50.66±25.27	50.06±22.74	53.32±23.25	56.53±22.93	14.205***
快乐价值取向	79.54±18.18	78.73±16.97	80.29±17.72	84.01±17.33	22.054***
快乐生活,宠爱自己	79.54±18.18	78.73±16.97	80.29±17.72	84.01±17.33	22.054***

1. 快乐价值取向

崇尚快乐是人的天性,调查显示,"60 后""70 后""80 后"和"90 后"选择快乐价值取向的得分均为最高,即在"快乐生活很重要,要对自己要好一点"这一项上,得分分别为 79.54 分、78.73 分、80.29 分和 84.01 分,在每代人的四种价值观取向中,得分均为最高,说明快乐价值取向是四代人共同的优先价值选择。代际比较显示,"90 后"在快乐价值取向上的表现尤为突出,其得分显著最高,分别比"60 后""70 后"和"80 后"高出 4.47 分、5.28 分和 3.72 分,方差分析结果显示,其 F 值为 22.054,差异达到显著性程度($p<0.001$),且与每一代人的事后检验均达到显著性程度,且均为 $p<0.001$。

2. 传统价值取向

在当前国家大力宣传保持传统,继承优秀传统文化以及遵循家风、家教、家规和家训的背景下,人们对传统价值观的认同和遵循也是比较高的,仅次于快乐价值取向,在四项价值取向中排位第二。"60后""70后""80后"和"90后"在传统价值取向上的得分分别为79.44分、76.75分、76.39分和74.94分,在每一代人内部的排序中,均排名第二位。值得关注的是,四代人在传统价值观取向上的得分与排名第一位的快乐价值取向得分之间的差距有所不同,其中"60后"的差距仅为0.10分,"70后"的差距为1.98分,"80后"的差距为3.90分,"90后"的差距达到9.07分,可见尽管都是排位第二,但事实上的差距是非常明显的。很显然,随着代际的更替,两者之间的差距越来越大,这表明年龄越大的代越遵从传统价值取向。从代际比较的数值来看,"60后"的得分显著高于其他三代人,方差分析结果显示,F值为6.661,差异达到显著性程度($p<0.001$),事后检验结果显示,"60后"的得分显著高于"80后"($p<0.05$)和"90后"($p<0.001$)。

在"保持传统很重要,继承优秀的传统文化"这一项上,"60后""70后""80后"和"90后"的得分分别为79.48分、77.21分、76.41分和76.55分,"60后"的得分最高,事后检验结果显示,"60后"的得分显著高于"80后"($p<0.05$)和"90后"($p<0.05$)。在"遵循家风、家教、家规、家训很重要"这一项上,"60后""70后""80后"和"90后"的得分分别为79.35分、76.37分、76.37分和73.33分,"60后"的得分最高,方差分析结果显示,F值为13.059,差异达到显著性程度($p<0.001$),事后检验结果显示,"60后"的得分显著高于"90后"($p<0.001$)。

3. 社会价值取向

在社会价值取向上,虽然人们一度认为"90后"是自私的一代,但是阎云翔等人的研究表明,"90后"一代是具有助人意识和能力的一代,而且其助人是基于个体内在的需求。①调查显示,"60后""70后""80后"和"90后"在社会价值取向上的得分分别为73.24分、71.87分、71.05分和74.88分,且这四代人社会价值取向的得分在四项价值取向中均排名第三。代际比较显示,"90后"的得分最高,分别比"60后""70后"和"80后"高出1.64分、3.01分和3.83分,方差分析结果显示,F值为18.072,差异达到显著性程度($p<0.001$),事后检验结果显示,"90后"的得分显著高于"70后"($p<0.01$)和80

---

① 阎云翔.当代青年是否缺乏理想主义?[J].文化纵横,2013(5):56-61.

后(p<0.001)。值得关注的是,四代人在社会价值观取向上的得分与排在第二位的传统价值取向得分之间的差距有所不同,其中"60后"的差距为6.2分、70后的差距为4.88分,"80后"的差距为5.34分,"90后"的差距仅为0.06分。可见,对"90后"而言,社会价值取向和传统价值取向的得分基本一致。

具体而言,"90后"比其他三代人更注重贡献社会和帮助他人。在"做一个为社会做贡献的人很重要"这一项上,"60后""70后""80后"和"90后"的得分分别为75.52分、74.05分、73.48分和76.94分,"90后"比"60后""70后"和"80后"分别高出1.42分、2.89分和3.46分,方差分析结果显示,F值为12.522,差异达到显著性程度(p<0.001),事后检验结果显示,"90后"的得分显著高于"70后"(p<0.05)和"80后"(p<0.001)。在"帮助附近的人很重要,要关心他们的生存状况"这一项上,"60后""70后""80后"和"90后"的得分分别为70.98分、69.78分、68.56分和72.78分,"90后"比"60后""70后"和"80后"分别高出1.80分、3.00分和4.22分,方差分析结果显示,F值为18.096,差异达到显著性程度(p<0.001),事后检验结果显示,"90后"的得分显著高于"70后"(p<0.01)和"80后"(p<0.001)。同时我们注意到,四代人在"贡献社会"上的得分均高于其在"帮助他人"上的得分,这说明人们对于广泛意义上的贡献社会的认同度更高,而对于帮助身边人的认同度更低,这恰恰体现了人们在社会价值取向上存在认知和行为之间有距离的现实,即泛助人和实助人之间的差距。

4. 成就价值取向

在成就价值取向上,虽然人们通常认为中国人追求成就的动力很强,但调查数据显示,与其他三种价值取向相比,成就价值取向的得分是相对最低的,四代人的得分均排在第四位。具体而言,"60后""70后""80后"和"90后"在成就价值取向上的得分分别为56.37分、55.94分、59.45分和63.71分,代际比较显示,"90后"的得分最高,分别比"60后""70后"和"80后"高出7.34分、7.77分和4.26分,方差分析结果显示,F值为44.427,差异达到显著性程度(p<0.001),且与每一代人的事后检验均达到显著性程度,均为p<0.001。

具体而言,"90后"比其他三代人在有创造性、追求成功、追求冒险和追求财富上的得分均要更高。在"能想出新的主意很重要,要有创造性,总是按照自己的方式行事"这一项上,"60后""70后""80后"和"90后"的得分分别为62.43分、63.10分、65.33分和71.06分,"90后"比"60后""70后"和"80后"分别高出8.63分、7.96分和5.73分,方差分析结果显示,F值为42.961,差异达到显著性程度($p<0.001$),事后检验结果显示,"90后"的得分显著高于前三代人,且均为$p<0.001$。在"成功很重要,让别人认识自己的成就"这一项上,"60后""70后""80后"和"90后"的得分分别为64.28分、62.36分、64.97分和66.54分,"90后"比"60后""70后"和"80后"分别高出2.26分、4.18分和1.57分,方差分析结果显示,F值为4.856,差异达到显著性程度($p<0.01$),事后检验结果显示,"90后"的得分显著高于"70后",$p<0.01$。

在"冒险很重要,拥有充满刺激、激动人心的生活"这一项上,"60后""70后""80后"和"90后"的得分分别为47.72分、48.15分、54.16分和60.86分,"90后"比"60后""70后"和"80后"分别高出13.14分、12.71分和6.70分,方差分析结果显示,F值为60.923,差异达到显著性程度($p<0.001$),事后检验结果显示,"90后"的得分显著高于前三代人,且均为$p<0.001$。可见,与前三代相比,"90后"的冒险精神已经有了较大的提高。在"做一个富有的人很重要,有很多钱和贵重财产"这一项上,"60后""70后""80后"和"90后"的得分分别为50.66分、50.06分、53.32分和56.53分,"90后"比"60后""70后"和"80后"分别高出5.87分、6.47分和3.21分,方差分析结果显示,F值为14.205,差异达到显著性程度($p<0.001$),事后检验结果显示,"90后"的得分显著高于前三代人,p值分别为$p<0.01$,$p<0.001$和$p<0.001$,可见,"90后"对于财富追求的得分也是相对最高的。

值得关注的是,在各代内部的比较中,"60后"和"70后"追求财富得分要高于其追求冒险的得分,而"80后"和"90后"追求财富的得分低于其追求冒险的得分,这可能意味着一种价值观选择在代际间的转变。

二、"90后"生活价值观追求的成因分析

为了进一步分析哪些因素会对"90后"的四种价值取向产生影响,本研究将个体人口特征、家庭背景、国际化、媒体使用情况以及社会信任度等变量纳入OLS多元回归模型(见表2-2-3)。数据分析结果如下。

表2-2-3 "90后"生活价值取向的影响因素(OLS回归模型)

变量	传统价值取向 B(SE)	继承优秀传统文化 B(SE)	遵循家风、家教等 B(SE)	社会价值取向 B(SE)	贡献社会 B(SE)	帮助他人 B(SE)
个体人口特征						
性别(1=男)	−0.466 (0.851)	0.050 (0.885)	−0.981 (0.997)	0.672 (0.761)	0.304 (0.852)	0.931 (0.842)
户口类型(1=非农户口)	−0.660 (1.047)	−0.839 (1.088)	−0.481 (1.226)	−1.235 (0.936)	−0.603 (1.048)	−1.847 (1.036)
受教育程度(参照组:高中及以下)						
大学专科、高职	3.247 (2.279)	5.393* (2.368)	1.102 (2.669)	3.382 (2.053)	3.487 (2.289)	3.802 (2.263)
大学本科	0.166 (2.320)	2.399 (2.410)	−2.068 (2.717)	2.707 (2.088)	3.182 (2.329)	2.698 (2.303)
研究生	4.484 (2.930)	7.167* (3.045)	1.801 (3.432)	5.343* (2.631)	5.228 (2.939)	6.059* (2.905)
政治面貌(参照组:群众)						
中共党员	2.388 (1.776)	3.766* (1.845)	1.011 (2.080)	5.736*** (1.587)	6.868*** (1.778)	4.576** (1.755)
共青团员	1.030 (1.192)	2.018 (1.239)	0.042 (1.396)	3.214** (1.064)	4.206*** (1.191)	2.244 (1.178)
家庭背景						
父亲职业	0.313 (0.165)	0.279 (0.171)	0.348 (0.193)	0.383** (0.147)	0.388* (0.165)	0.385* (0.163)
母亲受教育程度	−0.187 (0.293)	−0.171 (0.305)	−0.202 (0.343)	−0.056 (0.262)	−0.172 (0.293)	0.070 (0.290)
家庭经济主观感受	1.049 (0.685)	1.241 (0.712)	0.857 (0.802)	0.300 (0.612)	0.307 (0.685)	0.337 (0.677)
有兄弟姐妹	−0.428 (1.235)	−0.828 (1.284)	−0.028 (1.447)	1.108 (1.105)	1.181 (1.236)	0.938 (1.222)
国际化变量						
出国出境过	−0.096 (0.942)	−0.987 (0.979)	0.796 (1.103)	−0.780 (0.842)	−1.029 (0.943)	−0.607 (0.932)
有外国朋友	−1.094 (0.858)	−0.968 (0.891)	−1.220 (1.004)	1.380 (0.766)	1.266 (0.858)	1.469 (0.848)

续表

变量	传统价值取向 B(SE)	继承优秀传统文化 B(SE)	遵循家风、家教等 B(SE)	社会价值取向 B(SE)	贡献社会 B(SE)	帮助他人 B(SE)
媒体使用情况						
每日上网时间	0.001 (0.041)	−0.008 (0.042)	0.009 (0.048)	−0.027 (0.036)	−0.027 (0.041)	−0.026 (0.040)
微信朋友圈人数	0.004* (0.002)	0.005* (0.002)	0.004 (0.002)	0.006*** (0.002)	0.005** (0.002)	0.008*** (0.002)
看新闻联播	7.639*** (0.806)	6.748*** (0.837)	8.529*** (0.943)	5.216*** (0.720)	5.282*** (0.806)	5.163*** (0.797)
用过翻墙软件	−1.974* (0.849)	−1.730* (0.883)	−2.218* (0.995)	−1.083 (0.759)	−0.916 (0.850)	−1.298 (0.841)
社会信任度	0.663 (0.362)	0.618 (0.376)	0.709 (0.423)	1.946*** (0.323)	1.623*** (0.362)	2.226*** (0.358)
常数	63.857*** (3.180)	62.728*** (3.304)	64.987*** (3.724)	57.404*** (2.852)	59.649*** (3.190)	54.622*** (3.148)
F检验值	7.83***	6.59***	6.73***	9.92***	7.42***	8.95***
调整后的 R^2	0.055	0.045	0.046	0.070	0.060	0.063

注：* $p<0.05$，** $p<0.01$，*** $p<0.001$；B为非标准化回归系数，SE是标准误。

表 2-2-4 "90后"生活价值取向的影响因素(OLS回归模型)

变量	成就价值取向 B(SE)	有创造性 B(SE)	追求成功 B(SE)	追求冒险 B(SE)	追求财富 B(SE)	快乐价值取向 B(SE)
个体人口特征						
性别(1=男)	3.654*** (0.717)	2.799** (0.892)	3.490** (1.004)	3.767*** (1.076)	4.739*** (1.046)	−3.563*** (0.781)
户口类型 (1=非农户口)	−0.723 (0.881)	−1.666 (1.097)	−0.855 (1.235)	−0.699 (1.322)	0.361 (1.287)	−0.639 (0.961)

续表

变量	成就价值取向 B (SE)	有创造性 B (SE)	追求成功 B (SE)	追求冒险 B (SE)	追求财富 B (SE)	快乐价值取向 B (SE)
受教育程度(参照组:高中及以下)						
大学专科	5.488** (1.923)	7.708** (2.389)	5.460* (2.688)	7.204* (2.876)	1.609 (2.812)	4.712* (2.089)
大学本科	1.544 (1.957)	4.447 (2.432)	2.128 (2.736)	1.111 (2.928)	−1.740 (2.863)	1.922 (2.126)
研究生	0.927 (2.469)	4.880 (3.076)	2.001 (3.456)	−1.685 (3.697)	−1.364 (3.608)	0.828 (2.685)
政治面貌(参照组:群众)						
中共党员	0.380 (1.494)	−0.279 (1.862)	2.299 (2.094)	0.762 (2.244)	−0.843 (2.184)	2.509 (1.630)
共青团员	−0.098 (1.001)	−0.464 (1.248)	0.959 (1.405)	0.723 (1.504)	−1.673 (1.463)	1.856 (1.093)
家庭背景						
父亲职业	0.022 (0.138)	0.028 (0.172)	0.097 (0.194)	−0.190 (0.208)	0.157 (0.202)	0.112 (0.151)
母亲受教育程度	0.488* (0.247)	0.408 (0.307)	0.735* (0.346)	0.360 (0.371)	0.516 (0.360)	0.264 (0.269)
家庭经济主观感受	0.617 (0.576)	1.328 (0.717)	−0.050 (0.807)	−0.281 (0.865)	1.581 (0.841)	2.183** (0.627)
有兄弟姐妹	0.869 (1.047)	0.018 (1.290)	1.282 (1.457)	0.843 (1.564)	2.240 (1.526)	−1.102 (1.136)
国际化变量						
出国出境过	0.443 (0.793)	−0.083 (0.987)	−0.905 (1.111)	1.246 (1.190)	1.431 (1.157)	−1.193 (0.863)
有外国朋友	1.838* (0.721)	2.619** (0.898)	0.395 (1.011)	3.896*** (1.083)	0.565 (1.053)	0.511 (0.786)

续表

变 量	成就价值取向 B(SE)	有创造性 B(SE)	追求成功 B(SE)	追求冒险 B(SE)	追求财富 B(SE)	快乐价值取向 B(SE)
媒体使用情况						
每日上网时间	0.002 (0.034)	0.026 (0.043)	−0.012 (0.048)	−0.057 (0.051)	0.051 (0.050)	0.017 (0.037)
微信朋友圈人数	0.009*** (0.002)	0.008*** (0.002)	0.008*** (0.002)	0.010*** (0.002)	0.008*** (0.002)	0.004** (0.002)
看新闻联播	2.206** (0.678)	2.429** (0.844)	4.043*** (0.950)	2.132* (1.018)	0.682 (0.989)	0.531 (0.739)
用过翻墙软件	0.921 (0.715)	1.700 (0.890)	−0.452 (1.002)	2.370* (1.074)	0.070 (1.044)	1.170 (0.780)
社会信任度	0.297 (0.304)	0.441 (0.379)	0.371 (0.426)	1.557** (0.457)	−1.307** (0.444)	0.410 (0.332)
常数	50.762*** (2.683)	54.341*** (3.328)	53.552*** (3.749)	45.391*** (4.012)	49.395*** (3.917)	70.915*** (2.913)
F检验值	8.16***	5.56***	3.93***	6.92***	4.69***	4.61***
调整后的 R^2	0.057	0.037	0.024	0.048	0.030	0.030

注：* $p<0.05$，** $p<0.01$，*** $p<0.001$；B 为非标准化回归系数，SE 是标准误。

（一）传统价值取向

1. 研究生学历的"90后"更注重继承优秀传统文化

模型分析结果显示,在控制了相关变量的情况下,对于传统价值取向,男性和女性之间未显示显著差异,不同户口类型之间也未显示显著差异。方差分析的结果也是一致,其 p 值均大于 0.05,差异未达到显著性程度。

在受教育程度方面,学历越高的人越倾向于继承优秀传统文化,其中学历为大学专科的"90后"比高中学历的"90后"在"继承优秀传统文化"上得分高出 5.393 分,且差异达到显著度(p<0.05),学历为研究生的"90后"比高中学历的"90后"在此项目上得分高出 7.167 分,且差异达到显著度(p<0.05)。进一步方差分析的结果显示,受教育程度越高的人越具有传统价值

取向,其中在"传统价值取向"上,高中及以下、大学专科、大学本科和研究生学历的"90后"的得分分别为74.14分、76.52分、73.61分和78.55分,F检验值为5.580,p<0.01;在"继承优秀传统文化"上,高中及以下、大学专科、大学本科和研究生学历的"90后"的得分分别为73.51分、78.04分、75.41分和80.97分,F检验值为6.065,p<0.001;在"遵循家风、家教等"上,高中及以下、大学专科、大学本科和研究生学历的"90后"的得分分别为74.77分、74.99分、71.81分和76.13分,F检验值为4.412,p<0.01。通过以上数据可知,研究生在传统价值观各项上的得分均为最高,但是本科生的得分偏低。

2. 中共党员的"90后"更注重继承优秀传统文化

在不同政治面貌方面,回归分析结果显示,中共党员最注重继承优秀传统文化,其比群众在该项上的得分高出3.766分,且差异达到显著程度(p<0.05)。进一步方差分析结果显示,在"继承优秀传统文化"上,中共党员、共青团员和群众的得分分别为79.33分、76.51分和74.59分,F检验值为4.398,p<0.01。可见,不同政治面貌的"90后"在继承优秀传统文化上存在显著差异。

3. 看新闻联播的"90后"更具有传统价值取向

模型分析结果显示,在控制了相关变量的情况下,是否有出国出境经历以及是否结交外国朋友对于"90后"的传统价值取向高低未显示出显著影响。

微信朋友圈人数越多的人越注重"继承优秀传统文化",模型分析结果显示,人数每多1人,其在该项上的得分高出0.005分,且p值小于0.05。

在是否看新闻联播方面,看新闻联播的"90后"越显著具有传统价值取向,模型分析结果显示,在控制了相关变量的情况下,在"传统价值取向"上,看新闻联播的"90后"比不看的"90后"得分高出7.639分,且差异达到显著度(p<0.001);在"继承优秀传统文化"上,看新闻联播的"90后"比不看的"90后"得分高出6.748分,且差异达到显著度(p<0.001);在"遵循家风、家教等"上,看新闻联播的"90后"比不看的"90后"得分高出8.529分,且差异达到显著度(p<0.001)。进一步方差分析的结果显示,在以上3项上,是否看新闻联播的确具有非常显著的差异。在以上3项上,看新闻联播和不看

新闻联播的"90后"的得分分别为78.55分和70.88分、79.81分和72.93分、77.30分和68.84分,F检验值分别为97.950、72.923和87.854,p值均小于0.001。可见,看新闻联播对"90后"的传统价值取向有着非常显著的正影响关系。

4. 用过翻墙软件的"90后"在传统价值取向上得分偏低

在是否使用过翻墙软件方面,用过翻墙软件的"90后"在传统价值取向上的得分显著越低。模型分析结果显示,在控制了相关变量的情况下,在"传统价值取向"上,用过翻墙软件的"90后"比没用过的"90后"得分低1.974分,且差异达到显著程度($p<0.05$);在"继承优秀传统文化"上,用过翻墙软件的90后比没用过的"90后"得分低1.730分,且差异达到显著度($p<0.05$);在"遵循家风、家教等"上,用过翻墙软件的"90后"比没用过的"90后"得分低2.218分,且差异达到显著度($p<0.05$)。进一步方差分析的结果显示,在以上3项上,用过翻墙软件和没用过翻墙软件的"90后"的得分分别为73.63分和76.03分、75.54分和77.54分、71.71分和74.54分,F检验值分别为8.964、5.764和9.086,p值分别为$p<0.01$、$p<0.05$和$p<0.01$。可见,使用翻墙软件的"90后"在传统价值取向上得分要低于不用翻墙软件的"90后",使用翻墙软件对"90后"的传统价值取向有着显著的负影响关系。

(二) 社会价值取向

1. 研究生学历的"90后"更具有社会价值取向,更愿意贡献社会、帮助他人

模型分析结果显示,在控制了相关变量的情况下,对于社会价值取向,男性和女性之间没有显示出显著差异,不同户口类型之间也没有显示出显著差异。方差分析的结果显示,F检验值的p值均大于0.05,差异未达到显著程度。

在受教育程度方面,学历越高的"90后"越具有社会价值取向,越愿意贡献社会,帮助他人。其中学历为研究生的"90后"比高中学历的"90后"在"社会价值取向"上得分高出5.343分,且差异达到显著度($p<0.05$),在"贡献社会"上得分高出5.228分,在"帮助他人"上得分高出6.059分,且差异达到显著度($p<0.05$)。进一步方差分析的结果显示,受教育程度越高的人越

具有社会价值取向,其中在"社会价值取向"上,高中及以下、大学专科、大学本科和研究生学历的"90后"的得分分别为70.46分、74.65分、75.01分和79.76分,F检验值为5.906,$p<0.01$;在"贡献社会"上,高中及以下、大学专科、大学本科和研究生学历的"90后"的得分分别为71.45分、76.52分、77.31分和81.45分,F检验值为5.766,$p<0.01$;在"帮助他人"上,高中及以下、大学专科、大学本科和研究生学历的"90后"的得分分别为69.09分、72.78分、72.66分和78.06分,F检验值为4.706,$p<0.01$。由此可见,随着学历的提高,"90后"愿意贡献社会、帮助他人的得分也在递增,研究生学历的"90后"在各项上的得分均为最高,最具有社会价值取向。这或许可以用"穷则独善其身,达则兼济天下"来解释。学历越高的人的认知层次,接触到的知识层次都会相对更高,对社会的责任感以及以天下为己任的目标感也会相对更强,具体体现为社会价值取向的得分最高。

2. 中共党员的"90后"更具有社会价值取向,更愿意贡献社会、帮助他人

在不同政治面貌方面,模型分析结果显示,中共党员最具有社会价值取向,在控制了其他变量的情况下,在"社会价值取向"上,中共党员的得分比群众高出5.736分,且差异达到显著程度($p<0.001$),共青团员的得分比群众高出3.214分,$p<0.01$;在"贡献社会"上,中共党员的得分比群众高出6.868分,且差异达到显著程度($p<0.001$),共青团员的得分比群众高出4.206分,且差异达到显著程度($p<0.001$);在"帮助他人"上,中共党员的得分比群众高出4.576分,且差异达到显著程度($p<0.01$),共青团员的得分比群众高出2.244分。进一步方差分析的结果显示,中共党员的社会价值取向得分最高,其中在"社会价值取向"上,中共党员、共青团员和群众的得分分别为79.37分、75.13分和71.28分,F检验值为17.357,$p<0.001$;在"贡献社会"上,中共党员、共青团员和群众的得分分别为81.42分、77.39分和72.43分,F检验值为18.687,$p<0.001$;在"帮助他人"上,中共党员、共青团员和群众的得分分别为77.25分、72.83分和70.03分,F检验值为11.081,$p<0.001$。由此可见,中共党员的社会价值取向得分最高,其次是共青团员,群众的得分相对最低。

3. 父亲职业地位越高的"90后"越具有社会价值取向

模型分析结果显示,父亲职业地位越高的"90后"在社会价值取向上的

得分越高,在控制了其他变量的情况下,在"社会价值取向上",父亲职业地位每升高一级,"90后"社会价值取向的得分提高 0.383 分,p<0.01;在"贡献社会"上,父亲职业地位每升高一级,"90后"的得分提高 0.388 分,p<0.05 在"帮助他人"上,父亲职业地位每升高一级,"90后"的得分提高 0.385 分,p<0.05。对此的解释是,父亲的职业地位越高,一般而言格局会更大,因此关注社会,关注他人的角度会更开阔,也就通过家庭中的潜移默化对"90后"产生影响,使得"90后"的社会价值关注更高。

4. 有外国朋友的"90后"的社会价值取向得分更高

模型分析结果显示,在控制了其他变量的情况下,有外国朋友的"90后"比没有外国朋友的"90后"在"社会价值取向""贡献社会"和"帮助他人"上的得分要分别高出 1.380 分、1.266 分和 1.469 分,但未达到显著程度。进一步方差分析的结果显示,有外国朋友的"90后"在社会价值取向上得分显著更高,其中在"社会价值取向""贡献社会"和"帮助他人"上,有外国朋友和没有外国朋友的"90后"的得分分别为 76.39 分和 73.43 分、78.43 分和 75.51 分、74.31 分和 71.31,其 F 检验值分别为 17.334、13.846 和 14.755,p 值均小于 0.001。之所以会出现回归模型中差异不显著而方差分析的结果差异显著,可能是因为其他相关变量的作用。此外我们注意到,是否有出国出境经历对"90后"的社会价值取向未显示出显著性影响。

5. 看新闻联播的"90后"更具有社会价值取向

模型分析结果显示,在控制了其他变量的情况下,微信朋友圈人数越多的"90后"越具有社会价值取向,人数每多 1 人,其在"社会价值取向""贡献社会"和"帮助他人"上的得分分别高出 0.006 分、0.005 分和 0.008 分,且 p 值均小于 0.001。

在是否看新闻联播方面,看新闻联播的"90后"越显著具有社会价值取向,模型分析结果显示,在控制了相关变量的情况下,在"社会价值取向""贡献社会"和"帮助他人"上,看新闻联播的"90后"比不看的"90后"得分分别高出 5.216 分、5.282 分和 5.163 分,且差异均达到显著程度($p<0.001$)。进一步方差分析的结果显示,在"社会价值取向""贡献社会"和"帮助他人"上,看新闻联播和不看新闻联播的"90后"的得分分别为 77.56 分和 71.87 分、79.61 分和 73.91 分、75.45 分和 69.78 分,F 检验值分别为 65.024、53.174

和52.929，p值均小于0.001。可见，看新闻联播对"90后"的社会价值取向有着非常显著的正影响关系。此外我们注意到，是否使用翻墙软件对"90后"的社会价值取向未显示出显著性影响。

6. 社会信任度越高的人越具有社会价值取向

模型分析结果显示，在控制了其他变量的情况下，社会信任度越高的"90后"越具有社会价值取向，其中社会信任度每提高1分，"90后"在"社会价值取向""贡献社会"和"帮助他人"上的得分分别高出1.946分、1.623分和2.226分，且p值均小于0.001。由此看见，社会信任度对人们愿意帮助他人，愿意贡献社会都有非常显著的影响，只有在一个人人信任，人人付出的社会，人们社会取向的行为才会得到更好地促进和发展。

（三）成就价值取向

1. 男性比女性更具有成就价值取向，更追求创造性、成功、冒险和财富

虽然之前的模型分析结果显示，男性和女性在传统以及社会价值取向上未体现出显著差异，但是在成就价值取向方面，在控制了相关变量的情况下，男性比女性显著更具有成就价值取向，并且在"有创造性""追求成功""追求冒险"和"追求财富"这四个方面得分均显著更高。具体而言，男性比女性在"成就价值取向""有创造性""追求成功""追求冒险"和"追求财富"这五项上的得分分别高出3.654分、2.799分、3.490分、3.767分和4.739分，且差异均达到显著程度，p<0.01或p<0.001。进一步方差分析的结果显示，在以上五项上，男性和女性的得分分别为66.00分和62.23分、72.60分和70.01、68.83分和65.07分、63.24分和59.29分以及59.49分和54.64分，可见男性的得分均要高于女性，F检验值分别为30.344、9.337、16.054、15.020和24.272，p值均小于0.01或者0.001。由此可见，在成就价值取向方面，男性是显著高于女性。此外，模型分析结果显示，不同户口类型的"90后"在成就价值取向上未呈现显著差异。

2. 专科学历"90后"更具有成就价值取向，更具有创造性，更追求成功和冒险

在受教育程度方面，与传统和社会价值取向中研究生学历的"90后"得分最高不同的是，在成就价值取向上，大学专科学历的"90后"的得分最高。具体而言，在控制其他变量的情况下，在"成就价值取向""有创造性""追求

成功""追求冒险"和"追求财富"这五项上,大学专科学历的"90后"比高中及以下学历的"90后"分别高出 5.488 分(p＜0.01)、7.708 分(p＜0.01)、5.460 分(p＜0.05)、7.204 分(p＜0.01)和 1.609 分,而其他学历的"90后"并未呈现显著差异。

进一步方差分析的结果显示,在"成就价值取向"上,高中及以下、大学专科、大学本科和研究生学历的"90后"的得分分别为 61.77 分、66.02 分、62.51 分和 62.85 分,F 检验值为 8.857,p＜0.001;在"有创造性"上,高中及以下、大学专科、大学本科和研究生学历的"90后"的得分分别为 65.59 分、73.02 分、70.30 分和 71.54 分,F 检验值为 6.285,p＜0.001;在"追求成功"上,高中及以下、大学专科、大学本科和研究生学历的"90后"的得分分别为 64.14 分、68.43 分、65.53 分和 66.45 分,F 检验值为 3.428,p＜0.05;在"追求冒险"上,高中及以下、大学专科、大学本科和研究生学历的"90后"的得分分别为 58.92 分、64.24 分、59.13 分和 57.90 分,F 检验值为 8.787,p＜0.001;在"追求财富"上,高中及以下、大学专科、大学本科和研究生学历的"90后"的得分分别为 58.73 分、58.70 分、55.03 分和 56.13 分,F 检验值为 4.618,p＜0.01。通过以上数据的比较可知,在各项上基本都是大学专科学历的"90后"得分最高。

3. 母亲受教育程度越高的"90后"越具有成就价值取向

模型分析结果显示,母亲受教育程度越高的"90后"在成就价值取向上的得分越高,在控制了其他变量的情况下,在"成就价值取向""有创造性""追求成功""追求冒险"和"追求财富"这五项上,母亲受教育程度每升高一级,"90后"的得分分别提高 0.488 分、0.408 分、0.735 分、0.360 分和 0.516 分,且在成就价值取向和追求成功这两项上达到显著程度,p＜0.05。对此的解释是,母亲受教育程度越高,越有可能对孩子的成就和成功有更高期望,或者更有方法促进孩子取得成就和成功,因此在数据上体现出正影响作用。

4. 有外国朋友的"90后"的成就价值取向得分更高,更有创造性,更追求冒险

模型分析结果显示,在控制了其他变量的情况下,有外国朋友的"90后"比没有外国朋友的"90后"在"成就价值取向""有创造性"和"追求冒险"

上的得分要分别高出 1.838 分（p＜0.05）、2.619 分（p＜0.01）和 3.896 分（p＜0.001）。进一步方差分析的结果显示，有外国朋友的"90 后"在成就价值取向上得分更高，其中在"成就价值取向""有创造性"和"追求冒险"上，有外国朋友和没有外国朋友的"90 后"的得分分别为 65.14 分和 62.34 分、73.05 分和 69.17 分、63.28 分和 58.53，其 F 检验值分别为 17.818、22.651 和 23.470，p 值均小于 0.001。此外，回归分析的结果显示，是否有出国出境经历对"90 后"的成就价值取向未体现出显著差异，虽然在方差分析中，有过出国出境经历的"90 后"在追求冒险以及追求财富上得分显著更高一些（p＜0.05），但在回归分析中，显著性消失，说明有其他相关变量在发挥作用。

5. 受主流媒体影响的"90 后"更具有成就价值取向，更有创造性，更追求成功和冒险

模型分析结果显示，在控制了其他变量的情况下，微信朋友圈人数越多的"90 后"越具有成就价值取向，人数每多 1 人，其在"成就价值取向""有创造性""追求成功""追求冒险"和"追求财富"上的得分分别高出 0.009 分、0.008 分、0.008 分、0.010 分和 0.008 分，且 p 值均小于 0.001。

在是否看新闻联播方面，看新闻联播的"90 后"越显著具有成就价值取向，模型分析结果显示，在控制了相关变量的情况下，在"成就价值取向""有创造性""追求成功"和"追求冒险"上，看新闻联播的"90 后"比不看的"90 后"得分分别高出 2.206 分、2.429 分、4.043 分和 2.132 分，且差异均达到显著程度，p 值分别为 p＜0.01、p＜0.01、p＜0.001 和 p＜0.05。进一步方差分析的结果显示，在以上四项上，看新闻联播和不看新闻联播的"90 后"的得分分别为 64.85 分和 62.41 分、72.17 分和 69.85 分、68.55 分和 64.21 分以及 62.31 分和 59.19 分，F 检验值分别为 13.387、7.973、22.843 和 9.892，p 值均小于 0.01 或 0.001。在成就价值取向的各项中，只有在"追求财富"这一项上未呈现显著差异。由此可见，看新闻联播对"90 后"的成就价值取向有着非常明显的正影响关系。

6. 使用翻墙软件的"90 后"更追求冒险

模型分析结果显示，用过翻墙软件的"90 后"在"追求冒险"上的得分显著更高。在控制了相关变量的情况下，用过翻墙软件的"90 后"比没用过的

"90后"在"追求冒险"上得分高出2.370分,且差异达到显著程度(p<0.05)。进一步方差分析的结果显示,在"成就价值取向""有创造性"和"追求冒险"这三项上,用过翻墙软件和没用过翻墙软件的"90后"的得分分别为65.10分和62.75分、72.94分和69.95分、63.10分和59.13分,F检验值分别为11.895、12.798和15.337,p值分别为p<0.01,p<0.001和p<0.001。之所以在进入回归模型后,"成就价值取向"和"有创造性"的显著性消失,说明有其他重要变量在发挥作用。

7. 社会信任度越高的"90后"在追求冒险上得分越高,在追求财富上得分越低

模型分析结果显示,在控制了其他变量的情况下,社会信任度越高的"90后"在"追求冒险"上得分显著越高,而在"追求财富"上得分显著越低。其中社会信任度每提高1分,"90后"在追求冒险上的得分提高1.557分(p<0.01),而在追求财富上的得分下降1.307分(p<0.01)。这说明,社会信任度高有助于提升人们的发展型需求,降低人们的生存型需求,具体而言,财富作为一种生存必需品,当社会信任度高时,人们反而会降低对财富的基础需求,这也符合英格尔哈特所说的边际效益递减的规律,相反会更多追求超越自我如冒险等高级需求,从而转向后现代的价值观追求。

(四)快乐价值取向

1. 女性比男性更注重追求快乐生活

与传统、社会和成就价值取向不同的是,在控制了相关变量的情况下,女性比男性更显著具有快乐价值取向。模型分析结果显示,在"快乐生活,宠爱自己"上,女性比男性的得分高出3.563分,且差异达到显著性程度,p<0.001。进一步方差分析的结果显示,在快乐价值取向上,男性和女性的得分分别为81.65分和85.42分,女性的得分显著高于男性,F检验值为25.754,p值小于0.001。由此可见,女性比男性更注重追求快乐的生活。此外,模型分析结果显示,不同户口类型的"90后"在快乐价值取向上未呈现显著差异。

2. 专科学历的"90后"在快乐价值取向上得分最高

在受教育程度方面,在控制了其他变量的情况下,大学专科学历的"90后"比高中及以下学历的"90后"在快乐价值取向上得分高出4.712分,差异

达到显著程度,p<0.05。进一步方差分析的结果显示,高中及以下、大学专科、大学本科和研究生学历的"90后"在快乐价值取向上的得分分别为78.00分、85.26分、83.88分和83.23分,F检验值为6.038,p<0.001。由此可见,大学专科学历的"90后"在快乐价值取向上的得分最高,其次是大学本科,再其次是研究生,得分最低的是高中及以下学历的"90后"。

在不同政治面貌上,回归分析结果显示,在控制其他变量的情况下,中共党员和共青团员在快乐价值取向上的得分比群众分别高出2.509分和1.856分,但差异未达到显著程度。进一步方差分析结果显示,中共党员、共青团员和群众的得分分别为84.35分、84.65分和80.95分,F检验值为7.407,p<0.01。可见,方差分析的结果显示不同政治面貌的群体之间在快乐价值取向上存在显著差异,其中,中共党员和共青团员的得分更高,之所以进入回归模型后显著性消失,说明有其他重要变量在发挥作用。

3. 家庭经济主观感受越好的"90后"越追求快乐生活

模型分析结果显示,家庭经济主观感受越好的"90后"在快乐价值取向上的得分越高,在控制了其他变量的情况下,家庭经济主观感受每升高一级,"90后"的得分提高2.183分,且具有显著差异,p<0.01。这符合马斯洛的需求理论,即当基础的生存需要满足后,人们会更多追求高级的需求,因此家庭经济主观感受越好的"90后",其生存需要得到满足,越有可能追求更高级别的快乐生活。

4. 有外国朋友的"90后"追求快乐生活的得分更高

方差分析结果显示,有外国朋友的"90后"在快乐价值取向上得分更高,有外国朋友和没有外国朋友的"90后"的得分分别为85.18分和82.89分,其F检验值为10.105,差异达到显著性程度,p值小于0.01。但是,我们注意到,当纳入回归模型时,这种显著差异就消失了,说明有其他重要变量在发挥作用。此外,模型分析结果显示,不同出国出境经历对"90后"的快乐价值取向的影响未呈现显著差异。

5. 微信朋友圈人数越多的"90后"越追求快乐生活

模型分析结果显示,在控制了其他变量的情况下,微信朋友圈人数越多的"90后"越追求快乐生活,人数每多1人,其在快乐价值取向上的得分就高出 0.004 分,且 p 值小于 0.01。事实上,根据之前的模型分析,微信朋友圈人数对"90 后"的四种价值取向均具有显著正影响,即朋友圈人数越多的"90 后"越追求传统价值取向、社会价值取向、成就价值取向和快乐价值取向。这与微信朋友圈人数多代表着较广泛的人际交往圈、较多的朋友以及较积极的人生态度等因素相关。此外,模型分析结果还显示,是否看新闻联播、是否使用过翻墙软件以及不同的社会信任度对"90 后"的快乐价值取向均未呈现出显著差异的影响。

第三节 物质/后物质主义价值观追求

英格尔哈特于 20 世纪 70 年代提出代际价值观转变理论,认为随着经济发展和生存条件改变,社会将经历代际价值观转变的过程,不同代人的优先价值观将发生改变。他领衔的世界价值观调查的数据显示,年轻群体和年老群体的优先价值观的确存在较大差异,较年老的群体中强调经济和人身安全的"物质主义"价值观占绝对主导地位,而较年轻群体强调自主和自我表现的"后物质主义"价值观变得越来越广泛,而且这种转变不仅发生在西方国家,也发生在其他经济和技术水平高的国家[①]。

但是,英格尔哈特认为,中国尚未发展到多数人口在成长过程中可以视生存为不成问题的阶段,这意味着,中国尚未进入后现代价值观开始主导较年轻人群的阶段。不过,他预测,随着中国经济的不断发展,在接下来的几十年里,中国将经历代际价值观转变的过程,较年轻的群体将更具有后物质主义的价值取向。而且 2007 年世界价值观调查的数据显示,虽然中国仍处在价值观转变的最早期,但是已经开始显示出从物质主义到后物质主义目标的代际转变,如在最年老的群体中,物质主义者和后物质主义者的比例为 30∶1,而在最年轻的群体中,物质主义者和后物质主义者的比例降低为 4.3∶1[②]。那么,"90 后"一代在物质主义和后物质主义价值追求方面的选

[①②] 英格尔哈特.发达工业社会的文化转型[M].张秀琴,译.北京:社会科学文献出版社,2013:1-8.

择情况如何呢?"90后"是更倾向于物质主义还是后物质主义价值追求呢?本节将重点讨论这些问题。

一、"90后"物质主义比例高于后物质主义

从英格尔哈特对"物质主义"和"非物质主义"的界定来看,他共设计了4道题目进行测量,其中,"保持社会稳定"和"刺激经济增长"代表"物质主义",而"给予人们在政府重要决策中有更多话语权"和"保护言论自由"代表"后物质主义"。如果同时选择了两项物质主义的内容,则代表该人具有物质主义倾向,如果同时选择了两项后物质主义的内容,则代表该人具有后物质主义的倾向[①]。

从对"国家今后十年的目标,请选出您认为最重要的两项"的具体选择来看(见表2-3-1),在代表"物质主义"的两项上:在"保持社会稳定"这一项上,"60后""70后""80后"和"90后"的选择比例分别为92.2%、91.8%、88.7%和84.9%,可见,随着年龄的下降,人们的选择比例在逐渐下降,其中"90后"的选择比例相对最低,但总体而言,下降的幅度并不太大。在"刺激经济增长"这一项上,"60后""70后""80后"和"90后"的选择比例分别为35.6%、40.7%、38.6%和38.3%,可见,在该项上,不同年代人的选择比例差别不大,甚至"60后"的选择比例最低。

在代表"后物质主义"的两项上:在"给予人们在政府重要决策中有更多话语权"这一项上,"60后""70后""80后"和"90后"的选择比例分别为53.3%、52.1%、50.9%和50.0%,可见,不同代人在该项上的选择比例差别不大,"90后"的选择比例甚至略低于前三代人。而在"保护言论自由"这一项上,"60后""70后""80后"和"90后"的选择比例分别为14.4%、11.7%、17.6%和21.7%,可见,在该项上,不同年代人的选择比例基本呈现逐渐上升的趋势,尤其体现在"80后"和"90后"身上,其中"90后"的选择比例最高,可见相比较而言,"90后"对言论自由的关注度是最高的。

[①] 英格尔哈特.现代化与后现代化:43个国家的文化、经济与政治变迁[M].严挺,译.北京:社会科学文献出版社,2013:447.关于物质主义—后物质主义指标的创建,英格尔哈特作了具体说明,即"这个指数是基于受访者在原始的4项一组物质主义/后物质主义价值观序列上的第一和第二选择。如果两个优先选择都是物质主义目标项,那么分值就为'1';如果优先选择都是后物质主义目标项,那么分值就为'3';如果优先选择是一个物质主义目标项和一个后物质主义目标项,那么分值就为'2';如果受访者只选一个或者没有选,那么结果就是缺失数据"。

表 2-3-1　不同代人物质/后物质主义价值取向具体选项的比较　　　　%

	具体选项	60后	70后	80后	90后
物质主义	保持社会稳定	92.2	91.8	88.7	84.9
	刺激经济增长	35.6	40.7	38.6	38.3
后物质主义	给予人们在政府重要决策中有更多话语权	53.3	52.1	50.9	50.0
	保护言论自由	14.4	11.7	17.6	21.7

接下来,我们看一看由以上选项概括出的人们的物质主义和后物质主义的价值倾向(见表 2-3-2)。在"物质主义"价值倾向上,"60后""70后""80后"和"90后"的选择比例分别为 31.2%、37.3%、33.6%和 31.7%,可见,"90后"在物质主义的价值倾向上略低于"70后"和"80后",和"60后"基本持平。而在"后物质主义"价值倾向上,"60后""70后""80后"和"90后"的选择比例分别为 4.5%、4.1%、6.3%和 6.8%,可见,在我国,具有后物质主义价值倾向的人所占的比例还比较低,总体而言,"90后"是后物质主义价值倾向的比例要略高一些,但比前几代人高的幅度还非常小。卡方检验结果显示,$x^2=9.425$,$p=0.151$,不同代之间的差异并未达到显著性程度。大多数人即六成左右的人在两项优先价值观中都是在物质主义和后物质主义的两个项目中各选择 1 项,其中,"60后""70后""80后"和"90后"的选择比例分别为 64.1%、58.5%、60.1%和 61.5%,可见,大多数人所持的价值观是介于物质主义和后物质主义之间。

从物质主义者和后物质主义者的比例来看,"60后""70后""80后"和"90后"的比例分别为 6.9∶1、9.1∶1、5.3∶1 和 4.7∶1,可见"90后"的比例是最低的,而且非常接近英格尔哈特所测算出来的最年轻的群体中物质主义者和后物质主义者 4.3∶1 的比例。由此可以得出结论即"90后"一代仍然是以物质主义价值追求为主,但其后物质主义的价值取向已经表现出略高于前三代人的趋势。

表 2-3-2　不同代人物质/后物质主义价值取向的比较　　　　%

价值观取向	60后	70后	80后	90后	x^2
物质主义	31.2	37.3	33.6	31.7	9.425
不确定(各选 1 项)	64.1	58.5	60.1	61.5	
后物质主义	4.5	4.1	6.3	6.8	
物质主义∶后物质主义	6.9	9.1	5.3	4.7	

二、"90后"物质/后物质主义价值取向的影响因素

为了进一步分析哪些因素会对"90后"的物质主义—后物质主义价值倾向产生影响,本研究将个体人口特征、家庭背景、国际化、媒体使用情况、社会信任度以及价值观取向等变量纳入多元回归模型。模型采用 Mlogit 模型,以"物质主义"价值倾向这一组为参照组(见表 2-3-3)。从模型分析结果来看,主要有以下几个变量会对"90后"的后物质主义价值倾向产生影响。

表 2-3-3 "90后"物质/后物质主义价值取向的影响因素(Mlogit 模型)

变 量	后物质主义 B (SE)	不确定(各选1项) B (SE)
个体人口特征		
性别(1=男)	0.275 (0.202)	−0.099 (0.108)
户口类型 (1=非农户口)	−0.274 (0.253)	−0.151 (0.131)
受教育程度(参照组:高中及以下)		
大学专科	0.239 (0.548)	0.032 (0.296)
大学本科	−0.603 (0.562)	−0.474 (0.299)
研究生	−1.233 (0.832)	−0.385 (0.367)
政治面貌(参照组:群众)		
中共党员	−0.423 (0.440)	−0.268 (0.216)
共青团员	−0.101 (0.263)	0.030 (0.150)
家庭背景		
父亲职业	−0.009 (0.038)	−0.031 (0.021)
母亲受教育程度	0.000 (0.069)	−0.014 (0.036)
家庭经济主观感受	0.066 (0.163)	0.065 (0.087)
有兄弟姐妹	0.103 (0.298)	0.075 (0.158)

续表

变量	后物质主义 B (SE)	不确定(各选1项) B (SE)
国际化变量		
出国出境过	0.453* (0.218)	0.110 (0.117)
有外国朋友	0.300 (0.206)	0.090 (0.107)
媒体使用情况		
每日上网时间	0.005 (0.010)	0.006 (0.007)
微信朋友圈人数	0.000 (0.000)	0.000 (0.000)
看新闻联播	0.037 (0.197)	0.155 (0.103)
用过翻墙软件	0.571** (0.201)	0.180 (0.106)
社会信任度	−0.201* (0.088)	−0.088 (0.046)
价值观取向		
传统价值取向	−0.005 (0.006)	0.001 (0.003)
社会价值取向	0.001 (0.007)	0.003 (0.004)
成就价值取向	0.008 (0.007)	−0.002 (0.004)
快乐价值取向	−0.001 (0.007)	−0.003 (0.003)
常数	−1.319 (0.905)	1.249** (0.477)
Log pseudo likelihood	\multicolumn{2}{c}{−1 671.384}
Wald chi²	\multicolumn{2}{c}{93.66***}
Pseudo R²	\multicolumn{2}{c}{0.027}

注：* $p<0.05$，** $p<0.01$，*** $p<0.001$；B 为非标准化回归系数，SE 是标准误。

（一）有出国出境经历的"90后"更倾向于后物质主义

与"物质主义"价值倾向的参照群体相比,在控制了其他变量的情况下,有过出国出境经历的"90后"具有"后物质主义"价值倾向的发生比比没有出国出境经历的"90后"显著更高,其回归系数为 0.453($p<0.05$),即发生比值为 1.573($e^{0.453}=1.573$),这表明有过出国出境经历的"90后"具有后物质主义价值倾向的发生比没有出国出境经历的"90后"高出 0.573 倍。进一步数据分析发现,有过出国出境经历以及没有出国出境经历的"90后"具有后物质主义价值倾向的比例分别为 8.6% 和 5.9%,两者之间相差 2.7%。

（二）用过翻墙软件的"90后"更倾向于后物质主义

模型分析结果显示,使用过翻墙软件的"90后"比没使用过翻墙软件的"90后"具有"后物质主义"价值倾向的发生比显著更高,其回归系数为 0.571($p<0.01$),即发生比值为 1.770($e^{0.571}=1.770$),这表明使用过翻墙软件的"90后"具有后物质主义价值倾向的发生比比没使用过翻墙软件的"90后"高出 0.770 倍。进一步数据分析发现,使用过翻墙软件以及没使用过翻墙软件的"90后"具有后物质主义价值倾向的比例分别为 9.2% 和 5.4%,两者之间相差 3.8%,两者之间的差异达到显著性程度($x^2=12.545$,$p<0.01$)。

（三）社会信任度与"90后"的后物质主义价值倾向呈负相关

模型分析结果显示,与物质主义价值倾向的参照群体相比,社会信任度高的"90后"具有后物质主义价值倾向的发生比反而显著更低,其回归系数为 -0.201($p<0.05$),即发生比值为 0.818($e^{-0.201}=0.818$),这表明社会信任度每提高 1 分,"90后"具有后物质主义价值倾向的发生比会下降 18.2%。进一步数据分析发现,"90后"的社会信任度由 1 分至 5 分,其所对应的具有物质主义价值倾向的比例分别为 25.4%、30.2%、32.8%、32.8% 和 39.5%,而其所对应的具有后物质主义价值倾向的比例则分别为 9.7%、7.5%、8.5%、5.8% 和 3.2%。对此的解释是,当人们的社会信任度越高时,意味着其受到社会或者国家的控制程度越高,因此,其更多是从物质主义即追求社会稳定国家安全的角度考虑问题,反而越少追求言论自由等后物质主义的价值取向。

第四节　对社会思潮的态度

社会思潮指反映一定社会环境中的人的某种利益或要求并对社会生活发生广泛影响的思想倾向和趋势,一定的社会思潮是在一定社会的经济、政治等社会条件总和基础上形成的,它往往是人们社会生活中所出现的突出矛盾的反映,因而具有较广泛的群众性和社会基础,社会思潮有进步与反动、正确和错误之分,正确、进步的社会思潮对社会发展起促进作用,反动、错误的社会思潮对社会发展起阻碍作用①。

习近平总书记非常关注社会思潮对青年价值观的影响,他在哲学社会科学工作座谈会上的讲话中指出:"新形势下,我国哲学社会科学地位更加重要、任务更加繁重。面对社会思想观念和价值取向日趋活跃、主流和非主流同时并存、社会思潮纷纭激荡的新形势,如何巩固马克思主义在意识形态领域的指导地位,培育和践行社会主义核心价值观,巩固全党全国各族人民团结奋斗的共同思想基础,迫切需要哲学社会科学更好发挥作用。"②

因此我们有必要了解当前各类社会思潮对青年的实际影响作用。根据人民论坛问卷调查中心从关注度(学界及公众对某思潮的关注程度)、活跃度(思潮参与讨论交锋的活跃程度)与影响力(思潮核心观点对舆论与政策的影响程度)等三个主要指标建构的"社会思潮动态监测指数"评选结果,2014年国内外值得关注的十大思潮为:新自由主义、民族主义、新左派、民粹主义、普世价值论、生态主义、历史虚无主义、极端主义、新儒家和宪政思潮③。

具体而言,"新自由主义"主张经济自由,反对或限制国家对经济的干预,认为资本主义市场经济是完善的,可以自动调节,政府对经济的干预只

---

① 廖盖隆等.社会主义百科要览上[M].北京:人民日报出版社,1993:140.
② 习近平.在哲学社会科学工作座谈会上的讲话[N].人民日报,2016-05-19(2).
③ 周素丽,潘丽莉,高骊.2014中外十大思潮调查评选2010—2014社会思潮动向调查分析报告[J].人民论坛,2015(1):14-17.

会造成弊端而无益处①。"民族主义"以全民族的代表自居,抹煞阶级矛盾,宣扬本民族的特殊性、优越性,把本民族的利益其实是本民族中资产阶级的利益置于其他民族的利益之上②。"新左派"是西方现代发达资本主义国家的"左"倾激进派,其与以往左派不同之处在于:思想上直接受西方马克思主义和资产阶级激进理论影响,成员主要为激进的大学生、青年知识分子、民权运动和反战运动的积极参加者,以及嬉皮士之类的对社会不满者,活动方式带有无政府主义和虚无主义色彩,要求废除政府、强制和权力,追求绝对的个人自由,奉行彻底决裂的"大拒绝",进行罢课、游行、造反、夺权,甚至搞恐怖活动③。"民粹主义"是19世纪六七十年代产生于俄国的一种农民社会主义,后来演变为小资产阶级社会主义,它主张通过农民村社直接过渡到社会主义,认为村社农民是直接为社会主义奋斗的战士,认为历史是英雄创造的,群众只是盲目的跟从者④。"普世价值论"鼓吹西方的"民主""自由""人权""平等"等观念具有超时空、超阶级的"普遍适用性",要求其他国家以此为标杆来塑造自身价值体系⑤。"生态主义"是一种较为激进的绿色政治与哲学理论,在自然价值观上承认非人自然的独立价值,认为人类与非人自然之间并没有固定不变的界限,否定相对于非人自然的人类价值尺度的至上性与唯一性,张扬生态平等和生态中心主义,在高新技术观上强调自然界的自然进化结果及其生态秩序必须得到充分理解与尊重,高新技术应用的环境与社会影响必须得到充分和长时间的检验,高新技术的应用与发展既是技术问题又是环境问题和社会问题⑥。"历史虚无主义"指不加具体分析而盲目否定人类社会的历史发展过程,甚至否定历史文化,否定民族文化、民族传统、民族精神,否定一切的历史观点和思想倾向,其特征是否认人类社会过去的一切,否认人类社会历史的存在⑦。"极端主义"是20世纪西班牙诗歌中一个"左"的思潮,产生在第一次

---

① 刘炳瑛.马克思主义原理辞典[M].杭州:浙江人民出版社,1988:816.
② 卢之超.马克思主义大辞典[M].北京:中国和平出版社,1993:590.
③ 金炳华.马克思主义哲学大辞典[M].上海:上海辞书出版社,2003:952.
④ 刘佩弦.马克思主义与当代辞典[M].北京:中国人民大学出版社,1988:180.
⑤ 黄逸凡.普世价值思潮对当代大学生的影响研究[D].杭州:杭州电子科技大学,2017:13.
⑥ 金炳华.马克思主义哲学大辞典[M].上海:上海辞书出版社,2003:1020.
⑦ 张首吉等.党的十一届三中全会以来新名词术语辞典[M].济南:济南出版社,1992:85.

世界大战以后,反映了小资产阶级知识界的无政府主义叛逆情绪,否定民族文化传统[1],目前极端主义主要指极端势力制造的暴力恐怖事件[2][3]。"新儒家"是20世纪20年代产生的,以接续儒家"道统"为己任,以服膺宋明儒学为主要特征、力图恢复儒家传统的本体和主导地位,并以此为基础来吸纳、融会西学,以谋求中国文化和中国社会在现代条件下的出路的一个学术思想流派[4]。"宪政"指以宪法为中心的民主政治,其内容包括建立立宪政府,实行"法治",健全"法制",统治阶级的成员都能平等地参政[5]。西方宪政思潮的代表性观点主要有:(1)宪政没有东西方之分,并将宪政冠之以"普世价值"的伪装,鼓吹照搬西方宪政制度,推行多党制、议会民主和三权分立;(2)"依宪治国"等同于"宪政",反"宪政"就是反对"依宪治国";(3)有宪法即有宪政,中国自有宪法以来就是一个宪政国家;(4)还有些人打出"改革已死,宪政当立"的旗号,提出在中国实行西方宪政的基本理念和基本主张,认为"中国梦即宪政梦"。这些观点要么有明显错误,要么似是而非的,容易误导我国的民主政治建设,在实践中是明显有害的[6]。

那么,"90后"受以上10种社会思潮的影响情况如何,他们对这10种思潮的支持力又是如何?不同群体的"90后"受各类社会思潮的影响情况以及支持情况存在何种差异?

一、对社会思潮态度的代际比较

为了调查当代青年受各类社会思潮的影响情况以及他们对各类思潮的支持情况,本研究采用多选题的方式,即列出10种社会思潮的名称,请被调查者选择其中自己觉得影响力最大的思潮类型,最多不超过3项,同时请被调查者选择其中自己支持的思潮类型,最多也不能超过3项。

(一)"90后"认为"新自由主义"思潮的影响力最大

调查数据显示(见图2-4-1),当前各类社会思潮对青年的影响力是比较大的,有超过一半的青年受到各类社会思潮的影响。其中,分别有45.0%的

---

[1] 刁绍华.外国文学大词典[M].长春:吉林教育出版社,1990:87.
[2] 2014中外十大思潮调查评选 NO.8 极端主义[J].人民论坛,2015(3):52.
[3] 2015中外十大思潮调查评选 NO.9 极端主义[J].人民论坛,2016(3):64.
[4] 冯克正,傅庆升.诸子百家大辞典[M].沈阳:辽宁人民出版社,1996:959.
[5] 邹瑜,顾明.法学大辞典[M].北京:中国政法大学出版社,1991:1245.
[6] 2014中外十大思潮调查评选 NO.10 宪政思潮[J].人民论坛,2015(3):64.

"90后"、47.9%的"80后"、44.0%的"70后"和46.4%的"60后"表示自己不知道题目中所列的各类思潮,这就意味着分别有55.0%的"90后"、52.1%的"80后"、56.0%的"70后"和53.6%的"60后"受到各类社会思潮的影响。总体而言,不同代之间受到社会思潮影响的比例差别不大,基本维持在55%左右。

从各类思潮具体的影响力来看,对"90后"而言,影响力排在前五位的是新自由主义、民族主义、生态主义、新左派和新儒家主义,"90后"的选择比例分别为41.9%、37.8%、23.8%、12.6%和10.7%;影响力排在后五位的社会思潮有普世价值论、极端主义、民粹主义、宪政思潮和历史虚无主义,其选择比例均低于10%,分别为6.8%、5.4%、5.2%、5.0%和1.2%。可见,当前的"90后"一代受到新自由主义、民族主义和生态主义的影响最大。

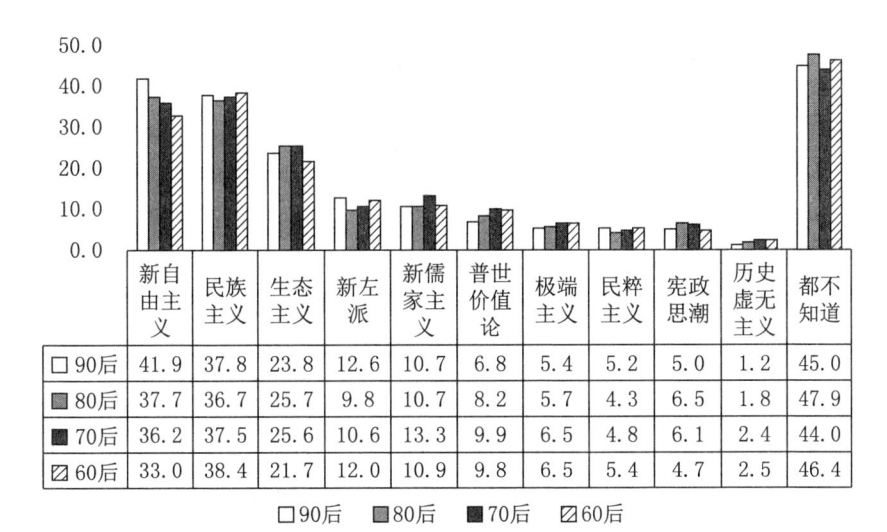

	新自由主义	民族主义	生态主义	新左派	新儒家主义	普世价值论	极端主义	民粹主义	宪政思潮	历史虚无主义	都不知道
90后	41.9	37.8	23.8	12.6	10.7	6.8	5.4	5.2	5.0	1.2	45.0
80后	37.7	36.7	25.7	9.8	10.7	8.2	5.7	4.3	6.5	1.8	47.9
70后	36.2	37.5	25.6	10.6	13.3	9.9	6.5	4.8	6.1	2.4	44.0
60后	33.0	38.4	21.7	12.0	10.9	9.8	6.5	5.4	4.7	2.5	46.4

图 2-4-1 社会思潮对不同代人影响力的比较(%)

代际比较显示,在不同代之间,"90后"受到"新自由主义"思潮影响的比例也是最高的,其中"60后""70后""80后"和"90后"的选择比例分别为33.0%、36.2%、37.7%和41.9%,可见,随着出生年代的推迟,每一代人比上一代人认为自己受到"新自由主义"思潮影响的比例都在上升。在"民族主义"思潮的影响力上,"60后""70后""80后"和"90后"的选择比例分别为38.4%、37.5%、36.7%和37.8%,可见,不同代人的选择比例差别不大,相对而言,"60后"的选择比例略高一些。

从不同代人对"新自由主义"和"民族主义"影响力选择的排序来看,"80后"和"90后"排在第一位的都是新自由主义,民族主义排在第二位,而"60后"和"70后"则是民族主义排在第一位,新自由主义排在第二位。由此也可以看出代际之间在受到社会思潮影响方面的差异。

在"生态主义"思潮的影响力上,"60后""70后""80后"和"90后"的选择比例分别为21.7%、25.6%、25.7%和23.8%,可见,不同代人之间选择的差异不大,相对而言,"60后"的选择比例略低一些。

对于人们比较关心的"新左派",从不同代人的选择来看,"60后""70后""80后"和"90后"的选择比例分别为12.0%、10.6%、9.8%和12.6%,可见,"90后"的选择比例是高于其他三代人的,尤其是高于"70后"和"80后"。

在"新儒家主义"思潮的影响力上,"60后""70后""80后"和"90后"的选择比例分别为10.9%、13.3%、10.7%和10.7%,可见,除了"70后"的选择比例略高之外,其他几代人的选择比例基本相同。

从其他五种社会思潮的代际比较来看,四代人的选择比例均在10%以下,影响力从高到低基本表现为普世价值论、极端主义、民粹主义、宪政思潮和历史虚无主义。

(二)"90后"对"生态主义"思潮的支持力最高

从不同代人对各类社会思潮的支持情况来看(见图2-4-2),明确表示对各类思潮都不支持,"60后""70后""80后"和"90后"的比例分别为45.9%、43.0%、47.4%和43.6%,这就意味着分别有54.1%的"60后"、57.0%的"70后"、52.6%的"80后"和56.4%的"90后"会支持这种或者那种思潮,这也表现了有超过一半的人不仅认同各类社会思潮的影响力,而且有自己明确赞同或者支持的社会思潮。

从"90后"支持的各类具体的社会思潮来看,其排序情况与影响力有所不同,其中排在前五位的是生态主义、新自由主义、民族主义、新儒家主义和普世价值论,其选择比例分别为32.2%、31.4%、28.1%、12.5%和10.1%;支持力排在后五位的社会思潮有新左派、宪政思潮、历史虚无主义、民粹主义和极端主义,其支持率均低于10%,分别为6.2%、6.0%、5.7%、5.7%和

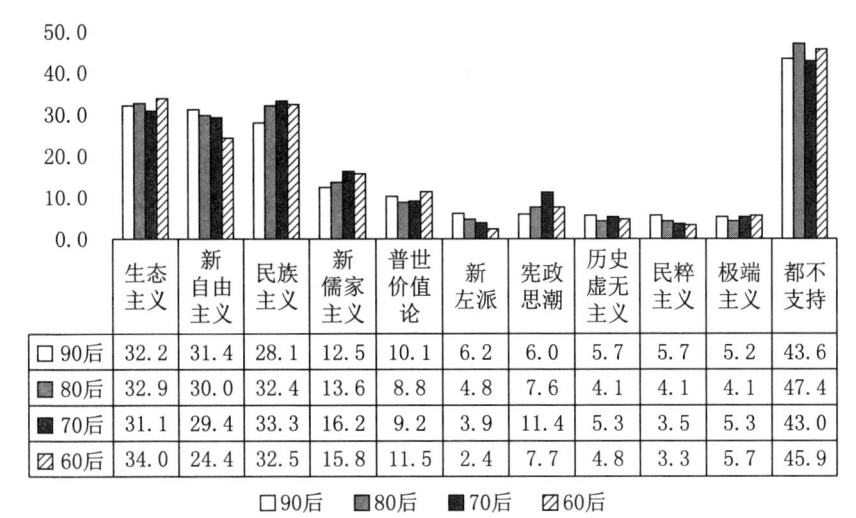

第二章 价值观追求现状及成因　65

	生态主义	新自由主义	民族主义	新儒家主义	普世价值论	新左派	宪政思潮	历史虚无主义	民粹主义	极端主义	都不支持
90后	32.2	31.4	28.1	12.5	10.1	6.2	6.0	5.7	5.7	5.2	43.6
80后	32.9	30.0	32.4	13.6	8.8	4.8	7.6	4.1	4.1	4.1	47.4
70后	31.1	29.4	33.3	16.2	9.2	3.9	11.4	5.3	3.5	5.3	43.0
60后	34.0	24.4	32.5	15.8	11.5	2.4	7.7	4.8	3.3	5.7	45.9

图 2-4-2　不同代人对社会思潮支持力的比较(%)

5.2%。由此可见,"90后"最为支持的思潮是生态主义、新自由主义和民族主义。而且我们发现,"90后"追求的是一种更和谐的生存状态,如环境美好、生活自由、普世等,而对极端和虚无的价值观的支持力并不高。

代际比较显示,不同代人对"生态主义"的支持率都是比较高的,其中"60后""70后""80后"和"90后"的支持率分别为34.0%、31.1%、32.9%和32.2%,可见,不同代人的选择比例比较接近,其中"60后"的选择比例略微高一些。可见,在生态问题上,不同代人是达成共识的,即认同和支持生态环境对人们生活的重要性意义。

在对"新自由主义"的支持率上,我们发现呈现随着代际增长,支持率上升的趋势,其中"60后""70后""80后"和"90后"的支持率分别为24.4%、29.4%、30.0%和31.4%。可见,在"新自由主义"上,不论在影响力还是在支持力上,都呈现随代际增长而逐渐上升的趋势,这也体现了更年轻一代追求更高自由的趋势。

在对"民族主义"思潮的支持率上,"60后""70后""80后"和"90后"的选择比例分别为32.5%、33.3%、32.4%和28.1%,可见,"90后"对"民族主义"的支持率是相对最低的。

在对"新儒家主义"思潮的支持率上,"60后""70后""80后"和"90后"的选择比例分别为15.8%、16.2%、13.6%和12.5%,我们发现,基本呈现出年龄越大对"新儒家主义"的支持率越高的趋势,这也与不同代人受到传统文化的影响程度不同有关。

在对"普世价值论"思潮的支持率上,"60后""70后""80后"和"90后"的选择比例分别为11.5%、9.2%、8.8%和10.1%,我们发现,相对而言,"60后"和"90后"的选择比例更高一些。

从对其他五种社会思潮的支持情况来看,四代人的选择比例基本在10%以下。其中对于"新左派",相比较而言,年龄越小的支持率越高,其中"90后"的支持率是相对最高的;"70后"对"宪政思潮"的支持率最高;在"历史虚无主义""民粹主义"和"极端主义"上,不同代人之间的选择差异不大。

(三)"生态主义"对"90后"的渗透力最强

从以上两点分析可以发现,不同的社会思潮对人们的影响力以及人们对其支持的情况有所不同,我们将这两者之间的距离即支持力减去影响力的值界定为"渗透力",接下来我们将进一步分析不同的社会思潮对人们渗透力的情况(见图2-4-3)。

从渗透力为正值,即人们的支持力事实上是大于人们认同该思潮具有的影响力来看,主要有五项,即生态主义、历史虚无主义、普世价值论、新儒家主义和宪政思潮,在这五项中除了"生态主义"的选择比例较高外,其他四项无论在影响力还是在支持力上,人们的选择比例均比较低,但是通过对支持力和影响力的比较,我们发现这几个思潮以隐性的方式渗透在人们的认知之中,使得人们事实上的支持力要大于其所认知的影响力。按照对"90后"的渗透力由高到低排序,渗透力为正值的五项即生态主义、历史虚无主义、普世价值论、新儒家主义和宪政思潮的数值分别为8.4%、4.5%、3.3%、1.8%和1.0%。从中可以发现,人们选择生态主义的影响力虽然不是最高,但是其渗透力最高,因为生态主义具有一种天然的正确性被人们所认同和支持,在当前生态环境遭到破坏的背景下,保护环境,维持人类良好的生活环境已经成为人们之间的一种基本共识。代际比较发现,生态主义和新儒家主义对"60后"的渗透力最强,分别为12.3%和4.9%,历史虚无主义和普世价值论对"90后"的渗透力最强,分别为4.5%和3.3%,宪政思潮对"70后"的渗透力最强,比例为5.3%。因此我们在分析各类思潮的影响力时也

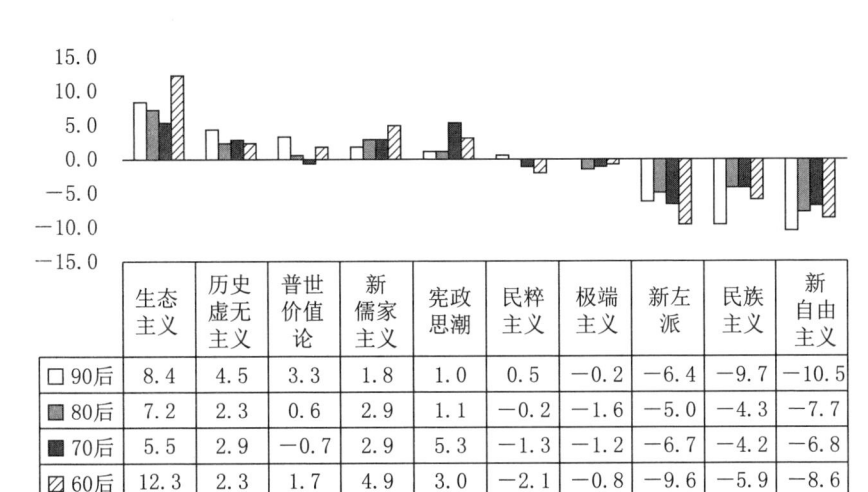

要关注到其隐性的、潜藏的影响力。

	生态主义	历史虚无主义	普世价值论	新儒家主义	宪政思潮	民粹主义	极端主义	新左派	民族主义	新自由主义
□90后	8.4	4.5	3.3	1.8	1.0	0.5	−0.2	−6.4	−9.7	−10.5
■80后	7.2	2.3	0.6	2.9	1.1	−0.2	−1.6	−5.0	−4.3	−7.7
■70后	5.5	2.9	−0.7	2.9	5.3	−1.3	−1.2	−6.7	−4.2	−6.8
▨60后	12.3	2.3	1.7	4.9	3.0	−2.1	−0.8	−9.6	−5.9	−8.6

□90后 ■80后 ■70后 ▨60后

图 2-4-3 社会思潮对不同代人渗透力（支持力—影响力）的比较（%）

从渗透力为负值的角度看，主要有五项即新自由主义、民族主义、新左派、极端主义和民粹主义，这表明人们对这些思潮的支持力要低于其所认同这些思潮的影响力，即人们认为这些思潮在社会上具有较大的影响力，但自己选择支持这些思潮的比例相对要低一些，换句话说人们对这些思潮有自己的批判性思考，有自己不同的意见，并不会完全受到这些思潮在社会上影响力的作用。值得关注的是，在"民粹主义"思潮上，"90后"和其他三代人有所不同，"90后"是支持力要略大于影响力，而其他三代人是支持力要略低于其所认同的影响力。

二、"90后"对各类社会思潮态度的群体差异

了解了不同代人受社会思潮的影响情况后，有必要进一步分析"90后"内部不同的群体受各类社会思潮的影响以及对各类社会思潮的支持情况存在哪些差异。

（一）男性更支持民族主义，女性更支持生态主义

从性别比较来看，男性和女性在受各类社会思潮影响以及对各类社会思潮的支持力上，确实存在一些差异（见表 2-4-1）。

在影响力方面，在各类社会思潮中，男性比女性更认为"极端主义""普

世价值论"和"民粹主义"的影响力更大,以上几项男性的选择比例分别比女性高出4.4%、4.3%和3.2%,而女性比男性更认为"新自由主义""新左派"和"新儒家主义"的影响力更大,以上几项女性的选择比例分别比男性高出8.9%、5.2%和2.2%。

在支持力方面,在各类社会思潮中,男性比女性更支持"民族主义""历史虚无主义"和"极端主义",以上几项男性的支持率分别为30.8%、7.7%和6.5%,女性的支持率分别为24.9%、4.3%和3.8%,男性比女性分别高出5.9%、3.4%和2.7%。与此相对,女性比男性更支持的有"生态主义""普世价值观"和"民粹主义",以上几项女性的支持率分别为34.4%、11.5%和6.7%,男性的支持率分别为29.0%、8.3%和4.7%,女性比男性分别高出5.4%、3.2%和2.0%。由此比较可知,男性更倾向于具有明确以及极端倾向的社会思潮,而女性则更倾向于普世的、平民的社会思潮。

表2-4-1 不同性别"90后"对各类社会思潮态度的比较　　　　%

社会思潮	影响力			支持力		
	男	女	男—女	男	女	男—女
民族主义	37.4	37.7	−0.3	30.8	24.9	5.9
历史虚无主义	1.4	1.2	0.2	7.7	4.3	3.4
极端主义	7.9	3.5	4.4	6.5	3.8	2.7
新自由主义	36.9	45.8	−8.9	32.0	30.1	1.9
新左派	9.8	15.0	−5.2	7.1	5.3	1.8
宪政思潮	5.6	4.6	1.0	7.1	5.3	1.8
新儒家主义	9.3	11.5	−2.2	13	12.0	1.0
民粹主义	7.0	3.8	3.2	4.7	6.7	−2.0
普世价值论	9.3	5.0	4.3	8.3	11.5	−3.2
生态主义	24.3	22.7	1.6	29.0	34.4	−5.4
都不知道或不支持	45.8	44.2	1.6	43.8	44.0	−0.2

(二)农业户口"90后"更认同"新自由主义"的影响力且支持力更高

从不同户籍的比较来看,非农户口和农业户口的"90后"在受各类社会思潮影响以及对各类社会思潮的支持力上存在部分差异(见表2-4-2)。

表 2-4-2　不同户籍"90 后"对各类社会思潮态度的比较　　　　%

社会思潮	影响力 非农户口	影响力 农业户口	影响力 非农户口—农业户口	支持力 非农户口	支持力 农业户口	支持力 非农户口—农业户口
普世价值论	6.4	9.0	−2.6	10.6	8.7	1.9
历史虚无主义	1.0	2.2	−1.2	6.1	4.3	1.8
新儒家主义	11.3	9.0	2.3	12.8	11.6	1.2
生态主义	24.0	22.5	1.5	32.1	33.3	−1.2
民粹主义	4.3	9.0	−4.7	5.4	7.2	−1.8
极端主义	5.1	6.7	−1.6	4.8	7.2	−2.4
民族主义	37.9	38.2	−0.3	27.2	31.9	−4.7
新左派	12.5	13.5	−1.0	5.4	10.1	−4.7
宪政思潮	4.1	9.0	−4.9	5.1	10.1	−5.0
新自由主义	39.4	53.9	−14.5	29.8	39.1	−9.3
都不知道或不支持	45.5	41.6	3.9	42.9	44.9	−2.0

在影响力方面,在各类社会思潮中,非农户口比农业户口的"90 后"更认为"新儒家主义"和"生态主义"的影响力更大,其高出的比例分别为 2.3% 和 1.5%,而农业户口比非农户口的"90 后"更认为"新自由主义""宪政思潮"和"民粹主义"的影响力更大,其高出的比例分别为 14.5%、4.9% 和 4.7%。可见,农业户口的"90 后"认同新自由主义影响力的比例非常高。

在支持力方面,在各类社会思潮中,非农户口比农业户口"90 后"支持力高的思潮并不多,而且高出的比例也不大,均小于 2%。与此相对,农业户口比非农户口"90 后"更支持的思潮比较多,主要体现在"新自由主义""宪政思潮""新左派""民族主义"和"极端主义"上,其高出的比例分别为 9.3%、5.0%、4.7%、4.7% 和 2.4%。由此可见,农业户口的"90 后"更易于受到各类社会思潮的影响并且会内化于心,表现为更支持各类社会思潮,尤其是支持"新自由主义"思潮。

(三)受教育程度高的"90 后"更支持自由和生态方面的思潮

从不同受教育程度的比较来看,不同学历的"90 后"在受各类社会思潮影响以及对各类社会思潮的支持力上存在一些差异(见表 2-4-3)。

在影响力方面,在各类社会思潮中,总体而言,受教育程度高的"90后"比受教育程度低的"90后"更认为"新儒家主义"和"普世价值论"的影响力更大,其中,大学本科学历的"90后"比高中及以下学历的"90后"在以上两项分别高出7.6%和2.1%。而受教育程度低的"90后"比受教育程度高的"90后"更认为"生态主义"和"民粹主义"的影响力更大,其中,高中及以下学历"90后"比大学本科学历的"90后"在以上两项分别高出5.3%和3.8%。

表2-4-3 不同受教育程度"90后"对各类社会思潮态度的比较 %

社会思潮	影响力				支持力			
	高中及以下	大学专科	大学本科	本科—高中及以下	高中及以下	大学专科	大学本科	本科—高中及以下*
新自由主义	41.7	42.9	41.3	−0.4	25.0	31.6	35.0	10.0
生态主义	26.2	27.3	20.9	−5.3	26.3	33.1	35.6	9.3
新儒家主义	6.8	7.5	14.4	7.6	9.2	11.3	15.6	6.4
民族主义	36.9	39.8	36.3	−0.6	23.7	30.8	28.8	5.1
民粹主义	6.8	7.5	3.0	−3.8	6.6	7.5	3.8	−2.8
新左派	11.7	14.9	11.4	−0.3	7.9	6.8	5.0	−2.9
极端主义	5.8	8.7	3.0	−2.8	7.9	7.5	2.5	−5.4
普世价值论	4.9	8.1	7.0	2.1	14.5	9.8	8.8	−5.7
历史虚无主义	1.0	0.6	2.0	1.0	9.2	8.3	2.5	−6.7
宪政思潮	4.9	5.6	5.0	0.1	11.8	6.0	3.8	−8.0
都不知道或不支持	52.4	41.0	43.8	−8.6	53.9	39.1	40.6	−13.3

说明:* 由于在该分类中,研究生所占比例较少,无法反映真实的态度,因此主要比较了受教育程度为高中及以下、大学专科和大学本科这三组之间的差别。

在支持力方面,在各类社会思潮中,受教育程度高的"90后"比受教育程度低的"90后"更支持"新自由主义""生态主义""新儒家主义"和"民族主义",以上几项大学本科学历的"90后"比高中及以下学历的"90后"的支持率分别高出10.0%、9.3%、6.4%和5.1%。与此相对,受教育程度低的"90后"比受教育程度高的"90后"更支持的有"宪政思潮""历史虚无主义""普世价值论"和"极端主义",其中,高中及以下学历的"90后"比大学本科学历的"90后"高出的比例分别为8.0%、6.7%、5.7%和5.4%。由此可知,相比较而言,受教育程度高的"90后"会更支持自由和生态方面的思潮。

(四)中共党员更支持新儒家主义

从不同政治面貌的比较来看,中共党员、共青团员和群众在受各类社会思潮影响以及对各类社会思潮的支持力上,在部分思潮上存在一定差异(见表2-4-4)。

表2-4-4 不同政治面貌"90后"对各类社会思潮态度的比较　　%

社会思潮	影响力				支持力			
	中共党员	共青团员	群众	中共党员—群众	中共党员	共青团员	群众	中共党员—群众
新儒家主义	25.0	9.9	8.4	16.6	22.2	9.9	12.7	9.5
宪政思潮	7.7	6.1	3.0	4.7	11.1	5.3	5.1	6.0
新自由主义	42.3	45.3	37.9	4.4	33.3	32.7	30.4	2.9
民族主义	44.2	38.7	37.4	6.8	31.1	26.9	29.7	1.4
生态主义	26.9	23.1	23.6	3.3	31.1	33.3	31.6	－0.5
普世价值论	5.8	9.4	4.4	1.4	6.7	13.5	7.6	－0.9
极端主义	0	4.7	5.9	－5.9	4.4	4.1	5.7	－1.3
新左派	9.6	15.1	10.3	－0.7	4.4	5.8	6.3	－1.9
历史虚无主义	0	1.4	1.0	－1.0	2.2	7.0	5.7	－3.5
民粹主义	7.7	5.2	4.4	3.3	0.0	7.0	5.7	－5.7
都不知道或不支持	36.5	42.0	50.2	－13.7	42.2	42.1	45.6	－3.4

在影响力方面,在各类社会思潮中,中共党员比群众更认为"新儒家主义""民族主义""宪政思潮"和"新自由主义"的影响力更大,以上几项高出的比例分别为16.6%、6.8%、4.7%和4.4%,而群众比中共党员更认为"极端主义"的影响力更大,其高出的比例为5.9%。

在支持力方面,在各类社会思潮中,中共党员比群众更支持"新儒家主义""宪政思潮"和"新自由主义",以上几项高出的比例分别为9.5%、6.0%和2.9%。与此相对,群众比中共党员更支持的有"民粹主义""历史虚无主义"和"新左派",以上几项高出的比例分别为5.7%、3.5%和1.9%。由此可见,中共党员更支持新儒家主义。

（五）有国际交流经验的"90后"更支持"新自由主义"

从出国出境经历来看，有过出国出境经历的"90后"和没有出国出境经历的"90后"在受各类社会思潮影响以及对各类社会思潮的支持力上存在一些差异（见表2-4-5）。

在影响力方面，在各类社会思潮中，有过出国出境经历的"90后"比没有出国出境经历的"90后"更认为"新儒家主义"和"新左派"的影响力更大，其高出的百分比分别为6.5%和3.5%。而没有出国出境经历的"90后"比有过出国出境经历的"90后"更认为"生态主义""民族主义"和"极端主义"的影响力更大，其高出的比例分别为6.2%、4.2%和3.6%。

在支持力方面，在各类社会思潮中，有过出国出境经历的"90后"比没有出国出境经历的"90后"更支持"新自由主义"和"新儒家主义"，其高出的百分比分别为5.5%和3.0%。而没有出国出境经历的"90后"比有过出国出境经历的"90后"更支持"宪政思潮""普世价值论""历史虚无主义"和"民粹主义"，其高出的比例分别为7.1%、5.8%、4.5%和4.5%。

表2-4-5　不同国际经历"90后"对各类社会思潮态度的比较　　%

社会思潮	影响力 出过国	影响力 没出过国	影响力 出过—没出过	支持力 出过国	支持力 没出过国	支持力 出过—没出过
新自由主义	42.6	41.5	1.1	34.6	29.1	5.5
新儒家主义	14.7	8.2	6.5	14.2	11.2	3.0
民族主义	35.3	39.5	−4.2	29.0	27.4	1.6
新左派	14.7	11.2	3.5	6.2	6.3	−0.1
生态主义	20.0	26.2	−6.2	32.1	32.3	−0.2
极端主义	3.2	6.8	−3.6	4.9	5.4	−0.5
民粹主义	3.7	6.1	−2.4	3.1	7.6	−4.5
历史虚无主义	1.6	1.0	0.6	3.1	7.6	−4.5
普世价值论	7.4	6.5	0.9	6.8	12.6	−5.8
宪政思潮	3.2	6.1	−2.9	1.9	9.0	−7.1
都不知道或不支持	45.8	44.6	1.2	45.1	42.6	2.5

从交往外国朋友来看，有外国朋友的"90后"和没有外国朋友的"90后"

在受各类社会思潮影响以及对各类社会思潮的支持力上也存在一些差异（见表2-4-6）。

表2-4-6　不同外国朋友交往经历"90后"对各类社会思潮态度的比较　　%

社会思潮	影响力			支持力		
	有外国朋友	没有外国朋友	有—没有	有外国朋友	没有外国朋友	有—没有
新自由主义	49.3	39.0	10.3	39.7	27.7	12.0
民族主义	40.0	36.9	3.1	33.9	25.4	8.5
宪政思潮	6.4	4.4	2.0	7.4	5.3	2.1
生态主义	27.1	22.4	4.7	33.1	31.8	1.3
新儒家主义	19.3	7.3	12.0	13.2	12.1	1.1
新左派	11.4	13.1	−1.7	6.6	6.1	0.5
极端主义	3.6	6.1	−2.5	4.1	5.7	−1.6
民粹主义	3.6	5.8	−2.2	3.3	6.8	−3.5
历史虚无主义	0.7	1.5	−0.8	3.3	6.8	−3.5
普世价值论	10.0	5.5	4.5	5.8	12.1	−6.3
都不知道或不支持	38.6	47.7	−9.1	39.7	45.5	−5.8

在影响力方面，在各类社会思潮中，有外国朋友的"90后"比没有外国朋友的"90后"更认为"新儒家主义""新自由主义""生态主义"和"普世价值论"的影响力更大，其高出的比例分别为12.0%、10.3%、4.7%和4.5%。而没有外国朋友的"90后"比有外国朋友的"90后"更认为"极端主义"和"民粹主义"的影响力更大，其高出的比例分别为2.5%和2.2%。

在支持力方面，在各类社会思潮中，有外国朋友的"90后"比没有外国朋友的"90后"更支持"新自由主义"和"民族主义"，其高出的百分比分别为12.0%和8.5%。而没有外国朋友的"90后"比有外国朋友的"90后"更支持"普世价值论""历史虚无主义"和"民粹主义"，其高出的比例分别为6.3%、3.5%和3.5%。

由此可见，不论是有出国出境经历还是有外国朋友的"90后"，其对新自由主义的支持率均要明显高于没有出国出境经历或者没有外国朋友的

"90后"。在具体数值上,出过国和没有出过国的"90后"对新自由主义的支持率分别为34.6%和29.1%,高了5.5%;有外国朋友和没有外国朋友的"90后"对新自由主义的支持率分别为39.7%和27.7%,高了12.0%。究其原因,可能是因为与国外境外交流以及和外国朋友交往这种行为本身就代表了一种对异质事情的好奇心,代表着一种对自由的向往,而这种交流和交往又会进一步促进人们对自由的追求,因此在社会思潮上就表现为对"新自由主义"的支持。

(六)看新闻联播的"90后"更支持自由和普世的价值观

从是否看新闻联播的角度来看,看新闻联播和不看新闻联播的"90后"在受各类社会思潮影响以及对各类社会思潮的支持力上存在一些差异(见表2-4-7)。

表2-4-7 是否看新闻联播对"90后"对各类社会思潮态度的影响　　%

社会思潮	影响力 看	影响力 不看	影响力 看—不看	支持力 看	支持力 不看	支持力 看—不看
新儒家主义	12.2	8.1	4.1	14.4	9.6	4.8
新自由主义	45.6	36.0	9.6	33.3	28.7	4.6
生态主义	24.0	24.7	−0.7	34.2	29.9	4.3
普世价值论	6.3	8.1	−1.8	11.7	7.6	4.1
历史虚无主义	1.4	1.1	0.3	6.8	3.8	3.0
宪政思潮	5.2	4.8	0.4	7.2	4.5	2.7
民族主义	41.1	31.7	9.4	28.8	26.1	2.7
极端主义	4.9	6.5	−1.6	5.9	3.8	2.1
新左派	15.0	8.6	6.4	6.8	5.1	1.7
民粹主义	4.2	5.9	−1.7	4.5	7.0	−2.5
都不知道或不支持	42.5	49.5	−7.0	42.3	46.5	−4.2

在影响力方面,在各类社会思潮中,看新闻联播的"90后"比不看新闻联播的"90后"更认为"新自由主义""民族主义""新左派"和"新儒家主义"的影响力更大,其高出的比例分别为9.6%、9.4%、6.4%和4.1%。而且从不知道的比例来看,看新闻联播的"90后"表示对各类社会思潮都不知道的

比例为 42.5%,比不看新闻联播的"90 后"低了 7 个百分点,这就意味着看新闻联播的"90 后"更倾向于接受各类社会信息,包括各类新闻,因此对各类社会思潮的影响情况也更了解。

在支持力方面,在各类社会思潮中,看新闻联播的"90 后"比不看新闻联播的"90 后"更支持"新儒家主义""新自由主义""生态主义"和"普世价值论",其高出的比例分别为 4.8%、4.6%、4.3%和 4.1%。从选择"都不支持"的比例来看,看新闻联播的"90 后"表示对各类社会思潮都不支持的比例为 42.3%,比不看新闻联播的"90 后"低了 4.2 个百分点,这就意味着看新闻联播的"90 后"更倾向于对各类社会思潮持支持的态度。

从不同翻墙软件使用情况来看,用过翻墙软件和没用过翻墙软件的"90 后"在受各类社会思潮影响以及对各类社会思潮的支持力上存在一些差异(见表 2-4-8)。

表 2-4-8 是否使用翻墙软件对"90 后"对各类社会思潮态度的影响　　%

社会思潮	影响力			支持力		
	用过	没用过	用过—没用过	用过	没用过	用过—没用过
普世价值论	8.5	6.8	1.7	12.6	10.4	2.2
民族主义	34.1	40.3	−6.2	28.2	26.6	1.6
民粹主义	5.4	5.8	−0.4	6.8	5.8	1.0
生态主义	21.7	25.6	−3.9	32.0	32.8	−0.8
新自由主义	45.7	43.0	2.7	31.1	32.0	−0.9
新左派	12.4	12.3	0.1	4.9	6.2	−1.3
历史虚无主义	2.3	1.0	1.3	4.9	6.2	−1.3
宪政思潮	3.1	6.5	−3.4	4.9	6.6	−1.7
极端主义	5.4	5.5	−0.1	2.9	5.8	−2.9
新儒家主义	13.2	10.2	3.0	9.7	13.7	−4.0
都不知道或不支持	45.0	42.3	2.7	48.5	40.7	7.8

在影响力方面,在各类社会思潮中,用过翻墙软件的"90 后"比没用过翻墙软件的"90 后"更认为"新儒家主义""新自由主义"和"普世价值论"的影响力更大,其高出的比例分别为 3.0%、2.7%和 1.7%。而没用过翻墙软

件的"90后"比用过翻墙软件的"90后"更认为"民族主义""生态主义"和"宪政思潮"的影响力更大,其高出的比例分别为6.2%、3.9%和3.4%。

在支持力方面,在各类社会思潮中,用过翻墙软件的"90后"比没用过翻墙软件的"90后"更支持"普世价值论"和"民族主义",其高出的百分比分别为2.2%和1.6%。而没用过翻墙软件的"90后"比用过翻墙软件的"90后"更支持"新儒家主义"和"极端主义",其高出的比例分别为4.0%和2.9%。

小　结

价值观追求构成"90后"人生追求体系的基础底色,对"90后"其他方面的追求如婚恋家庭追求、就业创业追求等都会产生重要的影响作用。本章主要从"90后"对社会主义核心价值观的认同、对生活价值观的追求、对物质/后物质主义价值观的追求以及对各类社会思潮的态度这四个方面展开分析。本章的主要研究结果如下:

一、"90后"高度认同自由,是追求自由的一代

在社会主义核心价值观的十二个选项中,无论是代内还是代际比较都显示"90后"选择自由的比例最高。对自由的追求和向往勾画出"90后"鲜明的代特征,这也符合马克思主义哲学"人的自由全面发展"的思想。"90后"内部的群体比较则显示非农户口、受教育程度较高、共青团员和群众、有过国际化经历以及不看新闻联播和使用过翻墙软件的"90后"群体更注重自由,反之则选择自由的比例相对更低。这体现出即使是对同一代人而言,不同的背景和生存环境都会对其价值观追求产生不同的影响作用。

二、在传统、社会、成就和快乐这四种生活价值取向中,"90后"追求快乐价值取向的倾向性最明显

无论是代内还是代际比较都显示,"90后"在快乐价值取向上的得分最高。"90后"在四种基础价值取向上的得分,排名由高到低依次为快乐价值取向、传统价值取向、社会价值取向和成就价值取向。代际比较显示,"90后"在快乐、传统和社会价值取向上的得分高于前三代人,而在传统价值取向上的得分低于前三代人。这体现了"90后"较为鲜明的代特征即更追求

快乐、社会价值以及成就,但是对于传统的认知和继承不足。

三、"90后"中的物质主义者高于后物质主义者,但其在后物质主义价值的追求上要略高于前三代人

数据显示,"90后"中具有后物质主义价值取向的比例为6.8%,略高于前三代人,"90后"中物质主义者和后物质主义者的比例为4.7∶1,略低于前三代人的相应比例,这说明"90后"中的物质主义者依然高于后物质主义者,同时"90后"一代在后物质主义价值追求上比前三代人略有上升,但幅度不大。

四、"90后"认同"新自由主义"思潮的影响力,对"生态主义"思潮的支持力最大

在十种社会思潮中,"90后"认为影响力最大的三种社会思潮为"新自由主义""民族主义"和"生态主义",在代际比较中,"90后"选择"新自由主义"的比例要高于前三代人。"90后"选择自己最支持的社会思潮,排在前三位的是"生态主义""新自由主义"和"民族主义"。这意味着生态主义从影响力排位第三上升为支持力排位第一,体现了"90后"在主观上对生态主义的认同,对生态环境以及人与自然和谐相处的重视。

第三章 婚恋家庭追求现状及成因

家庭是一种人类社会最根本性的制度,是由婚姻、血缘关系或收养关系而形成的亲属间的社会生活组织单位。[1]家庭是人们生活最基本的单位,同时家庭又是构成社会的基本单位。人们在家庭中建立安全感和情感依恋,形成基本的道德观和行为习惯,并进行初步的社会化过程。人们幼时在原生家庭中成长,成人后通过婚姻组建自己的家庭,并养育下一代。因此,家庭追求是"90后"人生追求的重要组成部分。

习近平总书记高度重视家庭,重视家庭建设对国家发展的重要意义,他指出:"家庭是社会的基本细胞,是人生的第一所学校。不论时代发生多大变化,不论生活格局发生多大变化,我们都要重视家庭建设,注重家庭、注重家教、注重家风,紧密结合培育和弘扬社会主义核心价值观,发扬光大中华民族传统家庭美德,促进家庭和睦,促进亲人相亲相爱,促进下一代健康成长,促进老年人老有所养,使千千万万个家庭成为国家发展、民族进步、社会和谐的重要基点。"[2]

为了促进青年形成更加文明、健康和理性的婚恋观和家庭观,《中长期青年发展规划(2016—2025)》提出了专门的发展措施:"加强青年婚恋观、家庭观教育和引导。将婚恋教育纳入高校教育体系,强化青年对情感生活的尊重意识、诚信意识和责任意识,引导青年树立文明、健康、理性的婚恋观。发挥大众传媒的社会影响力,广泛传播正面的婚恋观念,鲜明抵制负面的婚恋观念,形成积极健康的舆论导向。引导青年树立正确的家庭观念,倡导尊老爱幼、男女平等、夫妻和睦、勤俭持家、邻里团结,传承优良家教家风,培育

---

[1] 李鹏程.当代西方文化研究新词典[M].长春:吉林人民出版社,2003:143.
[2] 习近平.在2015年春节团拜会上的讲话[N].人民日报,2015-02-18(2).

家庭文明。"①

可见,党和国家高度重视对青年的家庭观教育,并通过政策措施积极培育青年形成健康理性的婚恋观和家庭观。那么"90后"是如何看待家庭的重要性?他们认为成功婚姻中最重要的因素是什么?他们在培养下一代时会注重优先培养孩子哪些品质呢?本章将围绕这些问题展开分析。

第一节 对家庭重要性的看法

在对待家庭的态度上,有研究认为,市场机制会通过经济理性入侵家庭,导致自我中心式的个人主义在家庭中泛滥,侵蚀家庭成员之间原本彼此关爱、互惠乃至利他的核心价值,削弱人们的家庭责任感,导致家庭稳定性下降,离婚率上升。②但也有研究通过调查后得出结论,认为强调家庭整体利益和承担家庭责任的家庭主义思想仍受高度重视,有八成以上的人赞同家庭利益高于个人利益,近八成的人认同自己对家人的幸福负有很大的责任,家庭价值并未受到挑战,家庭幸福是满足个人自我需求的一部分。③④那么,本次调查中"90后"对家庭重要性的看法如何呢?

一、绝大多数"90后"认同家庭的重要性

本研究用了两道题目测量人们对家庭重要性的态度。第一题是,询问家庭在被调查者生活中的重要程度,分值从1—4分,其中很重要=4分,较重要=3分,不很重要=2分,根本不重要=1分。该题代表的是调查者当

---

① 中共中央国务院印发《中长期青年发展规划(2016—2025年)》[N].人民日报,2017-04-14(1).
② 孟宪范.家庭:百年来的三次冲击及我们的选择[J].清华大学学报(哲学社会科学版),2008(3):133-145.
③ 刘汶蓉.家庭价值的变迁和延续——来自四个维度的经验证据[J].社会科学,2011(10):78-89.
④ 魏莉莉.现代性和后现代性的同步发展——基于代际比较的"90后"生活价值观特征分析[J].当代青年研究,2018(6):17-23.

前对家庭重要性的态度。同时,我们也测量了人们对"家族或亲戚"重要性的态度,以便比较人们对于家庭(一般而言指核心家庭)和家族的态度。第二题是,询问被调查者,如果以后社会"更加强调家庭生活,您的态度是?",总共有3种态度,分别是"好事""无所谓"和"坏事"。该题代表被调查者对未来家庭重要性的态度。

调查数据显示(见表3-1-1),有98.7%的"90后"认同家庭的重要性,其中85.9%认为家庭"很重要",12.8%认为家庭"较重要",仅有0.8%和0.6%的"90后"认为家庭"不很重要"和"根本不重要",可见,家庭在"90后"的生活中占有非常重要的地位。"90后"对家庭重要性认同度的平均得分为3.84分,代际比较显示,其得分略低于"60后""70后"和"80后"(分别为3.88、3.92和3.89分),且达到统计上的显著程度(F=4.409,p<0.01)。

表 3-1-1　不同代人对家庭重要性态度的比较　　　　　　　　　　　　　%

重要性	60后	70后	80后	90后	x^2/F值
很重要	88.8	91.6	90.0	85.9	18.839*
较重要	10.9	8.4	9.6	12.8	
不很重要	0.3	0.0	0.4	0.8	
根本不重要	0.0	0.0	0.1	0.6	
平均分±标准差	3.88±0.33	3.92±0.28	3.89±0.32	3.84±0.43	4.409**

"90后"对扩大家庭如家族或亲戚重要性的认同度要低于家庭。数据显示(见表3-1-2),分别有48.1%和46.2%的"90后"认为家族或亲戚"很重要"和"较重要",有4.5%和1.1%的"90后"认为家族或亲戚"不很重要"和"根本不重要",可见,家族或亲戚在"90后"生活中的地位远远低于家庭。"90后"对家族或亲戚重要性认同度的平均得分为3.41分,代际比较显示,其得分低于"60后""70后"和"80后"(分别为3.49、3.47和3.46分),但尚未达到统计上的显著程度(F=1.406,p≥0.05)。

表 3-1-2　不同代人对家族或亲戚重要性态度的比较　　　　%

重要性	60 后	70 后	80 后	90 后	x^2/F 值
很重要	51.1	50.0	50.9	48.1	13.519
较重要	46.9	46.9	44.9	46.2	
不很重要	1.9	3.1	3.9	4.5	
根本不重要	0.0	0.0	0.4	1.1	
平均分±标准差	3.49±0.54	3.47±0.56	3.46±0.59	3.41±0.63	1.406

从"90 后"对未来更加强调家庭生活的态度来看（见表 3-1-3），认为是"好事"的比例为 81.5%，显著高于"60 后""70 后"和"80 后"的选择比例（分别为 71.3%、74.8% 和 76.9%），卡方检验值为 51.043，p<0.001，可见，对于未来家庭生活的重要性，"90 后"是显著高于前三代人。这说明，虽然当前"90 后"对家庭重要性态度的得分低于前三代，但是对于未来家庭生活的重要性，"90 后"认同是好事的态度要显著高于前三代人。对此，可以理解为，许多"90 后"尚处于成人早期，许多人尚未成家，因此家庭重要性的得分略低，而对于未来建立的家庭，"90 后"则将其放在非常重要的位置，因此，需要用发展的眼光来看待"90 后"对家庭重要性的认识。

表 3-1-3　不同代人对未来更加强调家庭生活态度的比较　　　　%

选项	60 后	70 后	80 后	90 后	x^2
好事	71.3	74.8	76.9	81.5	51.043***
无所谓	28.3	24.0	22.2	16.5	
坏事	0.3	1.3	0.9	2.0	

二、"90 后"对家庭重要性态度的影响因素

为了进一步分析哪些因素会对"90 后"对家庭、家族或亲戚以及未来家庭生活重要性的态度产生影响，本研究将个体人口特征、家庭背景、国际化、媒体使用情况、社会信任度以及价值观取向等变量纳入多元回归模型。由于对家庭、家族或亲戚重要性的测量是赋予分值，因此采用 OLS 回归模型，对未来家庭生活重要性态度的测量是分类变量，因此采用 Mlogit 模型，该模型以态度"无所谓"这一组为参照群体（见表 3-1-4）。

表 3-1-4 "90 后"对家庭重要性态度的影响因素

变量	家庭重要性 (OLS 回归模型) B (SE)	家族或亲戚重要性 (OLS 回归模型) B (SE)	未来更加强调家庭生活 (Mlogit 模型) 好事 B (SE)	未来更加强调家庭生活 (Mlogit 模型) 坏事 B (SE)
个体人口特征				
性别(1=男)	0.025 (0.039)	0.005 (0.063)	−0.083 (0.134)	−0.447 (0.395)
户口类型 (1=非农户口)	−0.002 (0.053)	0.022 (0.085)	−0.383* (0.172)	−0.610 (0.470)
受教育程度(参照组:高中及以下)				
大学专科	−0.005 (0.056)	−0.107 (0.090)	0.692* (0.287)	0.250 (1.116)
大学本科	0.045 (0.058)	−0.013 (0.093)	0.607* (0.293)	0.409 (1.121)
研究生	0.161 (0.113)	0.037 (0.182)	0.583 (0.423)	−0.023 (1.367)
政治面貌(参照组:群众)				
中共党员	−0.032 (0.066)	−0.218* (0.107)	0.950** (0.284)	1.308 (0.783)
共青团员	−0.027 (0.041)	−0.069 (0.066)	0.721*** (0.163)	0.830 (0.587)
家庭背景				
父亲职业	0.010 (0.008)	0.015 (0.014)	0.010 (0.026)	−0.042 (0.075)
母亲受教育程度	−0.006 (0.015)	−0.022 (0.024)	0.036 (0.046)	0.156 (0.128)
家庭经济主观感受	0.021 (0.033)	0.106* (0.053)	0.065 (0.107)	0.127 (0.301)
有兄弟姐妹	−0.048 (0.046)	0.031 (0.074)	−0.158 (0.189)	0.163 (0.506)
国际化变量				
出国出境过	0.002 (0.043)	−0.052 (0.069)	−0.271 (0.146)	−0.362 (0.416)
有外国朋友	0.014 (0.045)	0.056 (0.073)	0.001 (0.137)	0.810* (0.400)

续表

变量	家庭重要性 （OLS 回归模型） B (SE)	家族或亲戚重要性 （OLS 回归模型） B (SE)	未来更加强调家庭生活（Mlogit 模型）	
			好事 B (SE)	坏事 B (SE)
媒体使用情况				
每日上网时间	−0.002 (0.002)	−0.001 (0.003)	0.002 (0.007)	0.003 (0.019)
微信朋友圈人数	0.000 (0.000)	0.000 (0.000)	0.000 (0.000)	−0.001 (0.001)
看新闻联播	0.073 (0.040)	0.027 (0.065)	0.074 (0.131)	−0.025 (0.361)
用过翻墙软件	−0.041 (0.043)	−0.039 (0.069)	0.138 (0.135)	−0.286 (0.384)
社会信任度	−0.006 (0.017)	0.016 (0.027)	0.050 (0.058)	0.106 (0.163)
价值观取向				
传统价值取向	0.004* (0.002)	0.009*** (0.002)	0.016*** (0.004)	−0.016 (0.010)
社会价值取向	0.004* (0.002)	0.006* (0.003)	0.006 (0.005)	0.015 (0.013)
成就价值取向	−0.003* (0.001)	−0.004* (0.002)	−0.010* (0.005)	0.004 (0.014)
快乐价值取向	0.003* (0.001)	−0.005* (0.002)	0.020*** (0.004)	−0.011 (0.010)
常数	3.127*** (0.150)	2.652*** (0.241)	−2.412*** (0.543)	−3.395* (1.649)
F 检验值	3.77***	2.76***	—	—
调整后的 R^2	0.131	0.088	—	—
Log pseudo likelihood	—	—	−1 007.273	
Wald chi^2	—	—	181.84***	
Pseudo R^2	—	—	0.083	

注：* $p<0.05$，** $p<0.01$，*** $p<0.001$；B 为非标准化回归系数，SE 是标准误。

（一）较高学历以及中共党员和共青团员的"90后"更看重未来家庭的重要性

模型分析结果显示，在控制了相关变量的情况下，无论是对家庭、家族或亲戚，还是未来家庭生活的重要性，男性和女性之间的态度均未呈现显著差异。

不同户籍"90后"对未来家庭生活重要性的态度存在显著差异。农业户口的"90后"比非农户口的"90后"更看重未来家庭生活的重要性，其回归系数为-0.383（$p<0.05$），发生比值为0.682（$e^{-0.383}=0.682$），表明非农户口"90后"认同未来更加强调家庭生活是好事的发生比仅为农业户口的68.2%。

从不同受教育程度来看，较高学历的"90后"更看重未来家庭生活的重要性，其回归系数分别为0.692（$p<0.05$）和0.607（$p<0.05$），发生比值分别为1.997（$e^{0.692}=1.997$）和1.835（$e^{0.607}=1.835$），表明大学专科和本科学历的"90后"认同未来更加强调家庭生活是好事的发生比分别比高中及以下学历的"90后"高出99.7%和83.5%。

从不同政治面貌来看，中共党员和共青团员的"90后"更看重未来家庭生活的重要性，其回归系数分别为0.950（$p<0.01$）和0.721（$p<0.001$），发生比值分别为2.586（$e^{0.950}=2.586$）和2.056（$e^{0.721}=2.056$），表明中共党员和共青团员的"90后"认同未来更加强调家庭生活是好事的发生比分别比群众高出1.586和1.056倍。

（二）家庭经济主观感受好的"90后"更注重家族或亲戚的重要性

在家庭背景方面，家庭经济主观感受更好的"90后"更注重家族或亲戚的重要性，其回归系数为0.106（$p<0.05$），表明家庭经济主观感受每提高1分，"90后"对家族或亲戚重要性的认同度就提高0.106分。

（三）有外国朋友的"90后"更不认同未来家庭的重要性

模型分析结果显示，与参照组"无所谓"的态度相比，有外国朋友的"90后"认同未来更加强调家庭生活是坏事的发生比更高，其回归系数为0.810（$p<0.05$），发生比值为2.248（$e^{0.810}=2.248$），表明有外国朋友的"90后"认同未来更加强调家庭生活是坏事的发生比比没有外国朋友的"90后"高出1.248倍。

(四)传统和社会价值取向对"90后"的家庭重要性态度有正显著影响,成就价值取向有负显著影响,快乐价值取向对核心家庭态度有正显著影响,但对扩大家庭态度有负显著影响

模型分析结果显示,不同价值取向对"90后"家庭重要性的态度有非常显著的影响。传统价值取向对"90后"家庭重要性的态度具有正显著影响,即传统价值取向得分越高,"90后"越认同家庭和家族的重要性。其中,家庭和家族重要性态度的回归系数分别为 0.004($p<0.05$)和 0.009($p<0.001$),表明传统价值取向每增加 1 分,"90后"对当前家庭重要性的认同度提高 0.004 分,对家族或亲戚重要性的认同度提高 0.009 分。这一趋势也同样体现在"90后"对未来家庭重要性的态度上,传统价值取向得分越高,"90后"认同未来更加强调家庭生活是好事的发生比越高,其回归系数为 0.016($p<0.001$),发生比值为 1.016($e^{0.016}=1.016$),这表明,平均而言,传统价值取向每增加 1 分,"90后"认同未来更加强调家庭生活是好事的发生比会提高 1.6%。

社会价值取向对"90后"对当前家庭和家族重要性的态度具有正显著影响,其回归系数分别为 0.004($p<0.05$)和 0.006($p<0.05$),表明社会价值取向每增加 1 分,"90后"对当前家庭重要性的认同度提高 0.004 分,对家族或亲戚重要性的认同度提高 0.006 分。

值得注意的是,与传统和社会价值取向相对,成就价值取向对"90后"家庭重要性的态度具有负显著影响,即成就价值取向得分越高,"90后"越不认同家庭和家族的重要性。其中,家庭和家族重要性态度的回归系数分别为 −0.003($p<0.05$)和 −0.004($p<0.05$),表明成就价值取向每增加 1 分,"90后"对当前家庭重要性的认同度降低 0.003 分,对家族或亲戚重要性的认同度降低 0.004 分。这一趋势也同样体现在"90后"对未来家庭重要性的态度上,成就价值取向得分越高,"90后"认同未来更加强调家庭生活是好事的发生比越低,其回归系数为 −0.010($p<0.05$),发生比值为 0.990($e^{-0.010}=0.990$),这表明,平均而言,成就价值取向每增加 1 分,"90后"认同未来更加强调家庭生活是好事的发生比会下降 1.0%。

有趣的是,快乐价值取向对"90后"对家庭和家族重要性态度的影响作用完全不同。快乐价值取向对"90后"当前和未来家庭重要性的态度具有正显著影响,而对"90后"家族或亲戚重要性的态度具有负显著影响。其中,当前家庭重要性态度的回归系数为0.003(p<0.05),表明快乐价值取向每增加1分,"90后"对当前家庭重要性的认同度提高0.003分;未来家庭生活重要性的回归系数为0.020(p<0.001),发生比值为1.020($e^{0.020}=1.020$),这表明,平均而言,快乐价值取向每增加1分,"90后"认同未来更加强调家庭生活是好事的发生比会提高2.0%。但我们同时注意到"90后"对家族或亲戚重要性态度的回归系数为-0.005(p<0.05),表明快乐价值取向每增加1分,"90后"对家族或亲戚重要性的认同度会降低0.005分,这就意味着,对于快乐价值取向的"90后"而言,家庭是快乐之本,但家族或亲戚更多意味着一种责任甚至负担,是不符合其追求快乐生活的本质。

由以上分析可知,持有传统、社会和快乐价值取向的人更看重家庭的重要性,而持有成就价值取向的人则更可能忽略家庭的重要性。

第二节 婚姻追求

在成功的婚姻中,究竟什么因素最重要?是物质要素还是精神要素?是相同或类似的家庭背景还是互补的性格?对此,不同代人的观点是否存在差异?本节将通过调查数据进行分析。

一、"90后"认为"相互尊重和欣赏"是成功婚姻关键

在对"成功婚姻"重要因素的选择上(见表3-2-1),调查发现,不同代人排在前三位的顺序完全一致,从第一位到第三位分别为"相互尊重和欣赏""理解和宽容"以及"忠贞"。分别有51.4%的"60后"、60.5%的"70后"、56.0%的"80后"和55.9%的"90后"选择了"相互尊重和欣赏",可见彼此尊重和爱慕是四代人在婚姻中看重的首要因素。四代人中各有超过四成的人("60后"为46.5%、"70后"为48.6%、"80后"为44.3%、"90后"为48.8%)选择了"理解和宽容",这是成功婚姻中第二重要的因素。成功婚姻要素中排在第三位的是"忠贞","60后""70后""80后"和"90后"的选择比例分别为43%、34.7%、33.2%和33.1%,可见"忠贞"虽然排在第三位,但总体而言,选择比例呈现逐渐下降的趋势。

表 3-2-1 不同代人对成功婚姻重要因素选择的比较　　　　　　　　%

选项	排序*	60后	70后	80后	90后
相互尊重和欣赏	1	51.4	60.5	56.0	55.9
理解和宽容	2	46.5	48.6	44.3	48.8
忠贞	3	43.0	34.7	33.2	33.1
收入足够	4	12.7	18.0	19.5	22.1
共同的品位和兴趣	5	8.1	8.4	13.5	19.1
相同社会背景	6	12.3	14.8	13.3	7.6
性生活愉快	7	2.1	1	2.2	4.6
居住条件好	8	7.4	3.2	4.8	2.9
和父母分开住	9	2.5	2.6	3.4	1.5
共同做家务	10	5.6	2.3	3	1.2
共同的宗教信仰	11	1.1	0	0.6	0.6
政治上一致	12	1.1	0.6	1.1	0.5

* 根据"90后"的数据排序。

除了以上三项，"90后"选择"成功婚姻"的其他要素如收入足够、共同的品位和兴趣、相同社会背景、性生活愉快、居住条件好、和父母分开住、共同做家务、共同的宗教信仰和政治上一致的比例分别为22.1%、19.1%、7.6%、4.6%、2.9%、1.5%、1.2%、0.6%和0.5%。

代际比较发现，在"收入足够"和"共同的品位和兴趣"这两项上，四代人的选择比例呈现逐渐上升的趋势，其中"60后""70后""80后"和"90后"选择"收入足够"的比例分别为12.7%、18.0%、19.5%和22.1%，选择"共同的品位和兴趣"的比例分别为8.1%、8.4%、13.5%和19.1%。可见与前三代人相比，"90后"既更注重物质（收入），也更注重精神（品位和兴趣）。

表 3-2-2 不同性别"90后"对成功婚姻重要因素选择的比较　　　　　　　　%

选项	男	女
相互尊重和欣赏	54.3	57.3
理解和宽容	47.7	49.4
忠贞	32.2	33.6

续表

选　　项	男	女
收入足够	21.7	22.3
共同的品味和兴趣	19.5	18.8
相同社会背景	7.2	7.7
性生活愉快	7.5	2.8
居住条件好	3.2	2.7
和父母分开住	1.2	1.6
共同做家务	1.8	0.9
共同的宗教信仰	0.8	0.4
政治上一致	1.0	0.3

从不同性别的比较来看（见表3-2-2），男性和女性对成功婚姻重要因素的选择差别不大，其中女性选择"相互尊重和欣赏"以及"理解和宽容"的比例略高于男性，男性选择"性生活愉快"的比例高于女性。

二、近半数"90后"择偶时希望对方拥有住房

虽然在成功婚姻的要素选择中，人们选择"居住条件好"的比例不高，但是当面对"选择结婚对象时，您如何看待房子这个因素"时，人们对房子的重视程度就体现出来了。

调查数据显示（见表3-2-3），有23.6%的"90后"选择"对方必须有自己的房子且无贷款"，18.9%的"90后"选择"对方必须有自己的房子，但是可以有贷款"，这就意味着有42.5%的"90后"选择了"对方必须有自己房子"，比例相当高。

除此之外，有32.1%的"90后"选择了"可以接受双方（家庭）一起买房"，10.4%的90后选择了"自己会买一套房子"。从人们择偶时对自己和配偶住房的要求来看，人们希望配偶拥有房子的比例远远大于自己单独购买住房的比例。

另外，人们选择"房子是个完全不重要的因素"，"60后""70后""80后"和"90后"的比例分别为24.7%、23.8%、19.5%和11.3%，"90后"的选择

比例最低,由此反映出,"90后"对结婚时住房的重视程度远远高于前三代人,这当然与近10多年来住房价格高涨的时代背景密切相关。

尤其值得关注的是,选择"没考虑过结婚的问题","60后""70后""80后"和"90后"的比例分别为5.2%、1.6%、4.2%和18.9%,"90后"选择不考虑结婚的比例远远高于前三代人。

表3-2-3 不同代人对择偶时房子因素看法的比较　　　　　　%

选　项	60后	70后	80后	90后
对方必须有自己的房子且无贷款	20.1	21.8	19.0	23.6
对方必须有自己的房子,但是可以有贷款	15.3	20.2	18.2	18.9
可以接受双方(家庭)一起买房	30.6	33.6	40.6	32.1
自己会买一套房子	12.8	16.9	15.5	10.4
房子是个完全不重要的因素	24.7	23.8	19.5	11.3
没考虑过结婚的问题	5.2	1.6	4.2	18.9

从不同性别的比较来看(见表3-2-4),男性和女性择偶时对待房子的看法有着非常明显的差别。总体而言,女性对配偶住房的要求要远远高于男性对配偶住房的要求,这与传统的性别角色要求相关。一般认为,男性在结婚时需提供住房,因此也就有了丈母娘推高房价的说法。具体来说,女性选择"对方必须有自己的房子且无贷款"和"对方必须有自己的房子,但是可以有贷款"的比例分别为35.4%和26.0%,男性选择以上两项的比例分别为9.1%和10.3%,这就意味着女性择偶时要求对方有住房的比例高达61.4%,而男性相应的选择比例为19.4%。表示"自己会买一套房子",男性和女性的选择比例分别为16.8%和5.6%,男性远远高于女性。此外,分别有35.3%的男性和29.9%的女性表示"可以接受双方(家庭)一起买房"。

值得关注的是,表示"房子是个完全不重要的因素",男性和女性的选择比例分别为16.4%和7.3%,男性高于女性。在"没考虑过结婚的问题"这一项上,男性和女性的选择比例分别为24.1%和14.2%,男性也要高于女性。

表 3-2-4　不同性别"90 后"对择偶时房子因素看法的比较　　%

选项	男	女
对方必须有自己的房子且无贷款	9.1	35.4
对方必须有自己的房子，但是可以有贷款	10.3	26.0
可以接受双方(家庭)一起买房	35.3	29.9
自己会买一套房子	16.8	5.6
房子是个完全不重要的因素	16.4	7.3
没考虑过结婚的问题	24.1	14.2

第三节　育儿追求

育儿追求包括生育追求和养育追求。随着二孩和三孩政策的放开，与独生子女政策时相比，人们在生育问题上有了更多的选择权。那么，人们理想中的孩子数量以及性别偏好是怎样的？"90 后"在养育时会更关注培养孩子哪方面的品质呢？

一、养育两个孩子得到"90 后"的普遍认同

随着生育政策的放开，大多数的家庭认为理想的孩子数量为两个。调查数据显示(见表 3-3-1)，"60 后""70 后""80 后"和"90 后"选择理想孩子数量为 2 个的比例分别为 58.1%、64.5%、56.3% 和 63.0%，这就意味着有超过六成的"90 后"理想的孩子数量为 2 个。

表 3-3-1　不同代人理想孩子数的比较　　%

选项	60 后	70 后	80 后	90 后	x^2
0 个	9.2	6.9	11.8	6.9	83.169***
1 个	31.8	25.6	29.7	25.0	
2 个	58.1	64.5	56.3	63.0	
3 个及以上	1.0	3.1	2.2	5.1	

为了进一步分析哪些因素会对"90 后"的理想孩子数量产生影响，本研究

将个体人口特征、家庭背景、国际化、媒体使用情况、社会信任度以及价值观取向等变量纳入多元回归模型。由于对理想孩子数量的测量是分类变量,因此采用 Mlogit 模型,该模型以理想孩子数量 0 个为参照组(见表 3-3-2)。

表 3-3-2 "90 后"理想孩子数的影响因素(Mlogit 模型)

变　　量	1 个 B (SE)	2 个 B (SE)	3 个及以上 B (SE)
个体人口特征			
性别(1＝男)	－0.083 (0.220)	－0.187 (0.210)	－0.197 (0.287)
户口类型 (1＝非农户口)	－0.737* (0.329)	－1.104** (0.318)	－1.155** (0.410)
受教育程度(参照组:高中及以下)			
大学专科	1.194** (0.373)	1.584*** (0.376)	0.969 (0.822)
大学本科	1.199** (0.396)	2.055*** (0.395)	1.498 (0.831)
研究生	2.669* (1.113)	3.514** (1.098)	2.739* (1.379)
政治面貌(参照组:群众)			
中共党员	－0.196 (0.456)	0.117 (0.438)	0.105 (0.601)
共青团员	－0.001 (0.257)	0.473 (0.249)	0.416 (0.404)
家庭背景			
父亲职业	0.040 (0.043)	0.069 (0.041)	0.112* (0.056)
母亲受教育程度	－0.058 (0.075)	－0.074 (0.072)	－0.030 (0.098)
家庭经济主观感受	－0.132 (0.174)	0.021 (0.168)	－0.178 (0.229)
有兄弟姐妹	－0.222 (0.317)	0.067 (0.302)	－0.705 (0.499)

续表

变量	1个 B (SE)	2个 B (SE)	3个及以上 B (SE)
国际化变量			
出国出境过	−0.108 (0.236)	−0.237 (0.225)	−0.291 (0.307)
有外国朋友	0.016 (0.230)	0.156 (0.220)	0.944** (0.313)
媒体使用情况			
每日上网时间	0.012 (0.018)	0.013 (0.018)	−0.041 (0.038)
微信朋友圈人数	0.003** (0.001)	0.004*** (0.001)	0.005*** (0.001)
看新闻联播	0.252 (0.219)	0.188 (0.210)	0.364 (0.284)
用过翻墙软件	−0.060 (0.223)	0.048 (0.213)	0.720* (0.293)
社会信任度	−0.099 (0.095)	−0.010 (0.091)	−0.093 (0.124)
价值观取向			
传统价值取向	0.025*** (0.007)	0.024*** (0.006)	0.003 (0.008)
社会价值取向	−0.004 (0.008)	0.003 (0.008)	0.014 (0.010)
成就价值取向	−0.020* (0.008)	−0.025** (0.007)	−0.012 (0.010)
快乐价值取向	0.007 (0.007)	0.008 (0.006)	−0.001 (0.009)
常数	0.432 (0.853)	−0.633 (0.829)	−2.052 (1.293)
Log pseudo likelihood		−1 854.369	
Wald chi²		301.34***	
Pseudo R²		0.075	

注：* $p<0.05$，** $p<0.01$，*** $p<0.001$；B 为非标准化回归系数，SE 是标准误。

（一）农业户口及受教育程度高的"90后"希望生育2个孩子的比例更高

模型分析结果显示，与参照组相比，在控制了其他变量的情况下，男性和女性在理想孩子数量上未呈现出显著差异。

在不同户口类型方面，与理想孩子数量为0个的参照组相比，农业户口的"90后"比非农户口的"90后"希望有更多孩子的发生比更高，在理想孩子数量为"1个""2个"和"3个及以上"这三项上，其回归系数分别为-0.737（$p<0.05$），-1.104（$p<0.01$）和-1.155（$p<0.01$），即发生比值分别为0.479（$e^{-0.737}=0.479$）、0.332（$e^{-1.104}=0.332$）和0.315（$e^{-1.155}=0.315$），表明与"0个"相比，非农户口的"90后"选择理想孩子数量为"1个""2个"和"3个及以上"的发生比分别仅为农业户口"90后"的47.9%、33.2%和31.5%。进一步交叉分析发现，农业户口的"90后"希望生育"0个""1个""2个"和"3个及以上"孩子的比例分别为3.5%、20.7%、71.4%和4.4%，非农户口的"90后"希望生育"0个""1个""2个"和"3个及以上"孩子的比例分别为8.3%、26.7%、59.7%和5.3%，且差异达到显著程度，$x^2=33.243$，$p<0.001$，可见，农业户口的"90后"希望生育2个孩子的比例更高。

在受教育程度方面，与"0个"的参照群体相比，大学专科、本科以及研究生学历的"90后"比高中及以下学历的"90后"希望生育更多孩子的发生比更高，其中理想孩子数量为1个，大学专科、本科以及研究生学历的"90后"的回归系数分别为1.194（$p<0.001$）、1.199（$p<0.01$）和2.669（$p<0.05$）；理想孩子数量为2个，其回归系数分别为1.584（$p<0.001$）、2.055（$p<0.001$）和3.514（$p<0.05$）；理想孩子数量为3个，研究生学历具有显著影响，其回归系数为2.739（$p<0.05$）。进一步交叉分析发现，受教育程度为高中及以下、大学专科、本科和研究生的"90后"希望生育2个孩子的比例分别为37.4%、57.9%、68.1%和72.6%，可见，随着受教育程度的提高，"90后"希望生育2个孩子的比例不断上升。那么为什么受教育程度高的人会希望有更多的孩子呢？这可能是因为较高的受教育程度往往与较高的收入联系在一起，因此受教育程度高的人更有能力承担起养育更多孩子的责任。

(二) 父亲职业地位越高的"90后"希望有"3个及以上"孩子的比例更高

调查数据显示,父亲的职业地位越高,则"90后"希望有"3个及以上"孩子的发生比显著更高,其回归系数为 0.112($p<0.05$),即发生比值为 1.119($e^{0.112}=1.119$),表明父亲职业地位更高的"90后"的理想孩子数量为"3个及以上"的发生比比父亲职业地位低的"90后"高出 11.9%。如果说一般的家庭能够承受 1~2 个孩子的养育责任,那么能够养育"3个及以上"孩子的家庭往往需要有较丰厚的家庭资产,这就需要家庭资产有所积累,而父亲职业地位较高的家庭的家庭资产相对会更多一些,这也就是其会呈现出显著性差异的原因。

(三) 有外国朋友的"90后"希望生育更多孩子的比例更高

是否有认识并交往的外国朋友对"90后"的理想孩子数量有显著影响。与"0个"的参照群体相比,有外国朋友的"90后"理想孩子数量为"3个及以上"的发生比显著更高,其回归系数为 0.944($p<0.01$),即发生比值为 2.570($e^{0.944}=2.570$),表明有外国朋友的"90后"的理想孩子数量为"3个及以上"的发生比比没有外国朋友的"90后"高出 1.570 倍。进一步交叉分析发现,有外国朋友的"90后"希望生育"0个""1个""2个"和"3个及以上"孩子的比例分别为 4.8%、21.5%、66.1% 和 7.6%,没有外国朋友的"90后"希望生育"0个""1个""2个"和"3个及以上"孩子的比例分别为 8.9%、28.3%、60.1% 和 2.7%,且差异达到显著程度,$x^2=56.765$,$p<0.001$,可见有外国朋友的"90后"希望生育更多孩子的比例更高。

(四) 微信朋友圈人数越多的"90后"希望生育更多孩子的比例更高

在媒体使用方面,与"0个"的参照群体相比,在控制了相关变量的情况下,微信朋友圈人数越多的"90后"希望生育更多孩子的发生比更高,其中希望生育"1个""2个"和"3个及以上"孩子的回归系数分别为 0.003($p<0.01$)、0.004($p<0.001$)和 0.005($p<0.001$),即发生比值分别为 1.003($e^{0.003}=1.004$)、1.004($e^{0.004}=1.004$)和 1.005($e^{0.005}=1.005$),表明平均而言,微信朋友圈人数每增加 1 人,"90后"选择"1个""2个"和"3个及以上"孩子的发生比会分别提高 0.3%、0.4% 和 0.5%。

用过翻墙软件的"90后"理想孩子数量为"3个及以上"的发生比更高,

其回归系数为 0.720(p<0.05),发生比值为 2.054($e^{0.720}=2.054$),表明使用过翻墙软件"90后"的理想孩子数量为"3个及以上"的发生比比没有使用过翻墙软件的"90后"高出 1.054 倍。进一步交叉分析发现,用过翻墙软件的"90后"希望生育"0个""1个""2个"和"3个及以上"孩子的百分比分别为 5.7%、23.5%、62.9%和 7.9%,而没用过翻墙软件的"90后"希望生育相应数量孩子的比例分别为 7.0%、25.7%、64.1%和 3.2%,两组之间存在显著差异,$x^2=25.676$,$p<0.001$。

(五)传统价值取向对生育意愿有正显著影响,成就价值取向对生育意愿有负显著影响

模型分析结果显示,与"0个"的参照群体相比,具有传统价值取向的"90后"选择理想孩子数为"1个"和"2个"的发生比显著更高,其回归系数分别为 0.025(p<0.001)和 0.024(p<0.001),即发生比值分别为 1.025($e^{0.025}=1.025$)和 1.024($e^{0.024}=1.024$),这表明,平均而言,"90后"的传统价值取向每提高 1 分,其理想孩子数量为"1个"和"2个"的发生比会分别提高 2.5%和 2.4%。可见,具有更高传统价值取向的"90后"生育孩子的意愿会更高。

与传统价值取向相对的,成就价值取向对人们生育孩子的意愿有负显著影响。与"0个"的参照群体相比,具有成就价值取向的"90后"选择理想孩子数为"1个"和"2个"的发生比显著更低,其回归系数分别为 −0.020(p<0.05)和 −0.025(p<0.01),即发生比值分别为 0.980($e^{-0.020}=0.980$)和 0.975($e^{-0.025}=0.975$),这表明,平均而言,"90后"的成就价值取向每提高 1 分,其理想孩子数量为"1个"和"2个"的发生比会分别下降 2.0%和 2.5%。由此可见,具有更高成就价值取向的"90后"生育孩子的意愿会更低。

二、近半数"90后"无生育性别偏好

从性别偏好的角度来看,虽然一般认为中国传统社会有男孩偏好的习俗,但从本研究的调查数据来看(见表 3-3-3),"90后"中明确表示自己有男孩偏好的比例并不高,仅为 6.5%,有 11.3%的"90后"表示自己是女孩偏好,此外有 39.2%的"90后"希望"儿女双全",43.0%的"90后"表示自己无性别偏好。从代际比较的角度来看,"90后"表示自己无性别偏好

的比例高于前三代人，与此相应，表示希望儿女双全的比例则低于前三代人。

表 3-3-3　不同代人生育性别偏好的比较　　　　　　　　　　%

选　项	60 后	70 后	80 后	90 后	x^2
男孩偏好	10.1	3.3	6.7	6.5	53.468***
女孩偏好	10.8	6.0	7.9	11.3	
儿女双全	51.4	60.3	51.8	39.2	
无性别偏好	27.7	30.4	33.6	43.0	

从不同性别的比较来看（见表 3-3-4），"90 后"中男性和女性在生育性别偏好上具有显著差异（$x^2=18.077$，$p<0.001$），其中，男性和女性具有男孩偏好的比例分别为 11.5% 和 2.3%，男性的男孩偏好要明显高于女性。具有女孩偏好，男性和女性的选择比例分别为 12.5% 和 10.3%，均高于其选择男孩偏好的比例。表示希望"儿女双全"，男性和女性的选择比例分别为 35.6% 和 42.2%，表示自己"无性别偏好"，男性和女性的选择比例分别为 40.4% 和 45.3%，女性均略高于男性。

表 3-3-4　不同性别"90 后"生育性别偏好的比较　　　　　　　%

选　项	男	女	x^2
男孩偏好	11.5	2.3	18.077***
女孩偏好	12.5	10.3	
儿女双全	35.6	42.2	
无性别偏好	40.4	45.3	

为了进一步分析哪些因素会对"90 后"的生育性别偏好产生影响，本研究将个体人口特征、家庭背景、国际化、媒体使用情况、社会信任度以及价值观取向等变量纳入多元回归模型。由于对生育性别偏好的测量是分类变量，因此采用 Mlogit 模型，该模型以"无性别偏好"为参照组（见表 3-3-5）。

表 3-3-5 "90后"生育性别偏好的影响因素（Mlogit 模型）

变　　量	男孩偏好 B (SE)	女孩偏好 B (SE)	儿女双全 B (SE)
个体人口特征			
性别（1=男）	1.665** (0.562)	0.289 (0.396)	−0.015 (0.266)
户口类型（1=非农户口）	−0.554 (0.661)	−0.453 (0.526)	−0.374 (0.351)
受教育程度（参照组：高中及以下）			
大学专科	0.394 (0.628)	1.701* (0.713)	0.490 (0.387)
大学本科	0.041 (0.714)	1.401 (0.764)	0.836* (0.401)
研究生	−12.988 (470.288)	0.497 (1.422)	0.429 (0.717)
政治面貌（参照组：群众）			
中共党员	0.197 (0.914)	0.483 (0.685)	0.048 (0.433)
共青团员	0.101 (0.544)	0.800 (0.437)	0.050 (0.274)
家庭背景			
父亲职业	0.091 (0.116)	−0.219* (0.094)	−0.017 (0.057)
母亲受教育程度	−0.002 (0.203)	0.193 (0.152)	0.160 (0.100)
家庭经济主观感受	0.063 (0.454)	0.350 (0.358)	−0.088 (0.229)
有兄弟姐妹	0.538 (0.599)	0.851 (0.487)	0.998** (0.325)
国际化变量			
出国出境过	0.351 (0.562)	0.179 (0.440)	0.214 (0.283)
有外国朋友	−0.173 (0.599)	−0.195 (0.457)	−0.541 (0.299)

续表

变 量	男孩偏好 B (SE)	女孩偏好 B (SE)	儿女双全 B (SE)
媒体使用情况			
每日上网时间	−0.094 (0.070)	−0.042 (0.035)	−0.022 (0.013)
微信朋友圈人数	−0.002 (0.003)	−0.001 (0.002)	0.001 (0.001)
看新闻联播	1.037 (0.570)	0.892* (0.427)	0.506 (0.262)
用过翻墙软件	0.247 (0.558)	−0.406 (0.449)	−0.139 (0.288)
社会信任度	0.101 (0.219)	0.165 (0.177)	−0.156 (0.112)
价值观取向			
传统价值取向	0.011 (0.022)	−0.016 (0.016)	−0.002 (0.010)
社会价值取向	−0.042* (0.020)	−0.010 (0.017)	0.008 (0.011)
成就价值取向	0.030 (0.020)	0.040* (0.016)	−0.003 (0.009)
快乐价值取向	0.017 (0.017)	0.022 (0.015)	0.007 (0.009)
常数	−4.924* (2.084)	−7.102*** (1.755)	−1.371 (1.014)
Log pseudo likelihood		−376.047	
Wald chi^2		104.22**	
Pseudo R^2		0.122	

注：* $p<0.05$，** $p<0.01$，*** $p<0.001$；B 为非标准化回归系数，SE 是标准误。

（一）男性比女性更具有男孩偏好

模型分析结果显示，与"无性别偏好"的参照组相比，在控制了其他变量的情况下,男性比女性更具有男孩偏好,其回归系数为1.665($p<0.01$),即发生比值为5.286($e^{1.665}=5.285$),表明男性具有男孩偏好的发生比比女性高出4.285倍。

在受教育程度方面,与参照组相比,大学专科的"90后"比高中及以下学历的"90后"具有女孩偏好的发生比更高,其回归系数为1.701($p<0.05$),即发生比值为5.479($e^{1.701}=5.479$),表明大学专科学历"90后"女孩偏好的发生比比高中及以下学历"90后"高出4.479倍。而与参照组相比,大学本科"90后"比高中及以下学历的"90后"具有儿女双全偏好的发生比更高,其回归系数为0.836($p<0.05$),即发生比值为2.307($e^{0.836}=2.307$),表明大学本科学历"90后"儿女双全偏好的发生比比高中及以下学历"90后"高出1.307倍。

(二)家里有兄弟姐妹的"90后"具有儿女双全偏好的比例更高

调查数据显示,父亲职业地位越高的"90后"具有女孩偏好的发生比越低,回归系数为-0.219($p<0.05$),即发生比值为0.803($e^{-0.219}=0.803$),表明父亲职业地位越高的"90后"具有女孩偏好的发生比仅为父亲职业地位低的"90后"的80.3%。

家里有兄弟姐妹的"90后"具有儿女双全偏好的发生比更高,其回归系数为0.998($p<0.01$),即发生比值为2.712($e^{0.998}=2.712$),表明家里有兄弟姐妹的"90后"儿女双全偏好的发生比比独生子女的"90后"高出1.712倍。这种偏好与多子女家庭的氛围相关,由于从小生活在有2个及以上孩子的家庭,这类"90后"感受并习惯了有兄弟姐妹互动的家庭环境,这又会通过代际传递的方式传递到其自身的生育偏好选择中。

(三)社会价值取向越高则男孩偏好的比例越低;成就价值取向越高则女孩偏好的比例越高

模型分析结果显示,与"无性别偏好"的参照组相比,社会价值取向越高的"90后"具有男孩偏好的发生比显著更低,其回归系数为-0.042($p<0.05$),即发生比值为0.958($e^{-0.042}=0.958$),这表明,平均而言,"90后"的社会价值取向每提高1分,其男孩偏好的发生比会下降4.2%。

成就价值取向越高的"90后"具有女孩偏好的发生比显著更高,其回归系数为0.040($p<0.05$),即发生比值为1.040($e^{0.040}=1.040$),这表明,

平均而言,"90后"的成就价值取向每提高1分,其女孩偏好的发生比会上升4.0%。

三、"90后"最注重培养孩子的"责任感"品质

从"90后"选择培养孩子最重要的品质来看(见表3-3-6),排在前三位的是"责任感""宽容和尊重他人"以及"独立",选择比例分别为57.9%、47.2%和33%。可见,"90后"对最重要品质的选择主要是基于"社会性价值",其中"责任感"和"宽容和尊重他人"正是基于对他人和社会的态度,这也是人在社会化过程中要重点培养的品质,由此反映出"90后"已经意识到,人作为社会的一员,具备社会适应和生存能力的重要性。排在第三位的"独立"品质则是一项基于"个体性价值"的品质。可见重要品质的培养是基于社会性价值和个体性价值的结合,由此构成比较完整的人格特质。在前三项的选择上,不同代人的差别不大,排序也基本一致。

表3-3-6 不同代人培养孩子重要品质的比较　　　　%

选项	排序*	60后	70后	80后	90后
责任感	1	57.9	60.6	54.4	57.9
宽容和尊重他人	2	41.1	38.8	39.3	47.2
独立	3	31.4	39.4	39.3	33.0
有礼貌	4	39.2	30.0	34.4	22.9
决心毅力	5	5.2	12.6	11.3	16.2
想象力	6	2.3	3.2	6.2	8.2
自我表达	7	0.6	1.9	3.7	7.0
辛勤工作	8	11.7	4.1	4.3	3.0
勤俭节约	9	6.8	4.7	3.7	2.2
无私	10	1.6	2.5	1.0	1.1
(宗教)虔诚	11	0.3	0.0	0.3	0.5
服从	12	0.3	0.9	0.4	0.3

* 以"90后"的数值为排序依据。

此外,"90后"在"决心毅力""想象力"和"自我表达"这三项上的选择比例高于前三代人,在"有礼貌""辛勤工作"和"勤俭节约"这三项上的选择比

例低于前三代人。可见,与"60后""70后"和"80后"相比,"90后"更为注重个性表达,但这种个性的选择仍然是基于社会性品质培养的背景。

值得关注的是,对于"无私""(宗教)虔诚"和"服从"这三项品质,四代人的选择比例都非常低,说明这些是我们目前在培养孩子时最不受重视的品质。

从不同性别"90后"关注的培养孩子的重要品质来看(见表3-3-7),女性比男性更看重"责任感""宽容和尊重他人"和"独立";男性比女性更看重"有礼貌""决心毅力""想象力""辛勤工作""勤俭节约"和"无私"。

表3-3-7 不同性别"90后"培养孩子重要品质的比较　　　　%

选　项	男	女
责任感	56.2	59.1
宽容和尊重他人	40.6	51.5
独立	31.9	33.7
有礼貌	25.7	21.0
决心毅力	17.3	15.3
想象力	10.2	7.0
自我表达	7.1	7.1
辛勤工作	3.9	2.4
勤俭节约	3.7	1.4
无私	1.9	0.7
(宗教)虔诚	0.6	0.4
服从	0.7	0.1

从不同户籍"90后"关注的培养孩子的重要品质来看(见表3-3-8),农业户口的"90后"比非农户口的"90后"更看重"责任感""宽容和尊重他人""决心毅力"和"辛勤工作",非农户口的"90后"比农业户口的"90后"更看重"独立""有礼貌""想象力"和"自我表达"。

从不同受教育程度"90后"关注的培养孩子的重要品质来看(见表3-3-9),受教育程度高的"90后"更关注"责任感""宽容和尊重他人""决心毅力"和"自我表达",受教育程度低的"90后"更看重"有礼貌""辛勤工作"和"勤俭节约"。对"独立"品质的关注则是体现 U 形结构,即两端最高,"高中及以下"以及"研究生"学历的"90 后"的关注比例最高。

表 3-3-8　不同户籍"90 后"培养孩子重要品质的比较　　%

选项	非农户口	农业户口
责任感	57.1	60.0
宽容和尊重他人	46.4	49.1
独立	33.7	31.4
有礼貌	23.3	21.8
决心毅力	15.8	17.2
想象力	9.1	5.8
自我表达	7.1	6.8
辛勤工作	2.7	3.8
勤俭节约	2.2	2.2
无私	1.1	1.2
(宗教)虔诚	0.5	0.6
服从	0.5	0.0

表 3-3-9　不同受教育程度"90 后"培养孩子重要品质的比较　　%

选项	高中及以下	大学专科、高职	大学本科	研究生
责任感	39.0	57.3	59.9	58.5
宽容和尊重他人	41.0	45.2	48.4	55.3
独立	38.1	31.0	33.7	36.6
有礼貌	44.8	32.1	16.1	11.4
决心毅力	9.5	12.3	19.4	15.4
想象力	5.7	7.1	9.3	5.7
自我表达	5.7	6.2	7.5	8.9
辛勤工作	8.6	2.9	2.6	2.4
勤俭节约	6.7	2.7	1.6	1.6
无私	1.0	1.7	0.6	1.6
(宗教)虔诚	0.0	0.4	0.6	1.6
服从	0.0	0.6	0.2	0.0

小 结

家庭是人们生活最基本的单位。事实上并没有真正的个体,每个人都生活在一定的家庭环境中。人们在家庭中生活,获得基本的物质保障和情感支持,因此,可以说家庭追求构成了"90后"人生追求体系中的情感层面。本章主要从"90后"对家庭重要性的认同、婚姻追求以及育儿追求这三个方面展开分析。本章的主要研究结果如下:

一、"90后"高度认同家庭的重要性

数据显示,超过98%的"90后"认同家庭的重要性,"90后"在认同家庭重要性上的得分略低于前三代人。"90后"对家族或亲戚重要性的认同度低于对家庭重要性的认同度,且得分低于前三代人。但"90后"对未来家庭重要性的认同度要显著高于前三代人,体现了在家庭上的未来取向。"90后"内部的群体比较显示农业户口、受教育程度更高、中共党员和共青团员更看重未来家庭的重要性。有趣的是,不同的价值取向对"90后"的家庭重要性态度发挥着非常不同的影响作用,其中传统和社会价值取向有正显著影响,成就价值取向有负显著影响,快乐价值取向则对核心家庭态度有正显著影响,对扩大家庭态度有负显著影响。

二、在婚姻追求上,"90后"认为成功婚姻最重要的三大因素是"相互尊重和欣赏""理解和宽容"以及"忠贞"

尽管"90后"主观上认同情感因素是成功婚姻的主要因素,但是当落实到具体的择偶行为时,又很看重物质因素,有超过四成的"90后"择偶时希望对方有住房,仅有一成的"90后"明确表示房子是个完全不重要的因素,此外,女性择偶时对住房的要求高于男性。

三、在家庭育儿追求上,有超过六成的"90后"希望有2个孩子,且最注重对孩子"责任感""宽容和尊重他人"以及"独立"三大品质的培养

在孩子的性别偏好上,"90后"中有6.5%是男孩偏好,11.3%是女孩偏好,39.2%希望儿女双全,43.0%表示自己无性别偏好。代际比较显示,"90后"无性别偏好的比例要高于前三代人。"90后"内部的群体比较显示农业

户口和受教育程度更高的"90后"希望生育2个孩子的比例更高。不同价值取向对"90后"的生育意愿有不同的影响作用,其中传统价值取向有正显著影响,而成就价值取向有负显著影响。

第四章　就业创业追求现状及成因

就业是民生之本,是个体的生存之道,个人的就业状况往往决定了其生存状况、生活质量和社会地位,进而影响其自我认同、社会价值实现和个体的全面发展,并对国家的经济和社会发展产生影响。因此,就业创业追求是"90后"人生追求的重要组成部分。

习近平总书记高度重视青年的就业创业问题,他不仅从事关实现中华民族伟大复兴中国梦、事关党和人民事业全面发展的战略高度看待青年,重视青年作用、依靠青年力量,而且于小微处着手,从青年的日常生活着手,他指出:"我们要关注青年所思、所忧、所盼,帮助青年解决好他们在毕业求职、创新创业、社会融入、婚恋交友、老人赡养、子女教育等方面的操心事、烦心事,努力为青年创造良好发展条件,让他们感受到关爱就在身边、关怀就在眼前。"[①]可见,习近平是把青年的就业创业问题放在了青年生活方方面面中极为重要的位置。

为了促进青年就业创业,国家出台了一系列政策,如《关于进一步做好新形势下就业创业工作的意见》《关于大力推进大众创业万众创新若干政策措施的意见》《关于深化人才发展体制机制改革的意见》等,力图为青年就业创业创设更好的政策环境。《中长期青年发展规划(2016—2025)》中提出青年就业创业的发展目标为:"青年就业比较充分,高校毕业生就业保持在较高水平;青年就业权利保障更加完善,青年的薪资待遇、劳动保护、社会保险等合法权益得到充分保护;青年创业服务体系更加完善,创业活力明显提升。"并提出具体发展措施为:"推动完善促进青年就业创业政策体系;加强

---

① 习近平.在纪念五四运动100周年大会上的讲话[N].人民日报,2019-05-01(2).

青年就业服务;推动青年投身创业实践;加强青年就业权益保障"①。

由此可见,国家高度重视青年的就业创业问题。那么"90后"是如何看待自己的就业创业问题呢?他们在选择职业时会比较看重哪些因素?他们更愿意选择在什么地方就业?他们更愿意到哪种性质的单位去工作?他们创业的意愿和行为如何呢?本章将围绕以上问题展开分析。

第一节 择业动机

择业动机是人们在选择职业时会优先考虑的因素。那么,"90后"在选择职业时会注重哪些要素呢?"90后"的择业动机受到哪些因素的影响呢?

一、"工资待遇"是"90后"择业时最看重的因素

从"90后"职业选择的主要动机来看(见表4-1-1),排在前三位的是"工资待遇""发展前景"和"工作地点",选择比例分别为45.2%、14.4%和12.1%。与前三代相比,"90后"选择"工资待遇"的比例最高,比"60后""70后"和"80后"分别高出9.5%、15.9%和7.1%,可见,"工资待遇"是"90后"就业时首要考虑的因素。"90后"步入社会时间有限,经济基础比较薄弱,又面临房价高涨,物价上涨,生活成本上升以及人们的消费需求和购物欲望不断上升的背景,"90后"对物质的需求比较急迫,同时"90后"又需要通过经济独立来证明自己的独立性,因此他们在选择职业时会比较看重"工资待遇"这项因素。

表4-1-1 不同代人择业动机的比较 %

选项	60后	70后	80后	90后	x^2
工资待遇	35.7	29.3	38.1	45.2	
工作条件	13.6	12.1	10.0	8.5	
发展前景	6.8	15.3	14.4	14.4	
工作地点	17.9	21.5	17.5	12.1	92.524***
兴趣爱好	5.5	4.9	9.0	6.8	
家庭原因	9.4	11.1	6.4	3.6	
其他	11.1	5.9	4.7	9.3	

① 中共中央国务院印发《中长期青年发展规划(2016—2025年)》[N].人民日报,2017-04-14(1).

从不同性别"90后"职业选择动机的比较来看(见表4-1-2),男性和女性之间存在显著差异,其中,将"工资待遇"放在首位,男性的选择比例为53.1%,女性的选择比例为37.6%,男性比女性高15.5%,可见男性比女性更看重工资待遇。这可能与传统社会"男主外、女主内"的角色分工相关。也与李汪洋和谢宇用2010年中国家庭追踪调查(CFPS2010)数据得出的分析结论"男孩的职业兴趣是围绕工作的经济回报"的观点一致[①]。

表4-1-2 不同性别"90后"择业动机的比较　　　　　%

选项	男	女	x^2
工资待遇	53.1	37.6	
工作条件	7.1	9.6	
发展前景	12.8	16.4	
工作地点	8.1	16.0	28.323***
兴趣爱好	6.2	7.6	
家庭原因	1.0	5.6	
其他	11.7	7.2	

二、"90后"择业动机的影响因素

为了进一步分析哪些因素会对"90后"的择业动机产生影响,本研究将个体人口特征、家庭背景、国际化、媒体使用情况、社会信任度以及价值观取向等变量纳入多元回归模型。由于对择业动机的测量是分类变量,因此采用Mlogit模型,该模型以择业的首要原因为"工资待遇"这一组为参照群体(见表4-1-3)。

(一)女性更看重"工作地点"和"家庭原因",研究生更看重"发展前景"

模型分析结果显示,男性和女性在择业动机上存在显著差异。与将"工资待遇"视为首要原因相比,女性在择业时比男性更看重"工作地点"和"家庭原因",其回归系数分别为$-1.376(p<0.01)$和$-2.314(p<0.05)$,即发生比值分别为$0.253(e^{-1.376}=0.253)$和$0.099(e^{-2.314}=0.099)$,这表明男性将择

---

① 李汪洋,谢宇.中国儿童及青少年职业期望的性别差异[J].青年研究,2016(1):75-83.

业首要原因选为"工作地点"的发生比仅为女性的 25.3%,将"家庭原因"选为首要因素的发生比仅为女性的 9.9%。由此也反映了尽管男性和女性在对工作重要性的态度上没有显著差异,但在考虑的具体因素上存在显著差异,女性承担的家庭责任更多,因此对家庭原因和工作地点的考虑会远远大于男性。

在受教育程度方面,与看重"工资待遇"相比,研究生学历的"90后"更看重职业的"发展前景",其回归系数为 2.036($p<0.05$),即发生比值为 7.660($e^{2.036}=7.660$),表明研究生学历的"90后"看重"发展前景"的发生比比高中及以下学历"90后"高了 6.66 倍。

表 4-1-3 "90 后"择业动机的影响因素(Mlogit 模型)

变 量	工作条件 B (SE)	发展前景 B (SE)	工作地点 B (SE)	兴趣爱好 B (SE)	家庭原因 B (SE)
个体人口特征					
性别(1=男)	−0.046 (0.456)	−0.354 (0.348)	−1.376** (0.447)	−0.388 (0.510)	−2.314* (1.074)
户口类型 (1=非农户口)	0.069 (0.630)	−0.030 (0.489)	−0.132 (0.530)	−0.486 (0.664)	−0.263 (1.087)
受教育程度(参照组:高中及以下)					
大学专科	0.233 (0.678)	0.661 (0.641)	0.550 (0.621)	−0.367 (0.795)	0.948 (1.443)
大学本科	0.089 (0.732)	1.186 (0.643)	0.330 (0.671)	0.165 (0.809)	0.560 (1.477)
研究生	0.679 (1.255)	2.036* (1.000)	0.436 (1.361)	0.366 (1.519)	2.197 (1.886)
政治面貌(参照组:群众)					
中共党员	1.003 (0.710)	0.549 (0.528)	0.268 (0.693)	−13.570 (439.176)	1.707 (1.255)
共青团员	0.340 (0.503)	0.305 (0.382)	0.211 (0.417)	−0.252 (0.510)	0.429 (0.905)

续表

变量	工作条件 B (SE)	发展前景 B (SE)	工作地点 B (SE)	兴趣爱好 B (SE)	家庭原因 B (SE)
家庭背景					
父亲职业	−0.060 (0.102)	−0.014 (0.079)	0.029 (0.091)	−0.018 (0.109)	−0.021 (0.184)
母亲受教育程度	−0.158 (0.207)	0.090 (0.146)	0.114 (0.166)	0.544** (0.196)	−0.094 (0.319)
家庭经济主观感受	0.155 (0.400)	0.079 (0.320)	−0.504 (0.315)	0.843 (0.511)	−0.062 (0.729)
有兄弟姐妹	−0.030 (0.545)	−0.342 (0.453)	−0.529 (0.507)	0.912 (0.524)	0.834 (0.918)
国际化变量					
出国出境过	1.044* (0.492)	0.042 (0.378)	−0.274 (0.445)	−0.517 (0.573)	−0.892 (0.959)
有外国朋友	−0.199 (0.520)	0.281 (0.387)	−0.724 (0.513)	0.415 (0.539)	1.602 (0.931)
媒体使用情况					
每日上网时间	−0.005 (0.020)	−0.014 (0.018)	−0.013 (0.017)	−0.071 (0.054)	−0.009 (0.029)
微信朋友圈人数	0.004* (0.002)	0.001 (0.002)	0.003 (0.002)	0.005** (0.002)	−0.008 (0.007)
看新闻联播	−0.854 (0.457)	0.084 (0.377)	−0.731 (0.399)	−0.653 (0.510)	−0.148 (0.849)
用过翻墙软件	−0.519 (0.498)	−0.563 (0.396)	−0.333 (0.454)	0.043 (0.522)	0.952 (0.877)
社会信任度	−0.035 (0.198)	−0.090 (0.155)	−0.282 (0.173)	−0.280 (0.234)	−0.070 (0.339)

续表

变 量	工作条件 B (SE)	发展前景 B (SE)	工作地点 B (SE)	兴趣爱好 B (SE)	家庭原因 B (SE)
价值观取向					
传统价值取向	0.020 (0.017)	0.009 (0.014)	0.005 (0.016)	−0.033 (0.020)	0.062* (0.030)
社会价值取向	−0.013 (0.020)	−0.017 (0.016)	−0.021 (0.017)	0.043 (0.024)	−0.093** (0.029)
成就价值取向	−0.046** (0.015)	−0.017 (0.012)	−0.014 (0.014)	−0.007 (0.018)	−0.015 (0.028)
快乐价值取向	0.010 (0.014)	0.007 (0.011)	0.015 (0.012)	0.003 (0.019)	0.003 (0.024)
常数	−0.348 (1.794)	−1.090 (1.439)	2.106 (1.494)	−5.223* (2.104)	−0.054 (3.213)
Log pseudo likelihood	\multicolumn{5}{c}{−501.479}
Wald chi^2	\multicolumn{5}{c}{206.34**}
Pseudo R^2	\multicolumn{5}{c}{0.171}

注：* $p<0.05$，** $p<0.01$，*** $p<0.001$；B 为非标准化回归系数，SE 是标准误。

（二）母亲受教育程度越高的"90后"越注重"兴趣爱好"

在家庭背景方面，与注重"工资待遇"的参照群体相比，母亲受教育程度越高的"90后"越注重"兴趣爱好"，其回归系数为 0.544（$p<0.01$），发生比值为 1.723（$e^{0.544}=1.723$），表明母亲受教育程度高的"90后"看重"兴趣爱好"的发生比比母亲受教育程度低的"90后"高了 72.3%。

（三）有过出国出境经历的"90后"更注重"工作条件"

在国际化影响方面，出国出境经历对"90后"的择业动机有显著影响，与注重"工资待遇"的参照群体相比，有过出国出境经历的"90后"更注重"工作条件"，其回归系数为 1.044（$p<0.05$），发生比值为 2.841（$e^{1.044}=2.841$），表明有过出国出境经历的"90后"看重"工作条件"的发生比比没有出国出境经历的"90后"高了 1.841 倍。

(四) 传统价值取向越高的"90后"越看重"家庭原因"

模型分析结果显示,与注重"工资待遇"的参照群体相比,具有成就价值取向的"90后"更不关注工作条件,其回归系数为-0.046($p<0.01$),发生比值分别为0.955($e^{-0.046}=0.955$),这表明,平均而言,成就价值取向每提高1分,其注重工作条件的发生比会下降4.5%。在注重"家庭原因"上,与参照群体相比,我们发现不同价值取向的影响作用不同,其中传统价值取向有正向作用,社会价值取向有负向作用,即传统价值取向越高的"90后"越注重家庭原因,而社会价值取向越高的"90后"越不注重家庭原因,其回归系数分别为0.062($p<0.05$)和-0.093($p<0.01$),发生比值分别为1.064($e^{0.062}=1.064$)和0.911($e^{-0.093}=0.911$),表明传统价值取向每增加1分,其注重家庭原因的发生比会提高6.4%,而社会价值取向每增加1分,其注重家庭原因的发生比会下降8.9%。

第二节 就业地选择

究竟是该逃离北上广还是留在北上广?这似乎是一件令人纠结的事情。对此,媒体界给了大量关注和报道,"逃离北上广"和"逃回北上广"的话题一度引起青年和社会的广泛热议。北上广深等一线城市房价高企,通勤时间长,工作压力大,但是机会公平,职业发展前景好,社会服务体系更先进完善;而二、三线城市看似房价更低,工作压力更小,但同样面临新的问题如发展空间不足、社会关系网络更错综复杂、物价并不便宜等。那么,对此,"90后"究竟是怎么看待的呢?"90后"最想去的工作地是哪里呢?

一、超过六成"90后"优先选择一线大城市

虽然媒体上有众多关于逃离北上广的讨论,但本次调查显示(见表4-2-1),北上广深等一线大城市仍然是绝大多数青年人心目中的就业胜地。对于自己最想去的工作地,分别有53.4%的"60后",60.1%的"70后",67.2%的"80后"和64.6%的"90后"选择了"北上广深等一线大城市",需要说明的是,由于调查是在上海开展,因此人们选择一线大城市的比例相对会更高一些。

值得关注的是,随着各省人才引进新政和促进就业创业政策的相继推出,

如开放落户政策、补贴购房政策、人才配套政策等,二线城市的吸引力有一定程度的提高,"90后"表示愿意到发达地区二线城市工作的比例比前三代人有所上升。本次调查显示,有13.4%的"90后"选择"发达地区的二线城市"为自己最想去的工作地,比"60后""70后"和"80后"分别高了6.9%、4.9%和5.5%。

除了一线大城市和发达地区的二线城市以外,"90后"选择其他地区如发展中地区、欠发达地区以及县城、小乡镇和农村的比例都非常低,代际之间的差异也不明显。有5%的"90后"选择想去"国外"就业,与"70后"和"80后"的选择比例基本持平。还有部分人选择了"不确定"和"无所谓"。

表 4-2-1　不同代人就业地选择的比较　　　　　　　%

选项	60后	70后	80后	90后	x^2
北上广深等一线大城市	53.4	60.1	67.2	64.6	
发达地区的二线城市	6.5	8.5	7.9	13.4	
发展中地区的二线城市	2.1	1.9	1.6	2.6	
欠发达地区的二线城市	0.0	0.3	0.2	0.2	
发达地区的三、四线中小城市	1.4	0.6	1.5	1.2	
发展中地区的三、四线中小城市	0.3	0.9	0.3	0.9	
欠发达地区的三、四线中小城市	0.3	0.0	0.2	0.3	210.704***
县城	1.4	0.6	0.9	0.3	
小乡镇	2.1	0.6	0.7	0.2	
农村	1.7	0.3	0.4	0.3	
国外	2.1	5.4	5.3	5.0	
不确定	8.6	6.6	4.7	5.9	
无所谓	20.2	13.9	9.2	5.1	

为了方便比较,以下分析将上表中的"发展中地区的二线城市""欠发达地区的二线城市""发达地区的三、四线中小城市""发展中地区的三、四线中小城市""欠发达地区的三、四线中小城市""县城""小乡镇"和"农村"合并为"国内其他地区"。

从不同群体的比较来看(见表4-2-2),性别方面,男性和女性在工作地的选择上具有显著差异($x^2=19.752$,$p<0.01$),其中男性比女性选择一线

大城市的比例更高(男性为67.2%,女性为62.9%),女性比男性选择发达地区二线城市的比例更高(女性为14.6%,男性为11.6%)。

表4-2-2 不同性别和户籍"90后"就业地选择的比较 %

选项	性别 男	性别 女	x^2	户籍 非农户口	户籍 农业户口	x^2
北上广深等一线大城市	67.2	62.9		66.7	59.2	
发达地区的二线城市	11.6	14.6		12.0	17.3	
国内其他地区	5.1	6.4	19.752**	4.5	9.8	64.769***
国外	4.8	5.4		6.4	1.5	
不确定	4.4	6.7		5.1	7.7	
无所谓	6.9	4.1		5.4	4.5	

在户籍方面,非农户口和农业户口的"90后"在工作地的选择上存在显著差异(x^2=64.769,p<0.001),相比之下,非农户口的"90后"比农业户口的"90后"选择一线大城市的比例更高(非农户口为66.7%,农业户口为59.2%),农业户口的"90后"比非农户口的"90后"选择发达地区二线城市的比例更高(农业户口为17.3%,非农户口为12.0%)。

从不同受教育程度"90后"的选择来看(见表4-2-3),受教育程度越高的"90后"选择在北上广深等一线大城市就业的比例越高,其中,"高中及以下""大学专科""大学本科"和"研究生"选择在一线大城市就业的比例分别为52.3%、62.4%、66.4%和69.4%。这与受教育程度越高的人竞争力越强,城市提供的配套支持政策更有利等因素相关。

表4-2-3 不同受教育程度"90后"就业地选择的比较 %

选项	高中及以下	大学专科	大学本科	研究生	x^2
北上广深等一线大城市	52.3	62.4	66.4	69.4	
发达地区的二线城市	15.3	12.2	14.1	14.5	
国内其他地区	4.5	6.6	5.9	3.2	50.682***
国外	5.4	5.2	5.4	0.8	
不确定	8.1	7.7	4.2	8.9	
无所谓	14.4	5.9	4.0	3.2	

二、"90后"就业地选择的影响因素

为了进一步分析哪些因素会对"90后"的就业地选择产生影响,本研究将个体人口特征、家庭背景、国际化、媒体使用情况、社会信任度以及价值观取向等变量纳入多元回归模型。由于对就业地选择的测量是分类变量,因此采用 Mlogit 模型,该模型以选择"北上广深等一线大城市"为参照群体(见表 4-2-4)。

表 4-2-4 "90后"就业地选择的影响因素(Mlogit 模型)

变量	发达二线城市 B(SE)	国内其他地区 B(SE)	国外 B(SE)	不确定 B(SE)	无所谓 B(SE)
个体人口特征					
性别(1=男)	−0.181 (0.145)	−0.204 (0.217)	−0.273 (0.227)	−0.399 (0.223)	0.420 (0.227)
户口类型(1=非农户口)	−0.371* (0.166)	−0.378 (0.229)	0.941* (0.387)	−0.239 (0.239)	0.243 (0.276)
受教育程度(参照组:高中及以下)					
大学专科	−0.780* (0.351)	0.198 (0.583)	−0.408 (0.589)	0.122 (0.530)	−0.637 (0.431)
大学本科	−0.717* (0.355)	0.275 (0.592)	−0.397 (0.598)	−0.589 (0.551)	−0.850 (0.451)
研究生	−0.675 (0.458)	−0.554 (0.850)	−2.140 (1.180)	−0.264 (0.680)	−1.300 (0.709)
政治面貌(参照组:群众)					
中共党员	0.007 (0.320)	−0.783 (0.530)	−0.406 (0.435)	0.346 (0.441)	0.060 (0.442)
共青团员	0.358 (0.220)	−0.050 (0.292)	−0.495 (0.273)	0.037 (0.287)	−0.493 (0.280)
家庭背景					
父亲职业	0.039 (0.028)	−0.027 (0.042)	−0.017 (0.040)	0.000 (0.041)	0.013 (0.046)
母亲受教育程度	−0.041 (0.049)	−0.198* (0.077)	0.032 (0.072)	−0.048 (0.075)	−0.155 (0.083)

续表

变量	发达二线城市 B (SE)	国内其他地区 B (SE)	国外 B (SE)	不确定 B (SE)	无所谓 B (SE)
家庭背景					
家庭经济主观感受	0.230* (0.116)	0.172 (0.164)	0.191 (0.178)	0.171 (0.177)	−0.211 (0.184)
有兄弟姐妹	0.004 (0.207)	0.180 (0.269)	0.402 (0.328)	0.551* (0.254)	0.092 (0.323)
国际化变量					
出国出境过	−0.261 (0.159)	−0.684* (0.278)	0.574* (0.224)	−0.895** (0.276)	−0.510 (0.284)
有外国朋友	−0.034 (0.141)	0.102 (0.202)	0.439 (0.231)	−0.111 (0.209)	−0.082 (0.238)
媒体使用情况					
每日上网时间	−0.027 (0.017)	−0.010 (0.017)	−0.045 (0.032)	−0.007 (0.013)	−0.001 (0.009)
微信朋友圈人数	0.000 (0.000)	0.000 (0.000)	0.000 (0.000)	−0.002** (0.001)	−0.002 (0.001)
看新闻联播	0.233 (0.136)	0.278 (0.199)	−0.455* (0.217)	−0.050 (0.201)	0.007 (0.224)
用过翻墙软件	−0.386** (0.144)	−0.679** (0.228)	0.259 (0.218)	0.165 (0.210)	0.172 (0.231)
社会信任度	−0.027 (0.060)	0.089 (0.088)	−0.113 (0.096)	−0.019 (0.090)	−0.037 (0.099)
价值观取向					
传统价值取向	−0.003 (0.004)	0.002 (0.006)	−0.013* (0.006)	−0.016** (0.006)	0.002 (0.007)
社会价值取向	0.003 (0.005)	−0.001 (0.007)	−0.006 (0.008)	0.018* (0.007)	−0.003 (0.008)
成就价值取向	−0.008 (0.005)	−0.014 (0.007)	0.021** (0.008)	−0.016* (0.007)	−0.024** (0.008)

续表

变　　量	发达二线城市 B (SE)	国内其他地区 B (SE)	国外 B (SE)	不确定 B (SE)	无所谓 B (SE)
价值观取向					
快乐价值取向	−0.001 (0.004)	0.009 (0.007)	−0.006 (0.007)	0.001 (0.007)	0.000 (0.007)
常数	−0.552 (0.615)	−1.796 (0.945)	−2.430* (1.008)	−0.846 (0.908)	1.181 (0.869)
Log pseudo likelihood	\multicolumn{5}{c}{−2326.089}
Wald chi^2	\multicolumn{5}{c}{339.08***}
Pseudo R^2	\multicolumn{5}{c}{0.068}

注：* $p<0.05$，** $p<0.01$，*** $p<0.001$；B 为非标准化回归系数，SE 是标准误。

（一）受教育程度越高的"90后"越倾向于选择在一线大城市工作

模型分析结果显示，不同户口类型的"90后"在就业地选择上存在显著差异。与选择"北上广深等一线大城市"的参照群体相比，农业户口的"90后"更倾向于选择"发达二线城市"，而非农户口的"90后"更倾向于选择"国外"。以上两项的回归系数分别为−0.371（$p<0.05$）和0.941（$p<0.05$），即发生比值分别为0.690（$e^{-0.371}=0.690$）和2.563（$e^{0.941}=2.563$），这表明非农户口的"90后"选择"发达二线城市"的发生比仅为农业户口"90后"的69%，但非农户口的"90后"选择"国外"的发生比比农业户口的"90后"高了1.563倍。

在受教育程度方面，与参照群体相比，大学学历（包括专科和本科）的"90后"比高中及以下学历的"90后"选择发达二线城市的发生比更低，其回归系数分别为−0.780（$p<0.05$）和−0.717（$p<0.05$），即发生比值分别为0.458（$e^{-0.780}=0.458$）和0.488（$e^{-0.717}=0.488$），这表明专科学历的"90后"和本科学历的"90后"选择"发达二线城市"的发生比分别仅为高中及以下学历"90后"的45.8%和48.8%，这意味着学历高的"90后"更有可能选择在一线城市就业和生活。从表4-2-3中的分群体数据也可以看到，受

教育程度越高的"90后"选择想去北上广深等一线大城市工作的比例越高。

（二）母亲受教育程度越高的"90后"越希望在一线大城市工作

在家庭背景方面，与参照群体相比，母亲受教育程度越高的"90后"选择"国内其他地区"的发生比越低，其回归系数为-0.198（$p<0.05$），发生比值为 0.820（$e^{-0.198}=0.820$），表明母亲受教育程度高的"90后"选择"国内其他地区"的发生比是母亲受教育程度低的"90后"的 82%。当我们关注母亲受教育程度对其他选项的影响时，发现与选择"北上广深等一线大城市"相比，母亲受教育程度越高的"90后"选择"发达二线城市""不确定"和"无所谓"的发生比越低，选择"国外"的发生比越高，虽然其影响尚未达到显著程度（$p\geqslant 0.05$）。进一步交叉分析发现，母亲受教育程度是初中及以下、高中、大专和大学本科及以上的"90后"希望在北上广深等一线大城市工作的比例分别为 59.1%、68.4%、68.8% 和 69.9%，且差异达到显著程度（$x^2=73.341$，$p<0.001$），可见，母亲受教育程度越高的"90后"越倾向于选择在北上广深等一线大城市工作。

（三）有出国出境经历的"90后"想在一线大城市以及国外工作的比例更高

在国际化影响方面，出国出境经历对"90后"的就业地选择有显著影响，与"一线大城市"的参照群体相比，有过出国出境经历的"90后"选择"国内其他地区"和"不确定"的发生比更低，选择"国外"的发生比更高，以上 3 项的回归系数分别为 -0.684（$p<0.05$）、-0.895（$p<0.01$）和 0.574（$p<0.05$），即发生比值分别为 0.820（$e^{-0.684}=0.820$）、0.505（$e^{-0.895}=0.505$）和 1.775（$e^{0.574}=1.775$），这表明有过出国出境经历的"90后"选择"国内其他地区"和"不确定"的发生比仅为没有出国出境经历"90后"的 82% 和 50.5%，但其选择"国外"的发生比高了 77.5%。进一步交叉分析发现，有过出国出境经历的"90后"选择"一线大城市""发达二线城市""国内其他地区"和"国外"的比例分别为 70.5%、11.5%、3.1% 和 8.6%，而没有出国出境经历"90后"相对应的选择比例分别为 61.8%、14.4%、7.3% 和 3.4%，且差异达到显著程度（$x^2=72.676$，$p<0.001$），可见，有出国出境经历的"90后"选择想在一线大城市和国外工作的比例更高。

(四)受主流媒体影响的"90后"选择到国外就业的比例相对更低

在媒体使用方面,与参照群体相比,微信朋友圈人数越多的"90后"选择"不确定"的发生比越低,其回归系数为-0.002($p<0.01$),发生比值为0.998($e^{-0.002}=0.998$),表明微信朋友圈人数每增加1人,"90后"选择"不确定"的发生比下降0.2%。这可能是因为微信朋友圈人数越多往往代表更多的社会资本或更强的社会交往能力,而具有这种资本或能力的人更具有职业选择能力,具有更明确的想法,因而更不容易有不确定的选择。

与选择"一线大城市"的参照群体相比,看新闻联播的"90后"比不看新闻联播的"90后"选择"国外"的发生比更低,其回归系数为-0.455($p<0.05$),发生比值为0.634($e^{-0.455}=0.634$),表明看新闻联播的"90后"选择"国外"的发生比是不看新闻联播"90后"的63.4%。进一步交叉分析发现,看新闻联播的"90后"选择"一线大城市""发达二线城市""国内其他地区"和"国外"的比例分别为64.6%、14.5%、6.5%和3.8%,而不看新闻联播的"90后"相对应的选择比例分别为64.5%、12.4%、5.3%和6.6%,且差异达到显著程度($x^2=12.003$,$p<0.05$),可见,看新闻联播的"90后"选择想到国外就业的比例相对较低。

与选择"一线大城市"的参照群体相比,用过翻墙软件的"90后"选择"发达二线城市"和"国内其他地区"的发生比更低,其回归系数分别为-0.386($p<0.01$)和-0.679($p<0.01$),发生比值分别为0.680($e^{-0.386}=0.680$)和0.507($e^{-0.679}=0.507$),表明用过翻墙软件的"90后"选择"发达二线城市"和"国内其他地区"的发生比是没用过翻墙软件"90后"的68%和50.7%。进一步交叉分析发现,用过翻墙软件的"90后"选择"一线大城市""发达二线城市""国内其他地区"和"国外"的比例分别为68.3%、10.8%、3.8%和6.7%,而没用过翻墙软件的"90后"相对应的选择比例分别为61.4%、15.8%、7.8%和4.0%,且差异达到显著程度($x^2=36.771$,$p<0.001$),可见,用过翻墙软件的"90后"选择想到一线大城市就业的比例相对更高一些。

(五)传统价值取向越高选择到国外就业的比例越低,而成就价值取向越高选择到国外就业的比例越高

模型分析结果显示,与选择"一线大城市"的参照群体相比,具有传统价

值取向的"90后"选择"国外"和"不确定"的发生比更低,其回归系数分别为 -0.013($p<0.05$)和-0.016($p<0.01$),发生比值分别为 0.987($e^{-0.013}=0.987$)和 0.984($e^{-0.016}=0.984$),这表明,平均而言,传统价值取向每提高 1 分,"90 后"选择"国外"的发生比会下降 1.3%,选择"不确定"的发生比会下降 1.6%。

具有社会价值取向的"90后"选择"不确定"的发生比更高,其回归系数为 0.018($p<0.05$),发生比值为 1.018($e^{0.018}=1.018$),这表明,平均而言,社会价值取向每提高 1 分,其选择"不确定"的发生比会提高 1.8%。

而具有成就价值取向的"90后"选择"国外"的发生比更高,选择"不确定"和"无所谓"的发生比更低,其回归系数分别为 0.021($p<0.01$)、-0.016($p<0.05$)和-0.024($p<0.01$),发生比值分别为 1.021($e^{0.021}=1.021$)、0.984($e^{-0.016}=0.984$)和 0.976($e^{-0.024}=0.976$),这表明,平均而言,成就价值取向每提高 1 分,其选择"国外"的发生比会提高 2.1%,选择"不确定"和"无所谓"的发生比会下降 1.6%和 2.4%。这可能是因为成就价值取向越高的人,一般目标更明确,越具有挑战性,因此越不会对自己的就业地持不确定或无所谓的态度,并且更有可能选择到更具有挑战性的国外就业。

第三节 就业单位选择

近年来,随着公务员体制改革,媒体上常有报道如"公务员离职潮""国考热"下降等现象引起人们关注,这表明青年人的就业价值观正在发生一些变化。那么"90后"最想去的究竟是哪种类型的工作单位?不同群体的"90后"在选择就业单位时的偏好有何差异?本节将通过调查数据进行回答。

一、"外资企业""国有事业单位"和"国有企业"最受"90后"青睐

调查数据显示(见表 4-3-1),"90后"最想去的工作单位类型中,排在前三位的是"外资企业""国有事业单位"(如学校/研究机构/医院等)和"国有企业",选择比例分别为 28.8%、28.0%和 14.6%。这主要与"90后"的择业动机相关,在"90后"的择业动机中,排在前两位的分别是"工资待遇"和"发展前景"。值得关注的是,该数据是基于 2016 年完成的调查数据计算而来,

随着当前社会经济背景的变化，人们的预期和选择也会发生相应的变化。

表 4-3-1　不同代人就业单位选择的比较　　　　　　　　　　%

选　项	60后	70后	80后	90后	x^2
党政机关	17.4	12.0	16.1	8.2	
国有事业单位（如学校/研究机构/医院等）	36.6	38.3	32.0	28.0	
国有企业	14.6	12.7	11.8	14.6	
集体企业	3.1	2.8	2.0	2.0	413.709***
私营企业	1.4	1.3	3.1	8.9	
外资企业	6.6	11.4	17.5	28.8	
不去任何单位,想自主创业	12.2	17.7	15.6	7.7	
军队	1.7	2.2	0.9	0.5	
其他	6.3	1.6	1.0	1.3	

代际比较发现，不同类型单位对不同代人的吸引力随时代和经济背景的变化正在发生变化。调查显示，党政机关对青年人的吸引力正在逐渐下降，其中"60后""70后""80后"和"90后"选择"党政机关"的比例分别为17.4%、12.0%、16.1%和8.2%，可见，一方面，青年人选择党政机关的比例随着年龄的下降而逐渐下降，另一方面，"90后"选择到党政机关就业的比例确实比较低，仅为8.2%，这可能与当前公务员的收入待遇有限，而企业中年薪收入较高等因素相关。

对于"国有事业单位"，"60后""70后""80后"和"90后"的选择比例分别为36.6%、38.3%、32.0%、28.0%，基本上也呈现不断下降的趋势，但因为国有事业单位多为专业机构，涉及的面非常广泛，包括学校、研究机构和医院等，因此总体上的选择比例比较高。

在"国有企业"方面，"60后""70后""80后"和"90后"的选择比例分别为14.6%、12.7%、11.8%和14.6%，"90后"的选择比例同于"60后"，略高于"70后"和"80后"，这与国有企业近年的收入待遇有所提高的因素相关。

值得关注的是，"外资企业"和"私营企业"对青年人的吸引力在不断上升。"60后""70后""80后"和"90后"选择外资企业的比例分别为6.6%、

11.4%、17.5%和28.8%,可见增长幅度非常快。对于私营企业,"60后""70后""80后"和"90后"的选择比例分别为1.4%、1.3%、3.1%和8.9%,到"90后"时,增长幅度也比较快。随着阿里巴巴、华为等私营企业影响力的不断提高,企业的年薪制对青年人的吸引力非常大,越来越多的年轻人愿意到这类企业就职,以获得更高的收入待遇。

从不同群体的比较来看,在性别方面(见表4-3-2),男性和女性对于工作单位类型的选择存在显著差异($x^2=53.678$,$p<0.001$),其中男性选择党政机关、国有企业、私营企业和自主创业的比例更高,而女性选择到国有事业单位和外资企业的比例更高。

表4-3-2 不同性别"90后"就业单位选择的比较　　　　　　%

选　项	男	女	x^2
党政机关	8.8	7.6	
国有事业单位(如学校/研究机构/医院等)	25.3	29.5	
国有企业	17.1	13.0	
集体企业	2.5	1.7	
私营企业	12.1	7.1	53.678***
外资企业	22.6	32.8	
不去任何单位,想自主创业	9.5	6.7	
军队	0.8	0.4	
其他	1.3	1.3	

从不同政治面貌"90后"的选择来看(见表4-3-3),中共党员选择到"党政机关"就业的比例为24.3%,远远高于共青团员和群众的选择比例。

表4-3-3 不同政治面貌"90后"就业单位选择的比较　　　　　　%

选　项	中共党员	共青团员	群众	x^2
党政机关	24.3	5.8	9.3	
国有事业单位(如学校/研究机构/医院等)	29.7	27.3	27.8	
国有企业	8.4	15.2	17.0	136.864***
集体企业	0.8	2.0	3.0	
私营企业	7.1	9.3	8.0	

续表

选项	中共党员	共青团员	群众	x^2
外资企业	22.6	31.8	20.6	
不去任何单位,想自主创业	5.4	6.9	12.8	136.864***
军队	0.8	0.4	0.8	
其他	0.8	1.4	0.8	

表 4-3-4　不同经历"90 后"就业单位选择的比较　　　　%

选项	出国出境经历 去过	出国出境经历 没去过	x^2	使用翻墙软件经历 使用过	使用翻墙软件经历 未使用过	x^2
党政机关	10.5	7.2		7.4	8.4	
国有事业单位（如学校/研究机构/医院等）	26.5	28.6		21.3	32.9	
国有企业	11.3	16.2		13.7	15.1	
集体企业	1.6	2.2	23.942**	2.2	2.0	54.124***
私营企业	7.8	9.4		10.3	7.9	
外资企业	32.8	26.9		35.0	24.4	
不去任何单位,想自主创业	7.8	7.7		8.0	7.8	
军队	0.4	0.6		0.7	0.4	
其他	1.2	1.3		1.4	1.2	

对于具有不同出国出境经历的"90后"而言（见表4-3-4），调查显示,去过国外或境外的"90后"选择到"外资企业"就业的比例为32.8%,显著高于没去过的人群（其选择比例为26.9%）；同样,使用过翻墙软件的"90后"选择到"外资企业"就业的比例为35%,显著高于未使用过翻墙软件的人群（其选择比例为24.4%）。这可能是因为无论是亲自去过还是通过翻墙软件浏览过海外相关信息的"90后",其在价值观上更认同海外,因而在现实生活中更倾向于选择到具有海外背景的外资企业就业。

二、"90后"就业单位选择的影响因素

为了进一步分析哪些因素会对"90后"的就业单位类型选择产生影响,本研究将个体人口特征、家庭背景、国际化、媒体使用情况、社会信任度以及价值观取向等变量纳入多元回归模型。由于对就业单位类型选择的测量是分类变量,因此采用 Mlogit 模型,该模型以选择"国有事业单位"为参照群体,由于该项的选择比例较高,数据较为稳定(见表 4-3-5)。

表 4-3-5 "90 后"就业单位选择的影响因素(Mlogit 模型)

变　量	党政机关 B(SE)	国有企业 B(SE)	集体企业 B(SE)	私营企业 B(SE)	外资企业 B(SE)	自主创业 B(SE)	军队 B(SE)
个体人口特征							
性别(1=男)	0.115 (0.199)	0.386* (0.159)	0.370 (0.356)	0.590** (0.183)	−0.265 (0.136)	0.296 (0.194)	1.017 (0.713)
户口类型 (1=非农户口)	−0.019 (0.244)	−0.098 (0.188)	−0.162 (0.407)	−0.279 (0.224)	0.007 (0.161)	−0.074 (0.238)	−1.181 (0.781)
受教育程度(参照组:高中及以下)							
大学专科	−0.623 (0.464)	0.117 (0.364)	0.582 (0.820)	0.488 (0.589)	0.395 (0.416)	0.108 (0.470)	15.215 (1 452.407)
大学本科	−0.504 (0.463)	−1.062** (0.378)	−0.485 (0.864)	0.267 (0.593)	0.161 (0.418)	−0.197 (0.481)	13.988 (1 452.407)
研究生	−1.055 (0.568)	−1.132* (0.526)	−0.750 (1.356)	−0.424 (0.738)	−0.194 (0.497)	−0.603 (0.644)	−1.148 (1 971.757)
政治面貌(参照组:群众)							
中共党员	1.047** (0.341)	0.088 (0.362)	−1.211 (1.154)	0.002 (0.405)	−0.066 (0.286)	−0.597 (0.408)	1.831 (1.195)
共青团员	−0.385 (0.275)	0.314 (0.214)	−0.140 (0.427)	0.129 (0.262)	0.320 (0.193)	−0.496* (0.241)	−0.237 (0.895)
家庭背景							
父亲职业	0.069 (0.039)	−0.032 (0.031)	0.035 (0.069)	0.022 (0.036)	0.052* (0.025)	0.071 (0.037)	0.166 (0.142)
母亲受教育程度	−0.033 (0.068)	0.011 (0.055)	−0.239 (0.133)	0.014 (0.063)	0.001 (0.044)	−0.052 (0.067)	0.030 (0.253)
家庭经济主观感受	0.277 (0.159)	0.097 (0.130)	−0.057 (0.282)	−0.042 (0.146)	−0.123 (0.105)	0.013 (0.154)	−0.447 (0.525)
有兄弟姐妹	−0.311 (0.307)	−0.303 (0.230)	0.406 (0.423)	−0.422 (0.298)	−0.217 (0.192)	0.419 (0.249)	1.163 (0.759)

续表

变 量	党政机关 B (SE)	国有企业 B (SE)	集体企业 B (SE)	私营企业 B (SE)	外资企业 B (SE)	自主创业 B (SE)	军队 B (SE)
国际化变量							
出国出境过	0.131 (0.206)	−0.220 (0.182)	0.044 (0.418)	−0.167 (0.209)	0.061 (0.142)	0.027 (0.214)	−1.391 (1.123)
有外国朋友	−0.066 (0.200)	−0.454** (0.161)	0.004 (0.355)	0.139 (0.185)	0.163 (0.130)	−0.018 (0.196)	0.099 (0.693)
媒体使用情况							
每日上网时间	0.007 (0.007)	0.002 (0.006)	−0.087 (0.062)	−0.043 (0.024)	−0.020 (0.012)	−0.003 (0.009)	−0.002 (0.018)
微信朋友圈人数	0.001* (0.001)	0.001** (0.000)	−0.001 (0.001)	0.002*** (0.000)	0.001** (0.000)	0.001* (0.000)	−0.001 (0.003)
看新闻联播	0.409* (0.198)	0.051 (0.154)	−0.561 (0.345)	−0.342 (0.178)	−0.406** (0.125)	−0.373* (0.187)	0.437 (0.743)
用过翻墙软件	0.058 (0.200)	0.364* (0.160)	0.887* (0.355)	0.604** (0.184)	0.714*** (0.130)	0.372 (0.195)	1.317 (0.727)
社会信任度	−0.009 (0.085)	−0.064 (0.067)	−0.031 (0.152)	−0.199* (0.079)	−0.112* (0.056)	−0.063 (0.083)	0.098 (0.291)
价值观取向							
传统价值取向	0.006 (0.006)	0.001 (0.005)	0.002 (0.011)	0.003 (0.005)	−0.003 (0.004)	−0.008 (0.006)	0.007 (0.021)
社会价值取向	−0.005 (0.007)	−0.006 (0.006)	−0.014 (0.013)	−0.018** (0.007)	−0.008 (0.005)	−0.010 (0.007)	−0.035 (0.023)
成就价值取向	0.019** (0.007)	0.001 (0.005)	0.016 (0.013)	0.019** (0.006)	0.017*** (0.005)	0.036*** (0.007)	0.023 (0.025)
快乐价值取向	−0.004 (0.006)	0.011* (0.005)	0.012 (0.012)	−0.007 (0.005)	0.008 (0.004)	0.006 (0.006)	0.021 (0.024)
常数	−3.021*** (0.851)	−1.110 (0.677)	−2.257 (1.532)	−0.665 (0.856)	−1.055 (0.621)	−2.308** (0.837)	−20.170 (1 452.409)
Log pseudo likelihood	\multicolumn{7}{c	}{−3 418.244}
Wald chi²	\multicolumn{7}{c	}{559.04***}
Pseudo R²	\multicolumn{7}{c	}{0.076}

注：* $p<0.05$，** $p<0.01$，*** $p<0.001$；B 为非标准化回归系数，SE 是标准误。

(一)男性比女性更倾向于选择"国有企业"和"私营企业"

模型分析结果显示,与选择"国有事业单位"的参照群体相比,在控制了其他变量的情况下,男性比女性更倾向于选择"国有企业"和"私营企业",其回归系数分别为 0.386($p<0.05$) 和 0.590($p<0.01$),即发生比值分别为 1.471($e^{0.386}=1.471$) 和 1.804($e^{0.590}=1.804$),这表明男性选择"国有企业"和"私营企业"的发生比比女性分别高了 47.1% 和 80.4%。

在受教育程度方面,与参照群体相比,大学本科和研究生学历的"90后"比高中及以下学历的"90后"选择"国有企业"的发生比更低,其回归系数分别为 -1.062($p<0.01$) 和 -1.132($p<0.05$),即发生比值分别为 0.346($e^{-1.062}=0.346$) 和 0.322($e^{-1.132}=0.322$),这表明大学本科和研究生学历的"90后"选择"国有企业"的发生比分别仅为高中及以下学历"90后"的 34.6% 和 32.2%。

在政治面貌方面,中共党员比群众选择"党政机关"的发生比更高,其回归系数为 1.047($p<0.01$),即发生比值为 2.849($e^{1.047}=2.849$),这表明是中共党员的"90后"选择"党政机关"的发生比比群众高了 1.849 倍。目前许多党政机关在招收工作人员时都明确规定须是中共党员,因此中共党员的"90后"进入党政机关工作的可能性要大得多。

(二)父亲职业地位越高的"90后"选择"外资企业"的比例越高

在家庭背景方面,与参照群体相比,父亲职业地位越高的"90后"选择"外资企业"的发生比越高,其回归系数为 0.052($p<0.05$),发生比值为 1.053($e^{0.052}=1.053$),表明父亲的职业地位每升高 1 级,"90后"选择"外资企业"的发生比提高 5.3%。

(三)有外国朋友的"90后"选择"国有企业"的比例相对更低

是否有认识并交往的外国朋友对"90后"就业单位类型的选择有显著影响,与"国有事业单位"的参照群体相比,有外国朋友的"90后"选择"国有企业"的发生比更低,其回归系数为 -0.454($p<0.01$),即发生比值为 0.635($e^{-0.454}=0.635$),这表明有外国朋友的"90后"选择"国有企业"的发生比仅为没有外国朋友"90后"的 63.5%。进一步交叉分析发现,有外国朋友的"90后"选择去外企工作的比例会更高,其选择比例为 33.6%,而没有外国朋友的"90后"的选择比例为 24.2%,高出 9.4 个百分点;同样,去过国外的

"90后"选择去外企工作的比例会更高,其选择比例为32.8%,而没有去过国外的"90后"的选择比例为26.9%,高出近6个百分点。

(四)受主流媒体影响的"90后"选择"党政机关"的比例更高

在媒体使用方面,与"国有事业单位"的参照群体相比,在控制了相关变量的情况下,微信朋友圈人数越多的"90后"选择"党政机关""国有企业""私营企业""外资企业"和"自主创业"的发生比均显著更高,其回归系数分别为0.001($p<0.05$)、0.001($p<0.01$)、0.002($p<0.001$)、0.001($p<0.01$)和0.001($p<0.05$)。

看新闻联播的"90后"比不看新闻联播的"90后"选择"党政机关"的发生比更高,其回归系数为0.409($p<0.05$),发生比值为1.505($e^{0.409}=1.505$),表明看新闻联播的"90后"选择"党政机关"的发生比比不看新闻联播的"90后"高出50.5%。同时看新闻联播的"90后"比不看新闻联播的"90后"选择"外资企业"和"自主创业"的发生比更低,其回归系数分别为-0.406($p<0.01$)和-0.373($p<0.05$),即发生比值分别为0.666($e^{-0.406}=0.666$)和0.689($e^{-0.373}=0.689$),表明看新闻联播的"90后"选择"外资企业"和"自主创业"的发生比仅为不看新闻联播"90后"的66.6%和68.9%。

与参照群体相比,用过翻墙软件的"90后"选择"国有企业""集体企业""私营企业"和"外资企业"的发生比更高,其回归系数分别为0.364($p<0.05$)、0.887($p<0.05$)、0.604($p<0.01$)和0.714($p<0.001$)。

(五)社会信任度越高的"90后"选择"私营企业"和"外资企业"的比例越低

在社会信任度方面,数据分析结果显示,与"国有事业单位"的参照群体相比,在控制了相关变量的情况下,社会信任度越高的人选择"私营企业"和"外资企业"的发生比越低,其回归系数分别为-0.199($p<0.05$)和-0.112($p<0.05$),即发生比值分别为0.820($e^{-0.199}=0.820$)和0.894($e^{-0.112}=0.894$),表明社会信任度每增加1分,"90后"选择"私营企业"和"外资企业"的发生比下降18%和10.6%。

(六)社会价值取向越高选择"私营企业"的比例越低,成就价值取向越高选择"党政机关""私营企业""外资企业"和"自主创业"的比例越高

模型分析结果显示,与选择"国有事业单位"的参照群体相比,在控制了

相关变量的情况下,具有社会价值取向的"90后"选择"私营企业"的发生比更低,其回归系数为-0.018($p<0.01$),发生比值为0.982($e^{-0.018}=0.982$),这表明,平均而言,"90后"的社会价值取向每提高1分,其选择"私营企业"的发生比会下降1.8%。

具有成就价值取向的"90后"选择"党政机关""私营企业""外资企业"和"自主创业"的发生比更高,其回归系数分别为0.019($p<0.01$)、0.019($p<0.01$)、0.017($p<0.001$)和0.036($p<0.001$),即发生比值分别为1.019($e^{0.019}=1.019$)、1.019($e^{0.019}=1.019$)、1.017($e^{0.017}=1.017$)和1.037($e^{0.036}=1.037$),这表明,平均而言,"90后"的成就价值取向每提高1分,其选择"党政机关""私营企业""外资企业"和"自主创业"的发生比会分别提高1.9%、1.9%、1.7%和3.7%。这可能是因为党政机关、私营企业、外资企业和自主创业这四种类型就业的竞争性较强,因此成就取向较高的人更愿意进行选择。

与成就价值取向相对的,具有快乐价值取向的"90后"选择"国有企业"的发生比更高,其回归系数为0.011($p<0.05$),即发生比值为1.011($e^{0.011}=1.011$),这表明,平均而言,"90后"的成就价值取向每提高1分,其选择"国有企业"的发生比会提高1.1%。

第四节 创业意愿和行为

2013年11月,习近平总书记在信贺全球创业周中国站开幕时指出:"青年是国家和民族的希望,创新是社会进步的灵魂,创业是推动经济社会发展、改善民生的重要途径。希望广大青年学生把自己的人生追求同国家发展进步、人民伟大实践紧密结合起来,刻苦学习,脚踏实地,锐意进取,在创新创业中展现才华、服务社会。"[1]

2014年9月,李克强总理在夏季达沃斯论坛上的讲话中提出"大众创

---

[1] 习近平信贺全球创业周中国站开幕创新是社会进步的灵魂[N].人民日报(海外版),2013-11-09(1).

业、万众创新"的概念,之后国家出台一系列推动"双创"的政策如2015年6月《国务院关于大力推进大众创业万众创新若干政策措施的意见》、2016年5月国务院办公厅印发《关于建设大众创业万众创新示范基地的实施意见》、2018年9月国务院下发《关于推动创新创业高质量发展打造"双创"升级版的意见》等。可见,国家鼓励青年积极创新创业,各地高校也积极开展创新创业教育,推出面向大学生的创新创业课程。那么,"90后"的创业意愿究竟如何?他们又有怎样的创业行为?本节将通过调查数据对"90后"的创业意愿和创业行为进行分析。

一、"90后"创业意愿高但行动不足

本研究对人们创业意愿和行为的测量分为4个阶段:(1)从未考虑过创业;(2)偶尔想过创业,但没认真准备;(3)认真考虑过,并作了准备;(4)已经开始创业。其中前两项是想法层面;后两项是行为层面。

(一)有超过半数的"90后"有过创业的想法

调查显示(见表4-4-1),"90后"中有超过半数的人有过创业的想法,但主要停留在想法阶段,真正付诸行动的比例较低。表示自己"从未考虑过创业","60后""70后""80后"和90后"的比例分别为75.3%、52.4%、44.9%和38.8%,随着年龄的下降,比例逐渐下降,这从反面说明,年龄越小的人,有过创业想法的比例越高,即"90后"是四代人中有过创业想法比例最高的人群。这一方面与当前宣传和鼓励青年人创业的社会大环境相关,另一方面也与"90后"更注重个性、更愿意选择个性化的生活方式相关。

表4-4-1　不同代人创业意愿和行为的比较　　　　　%

选项	60后	70后	80后	90后	x^2
从未考虑过创业	75.3	52.4	44.9	38.8	202.855***
偶尔想过创业,但没认真准备	19.9	38.8	45.4	56.0	
认真考虑过,并做了准备	2.2	3.9	5.0	3.6	
已经开始创业	2.6	4.9	4.7	1.6	

那么,在考虑过创业的人群中,具体的情况如何呢?表示自己"偶尔想过创业,但没认真准备"的"60后""70后""80后"和"90后"的比例分别为19.9%、38.8%、45.4%和56.0%,可见,"90后"中创业尚停留在想法层面

的比例最高,当然这也与"90后"所处的生命阶段相关,许多"90后"尚在学校就学或者踏入工作岗位不久,积累的资金、人脉和经验尚有限,因此,其创业更多停留在想法层面,还未向行为层面转化,当然这种转化需要有大量的基础条件以及强烈的主观意愿,能否实现转化,能够在多大程度上实现转化,还需要进一步的追踪研究。

调查显示,选择"认真考虑过,并做了准备"的"60后""70后""80后"和"90后"的比例分别为2.2%、3.9%、5.0%和3.6%,选择"已经开始创业"的"60后""70后""80后"和"90后"的比例分别为2.6%、4.9%、4.7%和1.6%。可见,将创业付诸行动的"90后"的比例相对最低。

从不同群体的比较来看(见表4-4-2),在性别方面,男性和女性在创业打算上具有显著差异($x^2=23.331$,$p<0.001$),男性比女性更倾向于有创业想法(男性为58.7%,女性为54.5%)和创业行为(包括做准备和开始创业,男性为7.3%,女性为3.9%)。在户籍方面,农业户口的"90后"比非农户口的"90后"更有创业想法(农业户口为61.8%,非农户口为53.7%),但在创业行为上差别不大。

表4-4-2 不同性别和户籍"90后"创业意愿和行为的比较　　　　　　　　%

选　项	性别 男	性别 女	x^2	户籍 非农户口	户籍 农业户口	x^2
从未考虑过创业	34.0	41.6	23.331***	41.3	32.7	14.900**
偶尔想过创业,但没认真准备	58.7	54.5		53.7	61.8	
认真考虑过,并做了准备	5.5	2.5		3.6	3.5	
已经开始创业	1.8	1.4		1.5	2.0	

从不同受教育程度"90后"的创业打算来看(见表4-4-3),大学专科和本科学历的"90后"有创业想法的比例更高(大学专科为62.2%,大学本科为54%,研究生为52.4%,高中及以下为33.3%),但已经开始创业的"90后"中,高中及以下学历的比例更高(高中及以下为4.9%,大学专科为1.6%,大学本科为1.5%,研究生为0.8%),当然这可能因为学历较低的"90后"更早进入社会,更有机会创业,而学历较高的"90后",目前很有可能尚在学校就读,还没有机会将创业的想法付诸行动。

表 4-4-3　不同受教育程度"90 后"创业意愿和行为的比较　　　%

选项	高中及以下	大学专科	大学本科	研究生	x^2
从未考虑过创业	56.9	33.1	40.8	41.9	41.870***
偶尔想过创业,但没认真准备	33.3	62.2	54.0	52.4	
认真考虑过,并做了准备	4.9	3.1	3.6	4.8	
已经开始创业	4.9	1.6	1.5	0.8	

(二)"创业风险太大""缺乏创业条件"和"缺乏创业能力"是部分"90后"不考虑创业的主要原因

那么,对于没有创业打算或者从未考虑过创业的青年而言,不考虑创业的原因又有哪些呢?调查显示(见表4-4-4),对"90后"而言,排在前三位的因素主要有"创业风险太大/没有安全感""缺乏创业的条件"和"缺少创业的能力",选择比例分别为54.8%、51.0%和45.4%,此外,有28.5%的"90后"选择了"觉得做工作更踏实",15.4%的"90后"选择了"创业环境太差"。代际比较显示,"90后"将不考虑创业归因为"缺乏创业的条件"和"缺少创业的能力"的比例最高,比"60后""70后"和"80后"分别高出10多个百分点,与将不创业归因为"创业环境太差"等外部因素相比,"90后"更多会从内部找原因。

表 4-4-4　不同代人不考虑创业原因的比较　　　%

选项	60后	70后	80后	90后
创业风险太大/没有安全感	49.2	60.6	57.6	54.8
创业环境太差	12.3	14.6	15.7	15.4
觉得做工作更踏实	30.1	28.3	26.3	28.5
缺乏创业的条件	34.3	40.7	39.6	51.0
缺少创业的能力	25.8	28.8	28.2	45.4
其他原因	9.3	4.0	2.7	3.9

从"90后"内部的群体差异来看(见表4-4-5),就性别而言,对于自己不创业,女性更多归因为风险大、缺乏安全感(女性为56.2%,男性为52.9%)、缺乏条件(女性为53.7%,男性为47.1%)和缺乏能力(女性为49.9%,男性为38.4%),男性则更多归因为创业环境差(男性为17.8%,女性为13.8%)。在户籍方面,非农户口和农业户口"90后"的归因也有所不同,非农户口的更多归因为风险大、缺乏安全感(非农户口为57.0%,农业户口为48.7%)和

觉得做工作更踏实(非农户口为30.0%,农业户口为24.5%)等主观因素,而农业户口的更多归因为缺乏条件(农业户口为58.7%,非农户口为48.2%)和缺乏能力(农业户口为50.7%,非农户口为43.3%)等内部因素。

表4-4-5 不同性别和户籍"90后"不考虑创业原因的比较　　%

选项	性别 男	性别 女	户籍 非农户口	户籍 农业户口
创业风险太大/没有安全感	52.9	56.2	57.0	48.7
创业环境太差	17.8	13.8	14.9	16.8
觉得做工作更踏实	28.9	28.0	30.0	24.5
缺乏创业的条件	47.1	53.7	48.2	58.7
缺少创业的能力	38.4	49.9	43.3	50.7
其他原因	3.1	4.5	3.7	4.4

二、"90后"创业意愿和行为的影响因素

为了进一步分析哪些因素会对"90后"的创业打算产生影响,本研究将个体人口特征、家庭背景、国际化、媒体使用情况、社会信任度以及价值观取向等变量纳入多元回归模型。由于对创业打算的测量是分类变量,因此采用Mlogit模型,该模型以"从未考虑过创业"为参照群体。由于创业打算分为想法和行动阶段,因此我们可以看到不同变量对"90后"创业的不同阶段有不同的影响作用,有的变量对想法的影响作用更大,有的则对行动的影响作用更大(见表4-4-6)。

表4-4-6 "90后"创业意愿和行为的影响因素(Mlogit模型)

变量	偶尔想过创业,但没认真准备 B (SE)	认真考虑过,并做了准备 B (SE)	已经开始创业 B (SE)
个体人口特征			
性别(1=男)	0.207* (0.105)	0.756** (0.259)	0.098 (0.432)
户口类型(1=非农户口)	−0.383** (0.127)	−0.369 (0.321)	−0.091 (0.540)

续表

变　　量	偶尔想过创业，但没认真准备 B (SE)	认真考虑过，并做了准备 B (SE)	已经开始创业 B (SE)
受教育程度(参照组:高中及以下)			
大学专科	1.055*** (0.294)	0.153 (0.621)	－1.006 (0.796)
大学本科	0.729* (0.298)	0.267 (0.634)	－1.303 (0.827)
研究生	0.572 (0.364)	0.195 (0.789)	－2.147 (1.322)
政治面貌(参照组:群众)			
中共党员	－0.164 (0.214)	－0.621 (0.477)	0.136 (0.792)
共青团员	0.076 (0.145)	－0.752* (0.317)	－0.021 (0.581)
家庭背景			
父亲职业	－0.006 (0.020)	－0.027 (0.049)	0.146 (0.083)
母亲受教育程度	－0.022 (0.035)	0.039 (0.089)	－0.111 (0.143)
家庭经济主观感受	－0.022 (0.083)	－0.054 (0.198)	－0.646* (0.303)
有兄弟姐妹	0.190 (0.153)	－0.197 (0.437)	0.715 (0.514)
国际化变量			
出国出境过	－0.100 (0.112)	－0.173 (0.284)	0.433 (0.447)
有外国朋友	0.172 (0.103)	0.687* (0.273)	1.065* (0.475)

续表

变量	偶尔想过创业，但没认真准备 B (SE)	认真考虑过，并做了准备 B (SE)	已经开始创业 B (SE)
媒体使用情况			
每日上网时间	−0.006 (0.005)	−0.002 (0.009)	−0.003 (0.016)
微信朋友圈人数	0.001* (0.000)	0.001 (0.001)	0.002*** (0.000)
看新闻联播	0.333** (0.098)	0.126 (0.252)	0.613 (0.423)
用过翻墙软件	0.296** (0.102)	0.036 (0.259)	−0.367 (0.439)
社会信任度	−0.020 (0.044)	0.088 (0.110)	−0.187 (0.176)
价值观取向			
传统价值取向	−0.001 (0.003)	0.013 (0.008)	0.002 (0.013)
社会价值取向	0.000 (0.004)	−0.002 (0.009)	−0.003 (0.016)
成就价值取向	0.020*** (0.004)	0.041*** (0.009)	0.040** (0.015)
快乐价值取向	−0.004 (0.003)	0.000 (0.009)	−0.019 (0.013)
常数	−1.393** (0.466)	−6.173*** (1.176)	−2.467 (1.590)
Log pseudo likelihood	\multicolumn{3}{c}{−1 705.848 4}
Wald chi^2	\multicolumn{3}{c}{237.23***}
Pseudo R^2	\multicolumn{3}{c}{0.065}

注：* $p<0.05$，** $p<0.01$，*** $p<0.001$；B 为非标准化回归系数，SE 是标准误。

（一）男性在具有创业想法上显著高于女性

模型分析结果显示，与"从未考虑过创业"的参照群体相比，在控制了相关变量的情况下,男性比女性在"偶尔想过创业,但没认真准备"和"认真考虑过,并做了准备"这两项上的发生比更高,其回归系数分别为 0.207($p<0.05$)和 0.756($p<0.01$),即发生比值分别为 1.230($e^{0.207}=1.230$)和 2.130($e^{0.756}=2.130$),表明男性在以上两项上的发生比分别比女性高了 23% 和 113%。由于"90后"尚处于成人初显期,即使创业也多处于创业早期,因此,性别之间的差异更多体现在创业的早期阶段,如初步考虑或准备状态,本次调查数据表明男性比女性更早启动了创业计划,这也意味着等到时机成熟或者进入创业成熟期时,男性更有可能在创业方面的成绩会显著优于女性。

与参照群体相比,农业户口的"90后"在"偶尔想过创业,但没认真准备"该项上的发生比更高,其回归系数为 -0.383($p<0.01$),即发生比值为 0.682($e^{-0.383}=0.682$),表明非农户口的 90 后在该项上的发生比仅为农业户口 90 后的 68.2%。

在受教育程度方面,与参照群体相比,大学专科和本科学历的"90后"比高中及以下学历的"90后"在"偶尔想过创业,但没认真准备"一项上的发生比更高,其回归系数分别为 1.055($p<0.001$)和 0.729($p<0.05$),即发生比值分别为 2.872($e^{1.055}=2.872$)和 2.073($e^{0.729}=2.073$),表明大学专科和本科学历的"90后"在该项上的发生比分别比高中及以下学历的"90后"高了 1.872 倍和 1.073 倍。

(二)有国际交往经历的"90后"有创业计划和创业行动的比例相对更高

是否有认识并交往的外国朋友对"90后"的创业打算有显著影响,与参照群体相比,有外国朋友的"90后"在"认真考虑过,并做了准备"和"已经开始创业"这两项上的发生比更高,其回归系数分别为 0.687($p<0.05$)和 1.065($p<0.05$),即发生比值分别为 1.988($e^{0.687}=1.988$)和 2.901($e^{1.065}=2.901$),表明有外国朋友的"90后"选择以上两项的发生比分别比没有外国朋友的"90后"高出 98.8% 和 1.901 倍。可见,有外国朋友的"90后"有创业计划以及实施了创业行动的比例更高。

(三)受媒体影响大的"90后"有创业想法的比例更高

在媒体使用方面,与参照群体相比,在控制了相关变量的情况下,微信朋友圈人数越多的"90后"选择"偶尔想过创业"和"已经开始创业"的发生比更高,其回归系数分别为 0.001(p<0.05)和 0.002(p<0.001),即发生比值分别为 1.001($e^{0.001}=1.001$)和 1.002($e^{0.002}=1.002$),表明平均而言,微信朋友圈人数每增加 1 人,"90后"选择"偶尔想过创业"和"已经开始创业"的发生比会提高 0.1%和 0.2%。

看新闻联播的"90后"比不看新闻联播的"90后"选择"偶尔想过创业"的发生比更高,其回归系数为 0.333(p<0.01),发生比值为 1.395($e^{0.333}=1.395$),表明看新闻联播的"90后"选择"偶尔想过创业"的发生比比不看新闻联播的"90后"高出 39.5%。这可能与经常看新闻联播能够获得各种各样的国内外政治经济信息有关,因此更有可能被刺激萌发创业想法。

同样地,与参照群体相比,用过翻墙软件的"90后"选择"偶尔想过创业"的发生比更高,其回归系数为 0.296(p<0.01),发生比值为 1.344($e^{0.296}=1.344$),表明用过翻墙软件的"90后"选择"偶尔想过创业"的发生比比没用过翻墙软件的"90后"高出 34.4%。与看新闻联播类似,经常使用翻墙软件的人有可能会获得更多国内外信息,因此会萌发更多创业的想法,但不一定付诸行动。

(四)成就价值取向越高的"90后"创业的意愿和行为均显著更高

模型分析结果显示,与"从未考虑过创业"的参照群体相比,在控制了相关变量的情况下,具有成就价值取向的"90后"选择"偶尔想过创业""认真考虑过,并做了准备"和"已经开始创业"这三项的发生比均显著更高,其回归系数分别为 0.020(p<0.001)、0.041(p<0.001)和 0.040(p<0.01),即发生比值分别为 1.020($e^{0.020}=1.020$)、1.042($e^{0.041}=1.042$)和 1.041($e^{0.040}=1.041$),这表明,平均而言,"90后"的成就价值取向每提高 1 分,其选择以上创业三项的发生比会分别提高 2.0%、4.2%和 4.1%。可见,成就动机对"90后"的创业意愿和创业行动有非常显著的影响作用。

小　　结

就业状况是个体社会经济地位的综合体现,关系到"90后"基本的生存生活质量,构成"90后"人生追求体系中的生存和发展层面。本章主要从"90后"的择业动机、就业地选择、就业单位选择以及创业意愿和行为这四个方面展开分析。本章的主要研究结果如下:

一、工资待遇是"90后"择业时最优先考虑的因素

无论是代内还是代际比较都显示,"90后"择业时选择考虑"工资待遇"因素的比例均为最高,体现了"90后"择业时物质主义的价值取向。"90后"内部的群体比较显示男性比女性更看重工资待遇、受教育程度越高越看重职业发展前景、母亲受教育程度越高越看重兴趣爱好、传统价值取向越高的"90后"越看重家庭原因等。可见,"90后"的择业动机会受到性别、受教育程度、家庭背景以及个体的价值取向等多方面因素的影响。

二、在就业地上,大多数"90后"会优先选择北上广深等一线大城市

尽管有逃离北上广和逃回北上广之争,数据显示,北上广深仍然是超过六成"90后"的就业胜地。"90后"内部的群体比较显示男性、非农户口以及受教育程度更高的"90后"会更为青睐一线大城市。值得关注的是,随着各省人才引进新政和促进就业创业政策的推出,发达地区的二线城市也逐渐得到部分"90后"的青睐。

三、在就业单位上,"90后"会优先选择外资企业、国有事业单位和国有企业

"90后"内部的群体比较显示,男性比女性更青睐国有企业和私营企业、中共党员更青睐党政机关、父亲职业地位越高越青睐外资企业、看新闻联播的"90后"更青睐党政机关、不同价值取向对"90后"选择不同类型单位的影响作用不同。此外,值得关注的是,"90后"青睐党政机关的比例要低于前三代人,而青睐私营企业的比例要高于前三代人,这也体现了择业时代际之间观念上存在的差别。

四、"90后"有较高的创业意愿,但创业行为比例尚偏低

"90后"内部的群体比较显示,男性、农业户口、受教育程度较高、有外国朋友、看新闻联播、使用过翻墙软件以及具有较高成就价值取向的"90后"的创业意愿或创业行为更高。可见,"90后"的创业意愿和行为受到个体、家庭、媒体以及价值取向等综合因素的影响。部分"90后"没有创业打算,主要是基于创业风险大、创业条件缺乏以及创业能力不足等方面因素的考虑。

第五章　政治参与追求现状及成因

政治由经济所决定,同时反作用于经济,政治的内容包括处理阶级之间的关系、阶级内部的关系,以及民族间、阶层间的关系等,其表现形式是代表一定阶级的政党、社会集团、社会势力在国家生活和国际关系方面的政策和活动①。个体从出生后,就开始逐步接受政治社会化,即通过多种途径的政治学习与社会实践,形成以社会政治文化为基本特征的政治态度、政治信念、政治准则和政治价值观,从而获得对政治世界较稳定的认识和态度,个体的政治社会化的程度对个人的政治行为起着关键性的作用②。

习近平总书记高度重视青年爱国、爱党、爱社会主义,重视党对青年的引领,他指出:"对新时代中国青年来说,热爱祖国是立身之本、成才之基。当代中国,爱国主义的本质就是坚持爱国和爱党、爱社会主义高度统一。新时代中国青年要听党话、跟党走,胸怀忧国忧民之心、爱国爱民之情,不断奉献祖国、奉献人民,以一生的真情投入、一辈子的顽强奋斗来体现爱国主义情怀,让爱国主义的伟大旗帜始终在心中高高飘扬!"③

《中长期青年发展规划(2016—2025)》首次明确提出了"坚持党管青年原则",提出"引导青年树立共产主义远大理想和中国特色社会主义共同理想,坚定中国特色社会主义道路自信、理论自信、制度自信、文化自信,自觉团结凝聚在党的周围,更好成长为中国特色社会主义事业的合格建设者和可靠接班人。"④这反映出国家对青年一代政治意识和政治参与追求的期望

---

① 刘炳瑛.马克思主义原理辞典[M].杭州:浙江人民出版社,1988:565.
② 时蓉华.社会心理学词典[M].成都:四川人民出版社,1988:87.
③ 习近平.在纪念五四运动100周年大会上的讲话[N].人民日报,2019-05-01(2).
④ 中共中央国务院印发《中长期青年发展规划(2016—2025年)》[N].人民日报,2017-04-14(1).

和要求。

那么,"90后"加入中国共产党的行为和意愿如何?对党组织活动的兴趣如何?"90后"对政治感兴趣的程度以及谈论政治问题的频率如何?"90后"参与各类政治活动的行为和意愿如何?"90后"为国参军打仗的意愿如何?本章将围绕这些问题展开分析。

第一节 入党行为和意愿

有研究表明,"90后"大学生受到多元价值观影响,入党动机呈现复杂化和多样化趋势,功利化和实用主义特征明显[1][2][3]。那么,本次调查中"90后"的入党行为和入党动机如何,体现出何种特征?

一、超过三成"90后"提交过入党申请书

从"90后"提交入党申请书的比例来看(见表5-1-1),有38.7%的"90后"表示自己提交过入党申请书,提交比例显著($x^2=19.031$,$p<0.001$)低于"70后"(42.1%)和"80后"(40.6%)。

表 5-1-1 不同代人提交过入党申请书的比较　　　　%

选项	60后	70后	80后	90后	x^2
是	28.0	42.1	40.6	38.7	19.031***
否	72.0	57.9	59.4	61.3	

表 5-1-2 不同代人加入中国共产党意愿的比较　　　　%

选　项	60后	70后	80后	90后	x^2
不愿意,对入党没兴趣	10.5	6.7	11.0	9.1	259.434***
不愿意,觉得自己还不合格	12.1	12.0	7.2	5.0	

---

[1] 刘利萍.新时期大学生入党动机研究[D].成都:西南石油大学,2016.
[2] 许申申.高校大学生入党动机研究[D].长春:吉林农业大学,2015.
[3] 雷双双."90后"大学生入党动机研究[D].上海:华东师范大学,2013.

续表

选项	60后	70后	80后	90后	x^2
无所谓	43.3	37.7	39.2	26.6	
愿意,仅仅是就业或岗位需要	18.0	24.7	23.2	42.3	259.434***
愿意,并严格按党员要求要求自己	16.1	19.0	19.5	17.0	

从"90后"加入中国共产党的意愿来看①(见表5-1-2),有9.1%表示"不愿意,对入党没兴趣",5.0%表示"不愿意,觉得自己还不合格",42.3%表示"愿意,仅仅是就业或岗位需要",17.0%表示"愿意,并严格按党员要求要求自己",还有26.6%表示"无所谓"。代际比较显示,因为就业或岗位需要而愿意加入中国共产党,"60后""70后""80后"和"90后"的选择比例分别为18.0%、24.7%、23.2%和42.3%,可见"90后"基于实用性目的选择愿意入党的比例是最高的。

从对身边中国共产党员喜欢和信任的程度来看(见表5-1-3),代际比较显示,当得知身边的人为中共党员时,表示"喜欢程度"会增加,"60后""70后""80后"和"90后"的选择比例分别为46.3%、48.6%、39.7%和26.0%;表示"信任程度"会增加,"60后""70后""80后"和"90后"的选择比例分别为44.4%、48.8%、42.2%和37.0%,可见,"90后"表示对中共党员更有好感的比例相对更低。与此相对应,"90后"表示"喜欢程度"和"信任程度"为"说不清"的比例在代际比较中是最高的,分别达到70.6%和60.3%,显著高于前三代人的选择比例($x^2=146.202$, $p<0.001$; $x^2=25.897$, $p<0.001$)。

表5-1-3 不同代人对身边党员喜欢和信任程度的比较　　　　%

选项		60后	70后	80后	90后	x^2
喜欢程度	增加	46.3	48.6	39.7	26.0	
	减少	3.2	1.9	3.0	3.4	146.202***
	说不清	50.5	49.5	57.3	70.6	

---

① 为了防止调查结果偏差,调查并未直接询问被调查者本人的入党意愿,而是通过询问"您身边的同龄人是否愿意加入共产党?"这种方式以获得被调查者的真实态度。

续表

选　项		60后	70后	80后	90后	x^2
信任程度	增加	44.4	48.8	42.2	37.0	25.897***
	减少	3.8	2.1	3.0	2.8	
	说不清	51.7	49.2	54.8	60.3	

表 5-1-4　不同代人对党组织活动兴趣的比较　　　　%

重要性	60后	70后	80后	90后	x^2/F值
很有兴趣	4.6	9.6	7.0	6.0	53.996***
有兴趣	21.2	27.8	24.0	21.2	
一般	36.6	39.6	39.4	39.6	
不太有兴趣	16.3	12.5	14.7	20.0	
无兴趣	21.2	10.5	15.0	13.3	
平均分±标准差	2.72±1.15	3.13±1.09	2.93±1.12	2.87±1.08	8.863***

本研究还对人们对党组织活动的兴趣进行了测量,分值从 1—5 分,其中很有兴趣=5 分,有兴趣=4 分,一般=3 分,不太有兴趣=2 分,无兴趣=1 分。调查数据显示(见表 5-1-4),"90 后"中表示对党组织活动"很有兴趣"和"有兴趣"的比例分别为 6.0% 和 21.2%,其平均分为 2.87 分,显著低于"70 后"和"80 后"的得分(F=8.863, p<0.001),可见,"90 后"对党组织活动的兴趣要低于"70 后"和"80 后"。

二、"90 后"入党行为和意愿的影响因素

为了进一步分析哪些因素会对"90 后"对党组织活动的兴趣以及提交入党申请书的行为产生影响,本研究将个体人口特征、家庭背景、国际化、媒体使用情况、社会信任度以及价值观取向等变量纳入多元回归模型。由于对"对党组织活动的兴趣"的测量是赋予分值,因此采用 OLS 回归模型;对"提交过入党申请书"的测量是分类变量,因此采用 Mlogit 模型,该模型以"未提交过入党申请书"为参照组(见表 5-1-5)。

表 5-1-5 "90 后"对党组织活动兴趣和提交入党申请书的影响因素（Mlogit 模型）

变　量	对党组织活动的兴趣 B (SE)	提交过入党申请书 B (SE)
个体人口特征		
性别(1＝男)	−0.043 (0.046)	−0.523*** (0.114)
户口类型 (1＝非农户口)	0.065 (0.056)	−0.147 (0.136)
受教育程度(参照组:高中及以下)		
大学专科	0.134 (0.125)	1.105** (0.397)
大学本科	0.043 (0.126)	1.660*** (0.398)
研究生	0.103 (0.158)	2.062*** (0.509)
政治面貌(参照组:群众)		
中共党员	1.089*** (0.094)	2.255*** (0.417)
共青团员	0.320*** (0.063)	0.432** (0.162)
家庭背景		
父亲职业	−0.025** (0.009)	0.001 (0.021)
母亲受教育程度	−0.042** (0.016)	−0.062 (0.038)
家庭经济主观感受	0.023 (0.036)	0.192* (0.091)
有兄弟姐妹	0.036 (0.066)	−0.049 (0.161)
国际化变量		
出国出境过	0.016 (0.050)	0.213 (0.124)
有外国朋友	0.051 (0.045)	0.003 (0.110)

续表

变量	对党组织活动的兴趣 B (SE)	提交过入党申请书 B (SE)
媒体使用情况		
每日上网时间	0.003 (0.002)	0.000 (0.006)
微信朋友圈人数	0.000 (0.000)	0.000 (0.000)
看新闻联播	0.474*** (0.044)	−0.157 (0.110)
用过翻墙软件	−0.186*** (0.045)	−0.052 (0.111)
社会信任度	0.036 (0.019)	0.058 (0.047)
价值观取向		
传统价值取向	0.007*** (0.001)	0.004 (0.003)
社会价值取向	0.009*** (0.002)	0.001 (0.004)
成就价值取向	−0.003* (0.002)	0.000 (0.004)
快乐价值取向	−0.005** (0.001)	−0.001 (0.004)
对党组织活动的兴趣	—	0.652*** (0.058)
常数	1.706*** (0.203)	−4.581*** (0.586)
F 检验值	25.93***	—
调整后的 R^2	0.207	—
Log pseudo likelihood	—	−1 105.159 8
Wald chi^2	—	355.29***
Pseudo R^2	—	0.139

注：* $p<0.05$，** $p<0.01$，*** $p<0.001$；B 为非标准化回归系数，SE 是标准误。

（一）女性提交入党申请书的比例高于男性，学历越高的"90后"提交入党申请书的比例越高，中共党员和共青团员对党组织活动的兴趣更高

模型分析结果显示，与参照组相比，在控制了其他变量的情况下，女性比男性提交入党申请书的发生比更高，其回归系数为－0.523（p＜0.001），即发生比值为0.593（$e^{-0.523}$＝0.593），表明男性提交入党申请书的发生比仅为女性的59.3%。进一步分析数据发现，"90后"中男性和女性提交入党申请书的比例分别为30.4%和44.0%，女性提交入党申请书的比例确实要远远高于男性。对于其中的原因，我们发现，男性和女性在对于"是否愿意加入中国共产党"这一问题，分别有45.4%的女性和36.7%的男性选择了"愿意，仅仅是就业或岗位需要"，而选择"愿意，并严格按党员要求要求自己"，女性和男性的比例基本一致，分别为16.9%和17.6%。因此，女性提交入党申请书的比例更高可能与女性具有党员身份更有利于就业的因素相关。

在受教育程度方面，与参照组相比，受教育程度越高的"90后"提交入党申请书的发生比越高，其中大学专科、本科和研究生对应的回归系数分别为1.105（p＜0.01）、1.660（p＜0.001）和2.062（p＜0.001），即发生比值分别为3.019（$e^{1.105}$＝3.019）、5.260（$e^{1.660}$＝5.260）和7.862（$e^{2.062}$＝7.862），这表明大学专科、本科和研究生学历的"90后"提交过入党申请书的发生比分别比高中及以下学历的"90后"高出2.019、4.260和6.862倍。进一步数据分析发现，受教育程度为高中及以下、大学专科、本科和研究生的"90后"提交过入党申请书的比例分别为12.5%、32.0%、44.9%和58.2%，可见，随着学历的提高，"90后"提交入党申请书的比例在不断提高。对于"是否愿意加入中国共产党"这一问题，选择"愿意，仅仅是就业或岗位需要"，高中及以下、大学专科、本科和研究生"90后"的比例分别为15.6%、37.0%、47.9%和46.7%；而选择"愿意，并严格按党员要求要求自己"，高中及以下、大学专科、本科和研究生"90后"的比例分别为17.4%、17.5%、15.4%和29.5%，可见，受教育程度高的"90后"愿意入党也和其就业岗位的需要这一因素相关，但同时，当达到研究生学历时，对于党的觉悟也会显著提升。

在政治面貌方面，中共党员和共青团员比群众对党组织活动的兴趣更高。其中，中共党员和共青团员对党组织活动兴趣的回归系数分别为1.089（p＜0.001）和0.320（p＜0.001），即中共党员和共青团员比群众在对党组织活

动兴趣的得分上分别高出1.089分和0.320分。中共党员和共青团员提交过入党申请书的回归系数分别为2.255(p＜0.001)和0.432(p＜0.01)，即发生比值分别为9.535($e^{2.255}$＝9.535)和1.540($e^{0.432}$＝1.540)，这表明中共党员和共青团员的"90后"提交过入党申请书的发生比分别比群众高出8.535和0.540倍。

（二）父母职业地位及受教育程度与"90后"对党组织活动的兴趣呈负相关

调查数据显示，父亲职业地位越高以及母亲受教育程度越高的"90后"对党组织活动的兴趣越低，其回归系数分别为－0.025(p＜0.01)和－0.042(p＜0.01)，表明父亲职业地位以及母亲受教育程度越升高一级，"90后"对党组织活动兴趣的得分会分别下降0.025分和0.042分。

（三）看新闻联播与对党组织活动的兴趣呈正相关，用翻墙软件则与对党组织活动的兴趣呈负相关

在媒体使用方面，看新闻联播的"90后"对党组织活动的兴趣显著更高，其回归系数为0.474(p＜0.001)，表明看新闻联播的"90后"比不看新闻联播的"90后"对党组织活动兴趣的得分高出0.474分。

与此相反，用过翻墙软件的"90后"对党组织活动的兴趣显著更低，其回归系数为－0.186(p＜0.001)，表明用过翻墙软件的"90后"比不用翻墙软件的"90后"对党组织活动兴趣的得分低了0.186分。

（四）传统和社会价值取向与对党组织活动的兴趣呈正相关，成就和快乐价值取向与对党组织活动的兴趣呈负相关

模型分析结果显示，传统价值取向和社会价值取向越高的"90后"对党组织活动的兴趣越高，其回归系数分别为0.007(p＜0.001)和0.009(p＜0.001)，这表明，平均而言，"90后"的传统和社会价值取向每提高1分，其对党组织活动的兴趣会分别提高0.007和0.009分。

与此相对的是，成就价值取向和快乐价值取向越高的"90后"对党组织活动的兴趣越低，其回归系数分别为－0.003(p＜0.05)和－0.005(p＜0.01)，这表明，平均而言，"90后"的成就和快乐价值取向每提高1分，其对党组织活动的兴趣会分别下降0.003和0.005分。

（五）对党组织活动的兴趣越高，则提交过入党申请书的比例越高

此外，认知对行为具有显著影响，模型分析结果显示，"90后"对党组织

活动的兴趣对其提交入党申请书的行为具有正显著影响,其回归系数为 0.652(p<0.001),即发生比值为 1.919($e^{0.652}=1.919$),这表明"90后"对党组织活动的兴趣每提高一分,其提交入党申请书的发生比会提高 0.919 倍。

第二节 对政治的兴趣

有研究认为,当前有部分大学生存在政治冷漠现象[1],如对国内政治热点关注不够、对日常政治事务参与不积极、对政治理论类社团活动参与不积极等[2]。那么,在本次调查中,"90后"对政治感兴趣的程度如何?其谈论政治问题的频率如何?与前几代人相比,"90后"是表现为政治冷漠还是政治热情呢?

一、超过半数"90后"对政治感兴趣

本研究对人们对政治感兴趣的程度进行了测量,分值从 1—4 分,其中很感兴趣=4 分,有些感兴趣=3 分,不太感兴趣=2 分,完全不感兴趣=1 分。调查数据显示(见表 5-2-1),"90后"中表示对政治"很感兴趣"和"有些感兴趣"的比例分别为 9.1% 和 46.6%,其平均分为 2.58 分,高于前三代人的得分(F=20.367,p<0.001),事后检验结果显示,"90后"的得分显著高于"70后"(得分高 0.14 分,p<0.01)和"80后"(得分高 0.18 分,p<0.001)的得分。可见,"90后"对政治感兴趣的程度要显著高于"70后"和"80后"。

表 5-2-1 不同代人对政治感兴趣程度的比较 %

选 项	60后	70后	80后	90后	x^2/F值
很感兴趣	10.0	4.4	5.9	9.1	69.002***
有些感兴趣	41.1	45.3	38.6	46.6	
不太感兴趣	39.2	40.6	45.3	37.7	
完全不感兴趣	9.7	9.7	10.2	6.6	
平均分±标准差	2.51±0.80	2.44±0.73	2.40±0.75	2.58±0.75	20.367***

---

[1] 程桂龙.政治社会化理论视阈下高校学生政治冷漠现象管控研究[J].当代青年研究,2018(4):17-22.
[2] 张铤.大学生政治冷漠的现状及其危害分析[J].教育评论,2015(5):48-50.

从人们谈论政治问题的频率来看（见表 5-2-2），"90 后"表示"经常"或"有时"谈论的比例分别为 5.5% 和 65.1%，要显著高于"70 后"和"80 后"的谈论频率（$x^2=50.754$，$p<0.001$）。由此可见，与前几代相比，"90 后"并没有表现为政治冷漠，相反，"90 后"的政治热情还要高于"70 后"和"80 后"。

表 5-2-2 不同代人谈论政治问题频率的比较   %

选 项	60 后	70 后	80 后	90 后	x^2
经 常	5.9	3.5	3.7	5.5	
有 时	55.4	63.3	58.8	65.1	50.754***
从 不	26.9	26.6	30.2	23.9	
不知道	11.8	6.7	7.3	5.5	

二、"90 后"政治兴趣的影响因素

为了进一步分析哪些因素会对"90 后"对政治感兴趣的程度以及谈论政治问题的频度产生影响，本研究将个体人口特征、家庭背景、国际化、媒体使用情况、社会信任度以及价值观取向等变量纳入多元回归模型。由于对"对政治感兴趣的程度"的测量是赋予分值，因此采用 OLS 回归模型；对"谈论政治问题的频度"的测量是分类变量，因此采用 Mlogit 模型，该模型以"从不谈论"这一组为参照组（见表 5-2-3）。

表 5-2-3 "90 后"政治兴趣以及谈论政治问题频率的影响因素

变 量	对政治感兴趣（OLS 回归模型） B (SE)	谈论政治问题频率（Mlogit 模型） 经常 B (SE)	有时 B (SE)	不知道 B (SE)
个体人口特征				
性别（1=男）	0.048 (0.032)	0.448 (0.256)	0.214 (0.133)	−0.091 (0.233)
户口类型（1=非农户口）	0.045 (0.039)	−0.410 (0.321)	−0.385* (0.161)	−0.019 (0.283)

续表

变　量	对政治感兴趣（OLS回归模型）B(SE)	谈论政治问题频率（Mlogit模型） 经常 B(SE)	有时 B(SE)	不知道 B(SE)
受教育程度（参照组：高中及以下）				
大学专科	0.004 (0.088)	13.045 (329.881)	0.021 (0.313)	0.906 (0.585)
大学本科	0.001 (0.089)	13.306 (329.881)	0.355 (0.318)	0.513 (0.603)
研究生	−0.080 (0.111)	13.920 (329.881)	0.611 (0.455)	0.958 (0.807)
政治面貌（参照组：群众）				
中共党员	0.573*** (0.067)	−0.287 (0.503)	0.405 (0.295)	0.099 (0.502)
共青团员	0.246*** (0.045)	−0.201 (0.357)	0.505** (0.167)	−0.225 (0.256)
家庭背景				
父亲职业	0.004 (0.006)	0.062 (0.050)	−0.011 (0.025)	−0.007 (0.044)
母亲受教育程度	−0.035** (0.011)	−0.072 (0.089)	−0.041 (0.044)	−0.030 (0.077)
家庭经济主观感受	0.002 (0.026)	−0.267 (0.195)	−0.059 (0.107)	0.021 (0.180)
有兄弟姐妹	0.016 (0.047)	0.114 (0.373)	−0.014 (0.187)	−0.429 (0.359)
国际化变量				
出国出境过	−0.004 (0.035)	0.242 (0.275)	0.013 (0.142)	−0.021 (0.251)
有外国朋友	0.094** (0.032)	0.561* (0.266)	0.452*** (0.130)	−0.128 (0.235)

续表

变量	对政治感兴趣（OLS 回归模型）B (SE)	谈论政治问题频率（Mlogit 模型) 经常 B (SE)	有时 B (SE)	不知道 B (SE)
媒体使用情况				
每日上网时间	−0.001 (0.002)	−0.023 (0.023)	−0.016* (0.007)	−0.038 (0.026)
微信朋友圈人数	0.000* (0.000)	0.001 (0.000)	0.000 (0.000)	0.000 (0.001)
看新闻联播	0.320*** (0.031)	0.783** (0.266)	0.469*** (0.126)	0.200 (0.223)
用过翻墙软件	0.069* (0.032)	0.592* (0.256)	0.097 (0.129)	−0.231 (0.236)
社会信任度	0.029* (0.014)	−0.066 (0.109)	0.076 (0.055)	0.128 (0.098)
价值观取向				
传统价值取向	0.001 (0.001)	−0.001 (0.007)	−0.001 (0.004)	0.001 (0.007)
社会价值取向	0.007*** (0.001)	0.024* (0.010)	0.005 (0.005)	−0.005 (0.008)
成就价值取向	0.001 (0.001)	0.002 (0.009)	−0.005 (0.004)	0.007 (0.008)
快乐价值取向	−0.001 (0.001)	−0.012 (0.008)	0.000 (0.004)	−0.017** (0.006)
对政治感兴趣	—	3.217*** (0.215)	1.481*** (0.102)	0.021 (0.173)
常数	1.493*** (0.143)	−24.288 (329.883)	−3.238*** (0.578)	−0.742 (0.976)
F 检验值	18.61***	—	—	—
调整后的 R^2	0.156	—	—	—
Log pseudo likelihood	—	−1 564.565 3		
Wald chi^2	—	788.59***		
Pseudo R^2	—	0.201		

注：* $p<0.05$，** $p<0.01$，*** $p<0.001$；B 为非标准化回归系数，SE 是标准误。

（一）中共党员和共青团员的政治兴趣高于群众

模型分析结果显示,在户口类型方面,农业户口的"90后""有时"谈论政治问题的发生比比非农户口的"90后"更高,其回归系数为－0.385(p＜0.05),即发生比值为0.680($e^{-0.385}=0.680$),这表明非农户口的"90后""有时"谈论政治问题的发生比仅为农业户口"90后"的68%,但这种差异未体现在"经常"这一选项上。进一步数据分析发现,非农户口和农业户口的"90后"选择"经常"谈论政治问题的比例分别为5.1%和5.6%,选择"有时"谈论政治问题的比例分别为70.6%和63.0%,可见两者之间的差异主要体现在"有时"的谈论频度上。

在政治面貌方面,中共党员和共青团员比群众对政治感兴趣的程度更高,其回归系数分别为0.573(p＜0.001)和0.246(p＜0.001),即中共党员和共青团员比群众对政治感兴趣的程度分别高出0.573分和0.246分。

（二）母亲受教育程度与"90后"政治兴趣呈负相关

调查数据显示,母亲受教育程度越高的"90后"对政治感兴趣的程度越低,其回归系数为－0.035(p＜0.01),表明母亲受教育程度升高1级,"90后"对政治感兴趣的得分会下降0.035分。

（三）有外国朋友的"90后"对政治更感兴趣,谈论政治问题的频率更高

有外国朋友的"90后"对政治更感兴趣,与朋友在一起时更多谈论政治问题。调查数据显示,对政治感兴趣,与没有外国朋友的"90后"相比,有外国朋友"90后"的回归系数为0.094(p＜0.01),即其得分高出0.094分。相对应地,与参照群体相比,有外国朋友的"90后"经常和有时谈论政治问题的发生比比没有外国朋友的"90后"更高,其回归系数分别为0.561(p＜0.05)和0.452(p＜0.001),即发生比值分别为1.752($e^{0.561}=1.752$)和1.571($e^{0.452}=1.571$),这表明有外国朋友的"90后""经常"和"有时"谈论政治问题的发生比比没有外国朋友"90后"高出0.752倍和0.571倍。

（四）受媒体影响与政治兴趣呈正相关

在媒体使用方面,看新闻联播的"90后"对政治感兴趣的程度显著更高,其回归系数为0.320(p＜0.001),表明看新闻联播的"90后"比不看新闻联播的"90后"对政治感兴趣的得分高出0.320分。同样,看新闻联播的"90

后"谈论政治问题的频度显著更高,与"从不谈论"的参照组相比,其"经常"和"有时"谈论政治问题的回归系数分别为 0.783($p<0.01$)和 0.469($p<0.001$),即发生比值分别为 2.188($e^{0.783}=2.188$)和 1.598($e^{0.469}=1.598$),表明看新闻联播的"90 后""经常"和"有时"谈论政治问题的发生比比不看新闻联播的"90 后"分别高出 1.188 倍和 0.598 倍。

与此类似,用过翻墙软件的"90 后"对政治感兴趣的程度以及谈论政治问题的频度均显著更高,其回归系数分别为 0.069($p<0.05$)和 0.592($p<0.05$),表明用过翻墙软件的"90 后"比不用翻墙软件的"90 后"对政治感兴趣的得分高出 0.069 分;用过翻墙软件的"90 后""经常"谈论政治问题的发生比值为 1.808($e^{0.592}=1.808$),表明用过翻墙软件的"90 后""经常"谈论政治问题的发生比比没用过翻墙软件的"90 后"高出 0.808 倍。

(五)社会信任度越高政治兴趣越高

社会信任度越高的"90 后"对政治感兴趣的程度显著越高,其回归系数为 0.029($p<0.05$),表明平均而言,社会信任度每增加 1 分,"90 后"对政治感兴趣的得分高出 0.029 分。

(六)社会价值取向越高政治兴趣越高

模型分析结果显示,社会价值取向越高的"90 后"对政治感兴趣的程度以及谈论政治问题的频度均显著更高,其回归系数分别为 0.007($p<0.001$)和 0.024($p<0.05$),表明平均而言,社会价值取向每提高 1 分,"90 后"对政治感兴趣的得分高出 0.007 分;与"从不谈论"的参照组相比,"90 后""经常"谈论政治问题的发生比值为 1.024($e^{0.024}=1.024$),表明社会价值取向每增加 1 分,"90 后""经常"谈论政治问题的发生比会提高 2.4%。

(七)政治兴趣与日常谈论政治问题的频率呈正相关

调查显示,认知对行为具有显著影响,模型分析结果显示,"90 后"对政治感兴趣的程度对其"经常"和"有时"谈论政治问题的行为有显著影响,其回归系数分别为 3.217($p<0.001$)和 1.481($p<0.001$),即发生比值分别为 24.953($e^{3.217}=24.953$)和 4.397($e^{1.481}=4.397$),表明与"从不谈论"的参照组相比,"90 后"对政治感兴趣的程度每提高一分,其"经常"和"有时"谈论政治问题的发生比会分别提高 23.953 倍和 3.397 倍。

第三节 政治活动参与行为和意愿

如果说"90后"对政治的兴趣以及谈论政治问题的频率反映的是其在主观上对政治的态度，那么，"90后"参与各类政治活动的比例则能从行为层面反映其实际的卷入程度。

一、"90后"参与各类政治活动的比例更高

本研究对人们参与各类政治活动的行为进行了测量，选项分为"参加过"和"没有参加过"。从选择"参加过"的比例来看（见表5-3-1），与"60后""70后"和"80后"相比，总体而言，"90后"参与各项政治活动的比例均较高，可见，与人们想象的"90后"是政治冷漠的一代不同，"90后"政治活动的参与程度是较高的。

在"与周围人讨论政治问题"上，"60后""70后""80后"和"90后"的选择比例分别为28.4%、32.8%、36.4%和59.5%，可见，"90后"与周围人讨论政治问题的比例是最高的，卡方检验的结果为 $x^2=281.926$，$p<0.001$，代际之间具有显著差异。

表5-3-1 不同代人参与政治活动行为的比较　　　　　%

选项	60后	70后	80后	90后	x^2
与周围人讨论政治问题	28.4	32.8	36.4	59.5	281.926***
在互联网上讨论政治问题	5.7	8.8	11.0	25.9	196.447***
向新闻媒体写信反映意见	2.5	2.7	3.2	5.9	20.630***
向政府部门反映意见	9.7	11.5	5.4	5.3	25.448***
到政府部门上访	2.9	2.4	1.6	3.0	8.945*
参与示威游行	1.4	0.3	1.2	2.3	9.985*
参与罢工罢市罢课等行动	3.2	0.3	1.3	2.7	14.909**

在"在互联网上讨论政治问题"上，"60后""70后""80后"和"90后"的选择比例分别为5.7%、8.8%、11.0%和25.9%，可见，"90后"在互联网上讨论政治问题的比例也是最高的，卡方检验的结果为 $x^2=196.447$，$p<0.001$，代际之间具有显著差异。这就意味着，有超过1/4的"90后"都有在

互联网上发表对政治问题看法的经历。

在"向新闻媒体写信反映意见"上,"60后""70后""80后"和"90后"的选择比例分别为2.5%、2.7%、3.2%和5.9%,在该项上,"90后"的选择比例虽然也是最高,但与前三代相比,相差的比例不多。

在"向政府部门反映意见"上,"60后""70后""80后"和"90后"的选择比例分别为9.7%、11.5%、5.4%和5.3%,可见,在该项上,"60后"和"70后"的选择比例相对较高,"80后"和"90后"的选择比例相对较低,这说明"60后"和"70后"更习惯使用"向政府部门反映意见"这种方式解决问题或者寻求解决问题的方法。

在"到政府部门上访"上,"60后""70后""80后"和"90后"的选择比例分别为2.9%、2.4%、1.6%和3.0%,总体而言,代际之间的选择差异不大。

在"参与示威游行"上,"60后""70后""80后"和"90后"的选择比例分别为1.4%、0.3%、1.2%和2.3%,总体而言,代际之间的选择差异也不大,而且这种政治活动在现实生活中的发生比例是很低的。

在"参与罢工罢市罢课等行动"上,"60后""70后""80后"和"90后"的选择比例分别为3.2%、0.3%、1.3%和2.7%,可见,相比较而言,"60后"和"90后"的选择比例略高一些。

为了进一步分析哪些因素会对"90后"参与各类政治活动的行为产生影响,本研究将个体人口特征、家庭背景、国际化、媒体使用情况、社会信任度以及价值观取向等变量纳入多元回归模型。由于对参与各类政治活动的测量是分类变量,因此采用Mlogit模型,每个模型以每一类政治活动中"没有参加过"这一组为参照组(见表5-3-2)。

表5-3-2 "90后"参与政治活动行为的影响因素(Mlogit模型)

变量	与周围人讨论 B (SE)	在互联网上讨论 B (SE)	向媒体反映 B (SE)	向政府部门反映 B (SE)	到政府部门上访 B (SE)	参与示威游行 B (SE)	参与罢工罢市罢课 B (SE)
个体人口特征							
性别(1=男)	0.070 (0.112)	0.242* (0.116)	0.226 (0.215)	0.200 (0.231)	0.234 (0.313)	0.236 (0.364)	0.152 (0.332)
户口类型(1=非农户口)	−0.411** (0.135)	−0.265 (0.145)	−0.458 (0.266)	−0.547 (0.280)	−0.311 (0.368)	−0.234 (0.459)	−0.499 (0.405)

续表

变量	与周围人讨论 B(SE)	在互联网上讨论 B(SE)	向媒体反映 B(SE)	向政府部门反映 B(SE)	到政府部门上访 B(SE)	参与示威游行 B(SE)	参与罢工罢市罢课 B(SE)
受教育程度(参照组:高中及以下)							
大学专科	0.503 (0.316)	0.247 (0.375)	0.467 (0.767)	0.270 (0.776)	0.873 (1.070)	13.335 (746.086)	13.836 (786.572)
大学本科	1.077** (0.319)	0.586 (0.378)	0.216 (0.775)	0.221 (0.782)	0.601 (1.086)	13.179 (746.086)	14.327 (786.572)
研究生	1.055** (0.403)	0.064 (0.450)	−0.164 (0.892)	−0.181 (0.891)	−0.490 (1.502)	11.911 (746.087)	12.788 (786.573)
政治面貌(参照组:群众)							
中共党员	1.311*** (0.236)	0.233 (0.238)	0.831 (0.463)	0.858 (0.475)	−0.150 (0.776)	0.456 (0.784)	−0.253 (0.693)
共青团员	0.872*** (0.149)	0.123 (0.171)	0.557 (0.359)	0.428 (0.382)	0.424 (0.469)	0.343 (0.558)	−0.173 (0.449)
家庭背景							
父亲职业	0.050* (0.021)	−0.009 (0.022)	0.032 (0.041)	0.048 (0.044)	−0.005 (0.060)	−0.042 (0.066)	−0.066 (0.063)
母亲受教育程度	0.012 (0.037)	0.037 (0.040)	0.158* (0.074)	−0.031 (0.080)	−0.075 (0.109)	0.081 (0.120)	0.166 (0.112)
家庭经济主观感受	−0.133 (0.088)	−0.035 (0.092)	0.014 (0.166)	0.124 (0.178)	0.244 (0.237)	0.036 (0.269)	0.047 (0.246)
有兄弟姐妹	−0.035 (0.158)	−0.021 (0.174)	0.294 (0.299)	0.108 (0.335)	0.724 (0.377)	0.110 (0.557)	0.716 (0.426)
国际化变量							
出国出境过	−0.139 (0.121)	−0.040 (0.126)	−0.524* (0.245)	0.189 (0.247)	−0.526 (0.388)	0.102 (0.388)	−0.610 (0.394)
有外国朋友	0.477*** (0.108)	0.389** (0.117)	0.608** (0.225)	0.501* (0.243)	0.435 (0.320)	0.709 (0.387)	0.546 (0.341)

续表

变量	与周围人讨论 B (SE)	在互联网上讨论 B (SE)	向媒体反映 B (SE)	向政府部门反映 B (SE)	到政府部门上访 B (SE)	参与示威游行 B (SE)	参与罢工罢市罢课 B (SE)
媒体使用情况							
每日上网时间	−0.002 (0.005)	−0.002 (0.006)	0.003 (0.007)	0.005 (0.007)	0.001 (0.013)	−0.038 (0.055)	−0.032 (0.046)
微信朋友圈人数	0.000 (0.000)	0.000 (0.000)	0.000 (0.000)	0.000 (0.001)	0.000 (0.001)	0.000 (0.001)	0.000 (0.001)
看新闻联播	0.541*** (0.105)	0.308** (0.112)	0.308 (0.212)	0.570* (0.238)	0.634* (0.322)	−0.584 (0.350)	−0.602 (0.318)
用过翻墙软件	0.562*** (0.110)	0.697*** (0.114)	0.046 (0.212)	0.452* (0.229)	0.069 (0.311)	0.415 (0.359)	−0.026 (0.327)
社会信任度	0.031 (0.047)	−0.085 (0.050)	−0.013 (0.091)	−0.017 (0.098)	0.016 (0.134)	−0.206 (0.157)	−0.026 (0.142)
价值观取向							
传统价值取向	−0.007* (0.003)	−0.003 (0.003)	0.005 (0.007)	0.012 (0.007)	0.001 (0.010)	0.011 (0.011)	0.010 (0.010)
社会价值取向	0.013** (0.004)	0.010* (0.004)	0.010 (0.008)	0.014 (0.009)	0.003 (0.011)	−0.001 (0.013)	−0.009 (0.011)
成就价值取向	0.001 (0.004)	0.011** (0.004)	0.019* (0.008)	0.016* (0.008)	0.057*** (0.012)	0.047*** (0.013)	0.054*** (0.012)
快乐价值取向	0.002 (0.003)	−0.005 (0.004)	−0.019** (0.006)	−0.025*** (0.007)	−0.036*** (0.009)	−0.035*** (0.010)	−0.042*** (0.009)
常数	−2.208*** (0.505)	−2.727*** (0.560)	−5.310*** (1.082)	−5.524*** (1.138)	−6.663*** (1.542)	−18.183 (746.087)	−17.878 (786.573)
Log pseudo likelihood	−1 135.878 5	−1 031.964	−393.956	−346.266	−203.670	−161.635	−188.186
Wald chi^2	301.69***	133.57***	56.61***	61.17***	59.26***	46.90**	61.20***
Pseudo R^2	0.117	0.061	0.067	0.081	0.127	0.127	0.140

注：* $p<0.05$，** $p<0.01$，*** $p<0.001$；B 为非标准化回归系数，SE 是标准误。

（一）男性比女性在互联网上讨论政治问题的比例更高，农业户口、受教育程度高以及中共党员和共青团员与周围人讨论政治问题的比例更高

模型分析结果显示，与参照组相比，在性别方面，男性比女性"在互联网

上讨论政治问题"的发生比更高,其回归系数为 0.242(p<0.05),即发生比值为 1.274($e^{0.242}$=1.274),这表明男性"在互联网上讨论政治问题"的发生比比女性高 0.274 倍。进一步数据分析发现,在互联网上讨论过政治问题,男性的比例为 29.8%,女性的比例 23.6%,男性显著高于女性(x^2=9.531,p<0.01)。

在户口类型方面,农业户口的"90 后"与周围人讨论政治问题的发生比比非农户口的"90 后"更高,其回归系数为-0.411(p<0.01),即发生比值为 0.663($e^{-0.411}$=0.663),表明非农户口的"90 后"与周围人讨论政治问题的发生比仅为农业户口"90 后"的 66.3%。进一步数据分析发现,与周围人讨论过政治问题,农业户口"90 后"的比例为 64.7%,非农户口"90 后"的比例为 57.7%,两者之间具有显著差异(x^2=8.660,p<0.01)。

在受教育程度方面,受教育程度越高的"90 后"与周围人讨论政治问题的发生比越高,与参照群体相比,大学本科和研究生的"90 后"与周围人讨论政治问题的回归系数分别为 1.077(p<0.01)和 1.055(p<0.001),即发生比值分别为 2.936($e^{1.077}$=2.936)和 2.872($e^{1.055}$=2.872),这表明大学本科和研究生学历的"90 后"与周围人讨论政治问题的发生比比高中及以下学历的"90 后"分别高出 1.936 倍和 1.872 倍。进一步数据分析发现,与周围人讨论过政治问题,高中及以下、大学专科、本科及研究生学历的"90 后"的比例分别为 21.0%、49.3%、67.7%和 76.5%,随着学历的提高,讨论过的比例逐渐提高,卡方检验的结果为 x^2=140.999,p<0.001,不同学历背景的"90 后"具有显著差异。这可能是因为随着受教育程度的提高,人们关注的视野在逐渐拓展,"90 后"从只关注个人到更多关注社会、政治和文化等宏观因素。

在政治面貌方面,中共党员和共青团员的"90 后"与周围人讨论政治问题的发生比更高,与参照群体相比,中共党员和共青团员的"90 后"与周围人讨论政治问题的回归系数分别为 1.311(p<0.001)和 0.872(p<0.001),即发生比值分别为 3.710($e^{1.311}$=3.710)和 2.392($e^{0.872}$=2.392),这表明中共党员和共青团员的"90 后"与周围人讨论政治问题的发生比比群众分别高出 2.710 倍和 1.392 倍。进一步数据分析发现,与周围人讨论过政治问题,中共党员、共青团员和群众的比例分别为 76.8%、63.8%和 31.9%,卡方检验

结果为 $x^2=156.502$，$p<0.001$，可见中共党员和共青团员讨论过的比例显著高于群众。

（二）父亲职业地位越高的"90后"与周围人讨论政治问题的比例越高

调查数据显示，父亲职业地位越高的"90后"与周围人讨论政治问题的发生比越高，其回归系数为 0.050（$p<0.05$）；母亲受教育程度越高的"90后"向新闻媒体写信反映意见的发生比越高，其回归系数为 0.158（$p<0.05$）。

（三）有外国朋友的"90后"参与各类政治活动的比例更高

与参照群体相比，有外国朋友的"90后"参与各类政治活动的发生比更高，其中"与周围人讨论""在互联网上讨论""向媒体反映"和"向政府部门反映"的发生比均显著更高，其回归系数分别为 0.477（$p<0.001$）、0.389（$p<0.01$）、0.608（$p<0.01$）和 0.501（$p<0.05$），即发生比值分别为 1.611（$e^{0.477}=1.611$）、1.476（$e^{0.389}=1.476$）、1.837（$e^{0.608}=1.837$）和 1.650（$e^{0.501}=1.650$），这表明有外国朋友的"90后"参与以上四项政治活动的发生比比没有外国朋友的"90后"分别高出 0.611 倍、0.476 倍、0.837 倍和 0.650 倍。进一步数据分析发现，有外国朋友的"90后"参与以上四项政治活动的比例分别为 69.1%、31.8%、7.8%和 7.0%，而没有外国朋友的"90后"参与以上四项政治活动的比例分别为 50.1%、20.1%、4.0%和 3.7%，且其差异均达到显著性程度。

（四）受媒体影响大的"90后"参与各类政治活动的比例更高

在媒体使用方面，看新闻联播的"90后"参与各类政治活动的发生比显著更高，在"与周围人讨论""在互联网上讨论""向政府部门反映"和"到政府部门上访"这四项上，其回归系数分别为 0.541（$p<0.001$）、0.308（$p<0.01$）、0.570（$p<0.05$）和 0.634（$p<0.05$），即发生比值分别为 1.718（$e^{0.541}=1.718$）、1.361（$e^{0.308}=1.361$）、1.768（$e^{0.570}=1.768$）和 1.885（$e^{0.634}=1.885$），这表明看新闻联播的"90后"在以上四项上的发生比分别比不看新闻联播的"90后"高出 71.8%、36.1%、76.8%和 88.5%。进一步数据分析发现，看新闻联播的"90后"参与以上四项政治活动的比例分别为 64.3%、28.8%、7.1%和 3.9%，而不看新闻联播的"90后"参与以上四项政治活动的比例分别为 54.3%、22.7%、3.2%和 2.0%，且其差异均达到显著性程度。

同样，用过翻墙软件的"90后"参与各类政治活动的发生比也显著更高,在"与周围人讨论""在互联网上讨论"和"向政府部门反映"这三项上,其回归系数分别为0.562(p<0.001)、0.697(p<0.001)和0.452(p<0.05),即发生比值分别为1.754($e^{0.562}=1.754$)、2.008($e^{0.697}=2.008$)和1.571($e^{0.452}=1.571$),这表明用过翻墙软件的"90后"在以上三项上的发生比分别比不用翻墙软件的"90后"高出75.4%、1.008倍和57.1%。进一步数据分析发现,用过翻墙软件的"90后"参与以上三项政治活动的比例分别为69.2%、35.1%和7.0%,而没用过翻墙软件的"90后"参与以上三项政治活动的比例分别为54.3%、19.8%和4.2%,且其差异均达到显著性程度。

(五)社会和成就价值取向与政治活动参与率呈正相关,传统和快乐价值取向与政治活动参与率呈负相关

模型分析结果显示,传统价值取向越高的"90后"与周围人讨论政治问题的发生比显著更低,其回归系数为-0.007(p<0.05)。

社会价值取向越高的"90后"与周围人讨论以及在互联网上讨论政治问题的发生比显著更高,其回归系数分别为0.013(p<0.01)和0.010(p<0.05)。

成就价值取向越高的"90后"在互联网上讨论政治问题、向新闻媒体写信反映意见、向政府部门反映意见、到政府部门上访、参与示威游行以及参与罢工罢市罢课等行动的发生比均显著更高,其回归系数分别为0.011(p<0.01)、0.019(p<0.05)、0.016(p<0.05)、0.057(p<0.001)、0.047(p<0.001)和0.054(p<0.001)。

而快乐价值取向与成就价值取向的作用在政治活动的参与情况上的影响作用则完全相反,快乐价值取向越高,"90后"参与各类政治活动的发生率显著越低,在向新闻媒体写信反映意见、向政府部门反映意见、到政府部门上访、参与示威游行以及参与罢工罢市罢课等行动上,回归系数分别为-0.019(p<0.01)、-0.025(p<0.001)、-0.036(p<0.001)、-0.035(p<0.001)和-0.042(p<0.001)。

二、"90后"参与各类政治活动的意愿更高

对于没有参加过各类政治活动的人而言,其未来参与的意愿如何呢?本研究对此进行了测量,询问被调查者"如果没参与,以后是否愿参与",选项有三个,即"愿意""不愿意"和"不好说"。调查结果显示,在未参与过各类政治活动的人群中,"90后"对各类政治活动的参与意愿均是最高的,且均

达到统计上的显著差异(见表5-3-3)。

具体而言,在愿意"与周围人讨论政治问题"上,"60后""70后""80后"和"90后"的选择比例分别为13.9%、12.8%、12.6%和33.1%,可见相比之下,"90后"愿意与周围人讨论政治问题的比例显著高于前三代人($x^2=220.008$,$p<0.001$)。

在愿意"在互联网上讨论政治问题"上,"60后""70后""80后"和"90后"的选择比例分别为4.7%、4.6%、9.3%和23.7%,可见,"90后"愿意在互联网上讨论政治问题的比例也是最高的,且远远高于前三代人,卡方检验的结果为$x^2=260.549$,$p<0.001$,代际之间具有显著差异。

表5-3-3 不同代人参与政治活动意愿的比较　　　　%

选项	60后	70后	80后	90后	x^2
与周围人讨论政治问题	13.9	12.8	12.6	33.1	220.008***
在互联网上讨论政治问题	4.7	4.6	9.3	23.7	260.549***
向新闻媒体写信反映意见	9.9	8.7	12.7	33.5	379.248***
向政府部门反映意见	10.6	13.0	14.2	38.7	421.048***
到政府部门上访	5.4	6.2	6.4	20.0	255.734***
参与示威游行	2.1	0.8	3.7	11.8	185.665***
参与罢工罢市罢课等行动	2.1	1.2	3.8	10.9	155.782***

在"向新闻媒体写信反映意见"上,"60后""70后""80后"和"90后"的选择比例分别为9.9%、8.7%、12.7%和33.5%,在该项上,"90后"的选择比例也是远远高于前三代人,卡方检验结果为$x^2=379.248$,$p<0.001$,代际之间具有显著差异。

在"向政府部门反映意见"上,"60后""70后""80后"和"90后"的选择比例分别为10.6%、13.0%、14.2%和38.7%,可见,与当前参与过该项行为的人群中,"60后"和"70后"的比例相对更高的趋势相反的是,"90后"的参与意愿是最高的,且远远高于前三代人,卡方检验结果为$x^2=421.048$,$p<0.001$,代际之间具有显著差异。

在"到政府部门上访"上,"60后""70后""80后"和"90后"的选择比例分别为5.4%、6.2%、6.4%和20.0%,"90后"的参与意愿最高($x^2=$

255.734，p<0.001）。

在"参与示威游行"上，"60后""70后""80后"和"90后"的选择比例分别为2.1%、0.8%、3.7%和11.8%，"90后"的参与意愿也是最高（x^2=185.665，p<0.001）。

在"参与罢工罢市罢课等行动"上，"60后""70后""80后"和"90后"的选择比例分别为2.1%、1.2%、3.8和10.9%，"90后"的参与意愿最高（x^2=155.782，p<0.001）。

由此可见，尽管"90后"在部分政治活动上的参与比例不太高，但是在未参与的人群中，其参与意愿都是比较高的，且均显著高于前三代人，"90后"是具有较高政治参与热情的一代人。

为了进一步分析哪些因素会对没参加过各类政治活动的"90后"未来的参与意愿产生影响，本研究将个体人口特征、家庭背景、国际化、媒体使用情况、社会信任度以及价值观取向等变量纳入多元回归模型。由于对未来参与意愿的测量是分类变量，因此采用Mlogit模型，即每一类政治活动的模型以"不愿意参与"为参照组（见表5-3-4）。

表5-3-4 "90后"参与政治活动意愿的影响因素（Mlogit模型）

变 量	与周围人讨论 B (SE)	在互联网上讨论 B (SE)	向媒体反映 B (SE)	向政府部门反映 B (SE)	到政府部门上访 B (SE)	参与示威游行 B (SE)	参与罢工罢市罢课 B (SE)
个体人口特征							
性别（1=男）	−0.387 (0.200)	−0.751*** (0.159)	−0.336* (0.136)	−0.238 (0.136)	−0.142 (0.144)	0.168 (0.162)	0.206 (0.169)
户口类型（1=非农户口）	−0.448 (0.250)	−0.234 (0.184)	−0.487** (0.167)	−0.452** (0.170)	−0.399* (0.169)	−0.279 (0.194)	−0.236 (0.200)
受教育程度（参照组：高中及以下）							
大学专科	1.857** (0.598)	1.843** (0.638)	1.626** (0.561)	1.655** (0.515)	1.647** (0.629)	2.038* (1.034)	14.496 (501.679)
大学本科	1.361* (0.601)	1.444* (0.641)	1.600** (0.562)	1.681** (0.517)	1.295* (0.631)	2.182* (1.036)	14.268 (501.679)
研究生	1.763* (0.753)	1.614* (0.711)	1.364* (0.624)	1.493* (0.584)	1.261 (0.690)	2.031 (1.084)	14.039 (501.679)

续表

变量	与周围人讨论 B (SE)	在互联网上讨论 B (SE)	向媒体反映 B (SE)	向政府部门反映 B (SE)	到政府部门上访 B (SE)	参与示威游行 B (SE)	参与罢工罢市罢课 B (SE)
政治面貌(参照组:群众)							
中共党员	0.682 (0.406)	0.513 (0.331)	0.763** (0.289)	1.024*** (0.285)	1.190*** (0.322)	0.488 (0.351)	0.723 (0.383)
共青团员	1.092*** (0.254)	0.632** (0.237)	0.969*** (0.209)	1.085*** (0.198)	1.099*** (0.238)	0.484 (0.258)	0.779** (0.278)
家庭背景							
父亲职业	0.026 (0.039)	0.012 (0.030)	−0.012 (0.026)	−0.004 (0.026)	−0.027 (0.027)	−0.026 (0.031)	0.002 (0.033)
母亲受教育程度	−0.131 (0.069)	−0.082 (0.054)	−0.058 (0.046)	−0.085 (0.046)	−0.119* (0.049)	−0.091 (0.057)	−0.177** (0.060)
家庭经济主观感受	−0.062 (0.163)	−0.116 (0.126)	0.057 (0.110)	0.076 (0.109)	−0.134 (0.113)	−0.034 (0.130)	−0.253 (0.132)
有兄弟姐妹	−0.171 (0.268)	−0.036 (0.219)	−0.046 (0.202)	−0.116 (0.198)	−0.180 (0.210)	−0.015 (0.238)	−0.132 (0.251)
国际化变量							
出国出境过	−0.585** (0.214)	−0.523** (0.171)	−0.402** (0.147)	−0.334* (0.146)	−0.197 (0.156)	−0.069 (0.181)	0.260 (0.189)
有外国朋友	0.586** (0.204)	−0.026 (0.153)	0.392** (0.136)	0.382** (0.136)	0.211 (0.142)	−0.026 (0.162)	−0.018 (0.168)
媒体使用情况							
每日上网时间	−0.008 (0.016)	−0.010 (0.012)	−0.003 (0.008)	−0.003 (0.008)	0.001 (0.008)	−0.023 (0.019)	−0.020 (0.020)
微信朋友圈人数	0.001 (0.000)	0.001* (0.000)	0.001** (0.000)	0.001* (0.000)	0.001** (0.000)	0.000 (0.000)	0.000 (0.000)
看新闻联播	0.819*** (0.196)	0.326* (0.148)	0.304* (0.129)	0.456*** (0.131)	0.394** (0.136)	−0.031 (0.156)	−0.118 (0.162)
用过翻墙软件	0.435* (0.204)	0.405** (0.155)	0.184 (0.134)	0.262 (0.135)	0.035 (0.141)	0.302 (0.161)	0.267 (0.168)
社会信任度	0.082 (0.084)	0.088 (0.066)	0.019 (0.057)	−0.053 (0.058)	0.003 (0.060)	0.050 (0.069)	−0.083 (0.072)

续表

变量	与周围人讨论 B(SE)	在互联网上讨论 B(SE)	向媒体反映 B(SE)	向政府部门反映 B(SE)	到政府部门上访 B(SE)	参与示威游行 B(SE)	参与罢工罢市罢课 B(SE)
价值观取向							
传统价值取向	−0.009 (0.007)	−0.003 (0.005)	−0.007 (0.004)	−0.005 (0.004)	0.000 (0.004)	−0.017*** (0.005)	−0.018*** (0.005)
社会价值取向	0.015* (0.007)	0.014* (0.006)	0.025*** (0.005)	0.023*** (0.005)	0.011* (0.005)	0.012* (0.006)	0.008 (0.006)
成就价值取向	−0.005 (0.007)	0.002 (0.005)	−0.011* (0.005)	−0.011* (0.005)	0.007 (0.005)	0.020*** (0.006)	0.023*** (0.006)
快乐价值取向	0.001 (0.006)	−0.008 (0.005)	0.000 (0.004)	−0.001 (0.004)	−0.006 (0.005)	−0.002 (0.005)	0.001 (0.006)
常数	−2.011* (0.901)	−2.193** (0.840)	−2.775*** (0.740)	−2.474*** (0.708)	−2.795** (0.810)	−4.246*** (1.187)	−15.722 (501.679)
Log pseudo likelihood	−903.504	−1 512.925	−1 872.633	−1 853.761	−1 879.786	−1 745.999	−1 693.11
Wald chi²	155.93***	139.46***	209.27***	225.08***	170.93***	84.17***	114.29***
Pseudo R²	0.079	0.044	0.053	0.057	0.044	0.024	0.033
N	907	1 466	1 810	1 821	1 854	1 858	1 850

注：* $p<0.05$，** $p<0.01$，*** $p<0.001$；B 为非标准化回归系数，SE 是标准误。

（一）女性、农村户口、受教育程度高以及中共党员和共青团员参与各类政治活动的意愿更高

虽然男性在互联网上讨论政治问题的发生比更高，但是在没有参与过的"90 后"中，女性比男性在愿意参与"在互联网上讨论政治问题"和"向媒体反映"上的发生比显著更高，这两项的回归系数分别为−0.751（p<0.001）和−0.336（p<0.05），即发生比值分别为 0.472（$e^{-0.751}$=0.472）和 0.715（$e^{-0.336}$=0.715），这表明在未参与的 90 后中，男性愿意"在互联网上讨论政治问题"的发生比仅为女性的 47.2%，这看上去似乎和男性实际行为发生比更高的结果相矛盾，但是进一步分析会发现，由于参与意愿较高的男性已经付诸行动，即已经参与过讨论，因此在余下的人群中，女性的参与意愿更高，只是其付诸行动的比例还比较低，这也就意味着女性是潜在的参与者，当时

机合适时,女性很有可能展现其行动;在媒体反映上,男性愿意"向媒体反映"的发生比为女性的71.5%。

在户口类型方面,农业户口的"90后"愿意参与的发生比比非农户口的"90后"显著更高,在"向媒体反映""向政府部门反映"和"到政府部门上访"这三项上,回归系数分别为$-0.487(p<0.01)$、$-0.452(p<0.01)$和$-0.399(p<0.05)$,即发生比值分别为$0.615(e^{-0.487}=0.615)$、$0.636(e^{-0.452}=0.636)$和$0.671(e^{-0.399}=0.671)$,表明非农户口的"90后"参与以上三项政治活动的发生比分别为农业户口"90后"的61.5%、63.6%和67.1%。进一步数据分析发现,愿意"向媒体反映",农业户口和非农户口的选择比例分别为43.4%和29.7%;愿意"向政府部门反映",农业户口和非农户口的选择比例分别为47.4%和35.4%;愿意"到政府部门上访",农业户口和非农户口的选择比例分别为27.6%和17.3%,且以上差异均达到显著程度。而且从愿意参加其他政治活动来看,农业户口的选择均高于非农户口。可见,农业户口的"90后"无论是在现实生活中参与讨论政治问题还是参与各类政治活动的意愿均高于非农户口,说明农业户口的"90后"更需要通过参与政治来表达自己的诉求,争取自己的权利。

在受教育程度方面,受教育程度越高的"90后"愿意参与各种政治活动的意愿均显著更高。进一步数据分析发现,愿意"与周围人讨论政治问题",高中及以下、大学专科、本科和研究生学历的"90后"的选择比例分别为11.9%、35.1%、34.0%和47.5%;愿意"与互联网上讨论政治问题",高中及以下、大学专科、本科和研究生学历的"90后"的选择比例分别为7.9%、25.3%、23.9%和26.7%;愿意"向媒体反映",高中及以下、大学专科、本科和研究生学历的"90后"的选择比例分别为8.3%、31.5%、36.2%和40.4%;愿意"向政府部门反映",高中及以下、大学专科、本科和研究生学历的"90后"的选择比例分别为9.6%、35.6%、42.0%和50.5%;愿意"到政府部门上访",高中及以下、大学专科、本科和研究生学历的"90后"的选择比例分别为5.2%、22.1%、19.4%和26.6%;愿意"参与示威游行",高中及以下、大学专科、本科和研究生学历的"90后"的选择比例分别为3.2%、10.9%、13.1%和13.0%;愿意"参与罢工罢市罢课",高中及以下、大学专科、本科和研究生学历的"90后"的选择比例分别为2.1%、12.5%、10.9%和9.3%。

由此可见,受教育程度越高的"90后",其在现实生活中关心和讨论政治问题以及未来参与政治活动的愿望均显著更高,说明受教育程度高的"90后"更认为自己有能力而且有责任参与国家的政治生活。

在政治面貌方面,中共党员和共青团员的"90后"愿意参与各种政治活动的意愿均显著更高。进一步数据分析发现,愿意"与周围人讨论政治问题",中共党员、共青团员和群众"90后"的选择比例分别为 38.2%、38.7% 和 18.3%;愿意"在互联网上讨论政治问题",中共党员、共青团员和群众"90后"的选择比例分别为 24.9%、26.5% 和 13.1%;愿意"向媒体反映",中共党员、共青团员和群众"90后"的选择比例分别为 37.6%、37.7% 和 14.3%;愿意"向政府部门反映",中共党员、共青团员和群众"90后"的选择比例分别为 46.2%、42.9% 和 17.5%;愿意"到政府部门上访",中共党员、共青团员和群众的"90后"的选择比例分别为 23.5%、22.1% 和 9.5%;愿意"参与示威游行",中共党员、共青团员和群众的"90后"的选择比例分别为 14.3%、12.7% 和 6.9%;愿意"参与罢工罢市罢课",中共党员、共青团员和群众的"90后"的选择比例分别为 10.6%、12.3% 和 5.8%。由此可见,中共党员和共青团员的"90后",其在现实生活中讨论政治问题以及未来参与政治活动的愿望显著更高,说明中共党员和共青团员认为自己更有能力和责任参与政治活动。

(二)母亲受教育程度与"90后"的政治活动参与意愿呈负相关

调查数据显示,母亲受教育程度越高的"90后"愿意"到政府部门上访"和"参与罢工罢市罢课"的发生比越低,其回归系数分别为 $-0.119(p<0.05)$ 和 $-0.177(p<0.01)$,即发生比值分别为 $0.888(e^{-0.119}=0.888)$ 和 0.838 $(e^{-0.177}=0.838)$,表明母亲的受教育程度每提高1级,"90后"愿意参与以上政治活动的比例会分别下降 11.2% 和 16.2%。而且在其他各类政治活动上,回归系数均为负值,虽然没有达到显著程度,由此说明,母亲受教育程度与"90后"各类政治活动的参与意愿均呈现负相关关系。

(三)有出国出境经历与政治活动参与意愿呈负相关,而有外国朋友与政治活动参与意愿呈正相关

调查显示,有过出国出境经历的"90后"愿意参加各类政治活动尤其是前四类政治活动的发生比显著更低,但有外国朋友的"90后"愿意参加三类

政治活动的发生比显著更高。

进一步数据分析发现,愿意"与周围人讨论政治问题"、愿意"在互联网上讨论政治问题"、愿意"向媒体反映"和愿意"向政府部门反映",有过出国出境经历和没有出国出境经历"90后"的选择比例分别为28.7%和35.0%、19.3%和25.7%、28.5%和35.9%以及35.3%和40.3%;愿意"与周围人讨论政治问题"、愿意"向媒体反映"和愿意"向政府部门反映",有外国朋友和没有外国朋友"90后"的选择比例分别为39.4%和28.6%、38.9%和28.3%以及43.9%和33.6%。这可能是因为,有认识并交往的外国朋友,说明该"90后"与人交往以及表达的能力和愿望都比较强,因此其参与政治活动的愿望相应也比较强。

(四)受媒体影响越大的"90后"政治活动参与意愿越高

调查显示,微信朋友圈人数越多的"90后",其愿意参与各类政治活动的发生比显著更高,这可能是因为微信朋友圈人数多的人,其与人交往的意愿和能力均更强,所以参与意愿更高。

看新闻联播的"90后"愿意参与各类政治活动的发生比显著更高。进一步数据分析发现,愿意"与周围人讨论政治问题"、愿意"在互联网上讨论政治问题"、愿意"向媒体反映"、愿意"向政府部门反映"以及愿意"到政府部门上访",看新闻联播和不看新闻联播"90后"的选择比例分别为39.7%和26.8%、26.8%和20.4%、36.4%和30.4%、41.9%和35.3%以及22.6%和17.4%,可见看新闻联播的人参与各类政治活动的意愿更高。

与上述类似,用过翻墙软件的"90后"在愿意"与周围人讨论政治问题"和愿意"在互联网上讨论政治问题"这两项上的发生比要显著高于没用过翻墙软件的"90后"。

(五)传统价值取向与政治活动参与意愿呈负相关,社会价值取向与政治活动参与意愿呈正相关,成就价值取向对不同类型政治活动参与意愿的影响作用不同

模型分析结果显示,传统价值取向越高的"90后""参与示威游行"和"参与罢工罢市罢课"的发生比显著更低,其回归系数分别为-0.017(p<0.001)和-0.018(p<0.001),而且从愿意参与其他政治活动的回归系数来看,基本也是负值,说明越具有传统价值取向的"90后"参与各类政治活动

的可能性越小。

与传统价值取向相反的是,社会价值取向越高的"90后"参与各类政治活动的发生比均显著更高,其中愿意"与周围人讨论政治问题"、愿意"在互联网上讨论政治问题"、愿意"向媒体反映"、愿意"向政府部门反映"、愿意"到政府部门上访"以及愿意"参与示威游行"的回归系数分别为 0.015($p<0.05$)、0.014($p<0.05$)、0.025($p<0.001$)、0.023($p<0.001$)、0.011($p<0.05$)和 0.012($p<0.05$),可见社会价值取向基本对"90后"参与各类政治活动均有正显著影响。

成就价值取向对"90后"参与不同类型政治活动的意愿具有不同的影响作用。其中,对于愿意"向媒体反映"和愿意"向政府部门反映",其回归系数均为-0.011($p<0.05$),说明成就价值取向越高的"90后",其愿意反映问题的发生比显著更低。但是在愿意"参与示威游行"和愿意"参与罢工罢市罢课"这两项上,成就价值取向则具有正显著影响,其回归系数分别为 0.020($p<0.001$)和 0.023($p<0.001$),说明成就价值取向越高的"90后",其愿意采取行动的发生比显著更高。

第四节 参 军 意 愿

为保卫祖国而参军打仗属于最高层次的政治参与。那么,"90后"为国参军打仗的意愿如何呢?不同群体的意愿存在哪些差异呢?本节将就此展开讨论。

一、近半数"90后"愿意为国参军

针对该项内容,本研究的调查题目为"我们都希望世界和平而没有战争的纷扰。假如事与违爆发战争,您是否愿意为国家而参军打仗",选项有三个,即"愿意""不愿意"和"说不清"。从不同代人的选择来看(见表5-4-1),"60后""70后""80后"和"90后"选择"愿意"的比例分别为 43.8%、47.0%、39.2%和 45.4%,从"90后"的选择比例来看,是高于"80后",同时和"60后"和"70后"的选择比例基本持平。说明"90后"保家卫国的意愿是比较高的,并不是漠视祖国安危的一代。

表 5-4-1 不同代人参军意愿的比较　　　　　　　　　　%

选项	60后	70后	80后	90后	x^2
愿意	43.8	47.0	39.2	45.4	23.271**
不愿意	20.9	20.6	24.1	23.5	
说不清	35.3	32.4	36.7	31.1	

二、"90后"参军意愿的影响因素

为了进一步分析哪些因素会对"90后"的参军打仗意愿产生影响,本研究将个体人口特征、家庭背景、国际化、媒体使用情况、社会信任度以及价值观取向等变量纳入多元回归模型。由于对参军打仗意愿的测量是分类变量,因此采用Mlogit模型,该模型以"不愿意"这一组为参照组(见表5-4-2)。

表 5-4-2　"90后"参军意愿的影响因素(Mlogit模型)

变量	愿意 B (SE)	说不清 B (SE)
个体人口特征		
性别(1=男)	0.466*** (0.132)	−0.188 (0.139)
户口类型 (1=非农户口)	−0.338* (0.164)	−0.055 (0.172)
受教育程度(参照组:高中及以下)		
大学专科	−0.213 (0.353)	0.454 (0.384)
大学本科	−0.100 (0.358)	0.499 (0.389)
研究生	0.190 (0.462)	0.367 (0.502)
政治面貌(参照组:群众)		
中共党员	0.467 (0.281)	0.018 (0.283)
共青团员	0.281 (0.183)	−0.234 (0.178)

续表

变　　量	愿意 B (SE)	说不清 B (SE)
家庭背景		
父亲职业	−0.020 (0.025)	0.010 (0.025)
母亲受教育程度	−0.122** (0.044)	−0.087 (0.045)
家庭经济主观感受	−0.003 (0.105)	0.071 (0.108)
有兄弟姐妹	0.082 (0.197)	0.254 (0.198)
国际化变量		
出国出境过	−0.469** (0.141)	−0.118 (0.140)
有外国朋友	−0.100 (0.131)	−0.073 (0.134)
媒体使用情况		
每日上网时间	0.002 (0.006)	−0.024* (0.012)
微信朋友圈人数	0.000 (0.000)	0.000 (0.000)
看新闻联播	0.729*** (0.126)	0.296* (0.129)
用过翻墙软件	−0.195 (0.129)	−0.043 (0.131)
社会信任度	0.147** (0.056)	0.158** (0.058)

续表

变量	愿意 B (SE)	说不清 B (SE)
价值观取向		
传统价值取向	0.003 (0.004)	−0.001 (0.004)
社会价值取向	0.023*** (0.005)	0.014** (0.005)
成就价值取向	−0.015** (0.005)	−0.016** (0.005)
快乐价值取向	−0.006 (0.004)	−0.007 (0.004)
国家自豪感	0.757*** (0.085)	0.393*** (0.085)
常数	−2.857*** (0.619)	−0.948 (0.632)
Log pseudo likelihood	\multicolumn{2}{c}{−2 020.460}
Wald chi^2	\multicolumn{2}{c}{407.45***}
Pseudo R^2	\multicolumn{2}{c}{0.092}

注：* $p<0.05$，** $p<0.01$，*** $p<0.001$；B 为非标准化回归系数，SE 是标准误。

(一) 男性以及农业户口的"90后"参军意愿更高

模型分析结果显示，与表示"不愿意"的参照组相比，在控制了其他变量的情况下，不同性别的"90后"的参军意愿有显著差别，男性愿意参军的发生比显著高于女性，其回归系数为 0.466（p<0.001），即发生比值为 1.594（$e^{0.466}=1.594$），表明男性愿意参军的发生比比女性高 59.4%。进一步数据分析发现，男性和女性表示愿意参军的比例分别为 52.4% 和 40.8%，男性显著高于女性（$x^2=35.279$，p<0.001）。

在户口类型方面，农业户口的"90后"愿意参军的发生比显著高于非农户口的"90后"，其回归系数为 −0.338（p<0.05），即发生比值为 0.713

($e^{-0.338}$=0.713),表明非农户口的"90后"愿意参军的发生比仅为农业户口"90后"的71.3%。进一步数据分析发现,非农户口和农业户口的"90后"表示愿意参军的比例分别为41.5%和55.4%,其差别达到显著程度(x^2=37.514,$p<0.001$)。

(二)母亲受教育程度与"90后"的参军意愿呈负相关

调查数据显示,母亲受教育程度越高的"90后"表示愿意参军打仗的发生比越低,其回归系数为-0.122($p<0.01$),即发生比值为0.885($e^{-0.122}$=0.885),表明母亲受教育程度每升高1级,"90后"愿意参军打仗的发生比会下降11.5%。

(三)有出国出境经历与"90后"的参军意愿呈负相关

与参照群体相比,有出国出境经历的"90后"表示愿意参军打仗的发生比更低,其回归系数为-0.469($p<0.01$),即发生比值为0.626($e^{-0.469}$=0.626),表明有过出国出境经历的"90后"愿意参军打仗的发生比仅为没有出国出境经历的62.6%。进一步数据分析发现,有过出国出境经历的"90后"和没有出国出境经历的"90后"表示愿意参军打仗的比例分别为35.3%和50.0%,两者具有显著差异(x^2=46.831,$p<0.001$)。这可能与出国出境使得个体对多元文化更包容,因而更不愿意以战争这种极端的方式来解决问题的因素相关。

(四)受主流媒体影响的"90后"参军意愿更高

在媒体使用方面,看新闻联播的"90后"表示愿意参军打仗的显著程度更高,其回归系数为0.729($p<0.001$),即发生比值为2.073($e^{0.729}$=2.073),表明看新闻联播的"90后"比不看新闻联播的"90后"愿意参军打仗的发生比高出1.073倍。进一步数据分析发现,看新闻联播的"90后"和不看新闻联播的"90后"表示愿意参军打仗的比例分别为53.2%和36.3%,两者具有显著差异(x^2=78.645,$p<0.001$)。

(五)社会信任度越高的"90后"参军意愿越高

调查显示,社会信任度越高的"90后"表示愿意参军打仗的显著程度越高,其回归系数为0.147($p<0.01$),即发生比值为1.158($e^{0.147}$=1.158),表明平均而言,社会信任度每增加1分,"90后"表示愿意参军打仗的发生比会提高15.8%。

（六）社会价值取向越高则参军意愿越高，与之相对，成就价值取向越高参军意愿越低

模型分析结果显示，社会价值取向越高的"90后"愿意参军打仗的发生比显著更高，其回归系数为 0.023（p<0.001），即发生比值为 1.023（$e^{0.023}$=1.023），表明平均而言，社会价值取向每提高 1 分，"90后"愿意参军打仗的发生比提高 2.3%。

与社会价值取向相反的是，成就价值取向越高的"90后"愿意参军打仗的发生比显著更低，其回归系数为 −0.015（p<0.01），即发生比值为 0.985（$e^{-0.015}$=0.985），表明平均而言，成就价值取向每提高 1 分，"90后"愿意参军打仗的发生比下降 1.5%。可见在参军打仗的意愿上，社会价值取向和成就价值取向发挥作用的方向有所不同。

（七）国家自豪感越强，参军意愿越高

考虑到国家自豪感的高低对一个人的参军意愿可能产生影响，因此本模型纳入了"国家自豪感"变量，分值从 1—5 分，其中非常自豪=5 分，自豪=4 分，一般=3 分，不自豪=2 分，非常不自豪=1 分。模型分析结果显示，国家自豪感对"90后"的参军打仗意愿具有显著影响，表示"愿意"的回归系数为 0.757（p<0.001），即发生比值为 2.132（$e^{0.757}$=2.132），表明与"不愿意"的参照组相比，"90后"的国家自豪感每增加 1 分，其愿意参军打仗的发生比会提高 1.132 倍。

小　结

政治追求是较高层次的追求，体现着人们对执政党、政治体制、方针政策、国际关系等方面的关注，是高于日常生活层面的追求，属于"90后"人生追求体系中归属感层面的追求。本章主要从"90后"的入党行为和意愿、对政治的兴趣、政治参与行为和意愿以及为国参军意愿这四个方面展开分析。本章的主要研究结果如下：

一、"90后"的入党意愿更多是出于实用性目的

在申请入党行为上，有超过三成的"90后"提交过入党申请书；在入党

意愿上,9.1%的"90后"明确表示没兴趣,5.0%认为自己不合格,26.6%表示无所谓,42.3%是出于就业或岗位需要,仅有17.0%表示会严格按党员要求要求自己。可见,当前"90后"入党更多是出于实用性和功利性目的。当得知身边的人为中共党员时,"90后"表示更喜欢或者更信任的比例均低于前三代人,反映了"90后"对党在情感上认同的比例要低于前三代人。而且,"90后"对党组织活动表示感兴趣的比例也要低于"70后"和"80后"。

二、"90后"对政治比较感兴趣,谈论政治问题的频率较高

有超过五成的"90后"表示自己对政治感兴趣,其感兴趣的程度高于"70后"和"80后"。有超过七成的"90后"表示自己经常或有时谈论政治问题,频率也要高于"70后"和"80后"。可见,"90后"并不是政治冷漠的一代,相反他们的政治热情高于前两代人。"90后"内部的群体比较显示中共党员和共青团员、有外国朋友、看新闻联播、使用翻墙软件、社会信任度高以及社会价值取向高的"90后"对政治感兴趣的程度或者谈论政治问题的频率会更高。可见,"90后"的政治热情会受到政治面貌、国际交往、媒体使用以及价值取向等多方面因素的影响。

三、"90后"参与各类政治活动的意愿明显高于前三代人

数据显示,"90后"参与各类政治活动的行为比例总体高于前三代人,主要体现在与周围人或者在互联网上讨论政治问题方面。在未参与的人群中,"90后"的参与意愿要明显高于前三代人,而且这种倾向体现在所有的政治活动上,既包括日常生活中的政治活动如讨论政治问题、向媒体或政府部门反映意见,也包括比较偏激的政治活动如上访、参与示威游行以及参与罢工罢市罢课等。可见,"90后"参与各类政治活动的意愿是比较高的,"90后"是充满政治热情的一代。

四、近半数"90后"愿意为国参军打仗

数据显示,有45.4%的"90后"表示愿意为保卫国家参军打仗,该比例高于"60后"和"80后",只略低于"70后",说明"90后"愿意为国参军打仗的比例较高,"90后"并不是无视或漠视祖国安危的一代。当国家需要时,有相当部分的"90后"愿意挺身而出,为保卫国家尽自己的力量。"90后"内部

的群体比较则显示男性、农业户口、看新闻联播、社会信任度高、社会价值取向高以及国家自豪感强的"90后"为国参军打仗的意愿更高。由此可见,性别、户籍、媒体使用以及价值取向等因素都会对"90后"的参军意愿产生影响作用。

第六章 社会参与追求现状及成因

社会参与指社会成员对社会生活的某种愿望与需要,并以某种方式参与国家政治、经济、社会、文化生活以及社区公共事务的社会发展过程[1],具体表现为对社会生活各个方面现状与活动的关心、了解与行为投入[2]。

青年社会参与是国家现代化进程中的重要组成部分[3]。《中长期青年发展规划(2016—2025年)》将"青年社会融入与社会参与"列为十项发展领域之一,提出青年社会参与的发展目标为:"青年更加主动、自信地适应社会、融入社会。青年社会参与的渠道和方式进一步丰富和畅通,实现积极有序、理性合法参与。共青团、青联、学联组织在促进青年社会融入和社会参与中的主导作用充分发挥,带动各类青年组织在促进青年有序社会参与中发挥积极作用。青年参与社会主义现代化建设的积极性主动性进一步增强,青年志愿服务水平进一步提高。不同青年群体相互理解尊重。青年对外交流合作不断拓展。"[4]

由此可见,国家高度重视青年的社会参与问题。那么,"90后"参与各类社团组织的比例有多少?他们更多会参与哪些类别的社团组织?他们参与各类社团组织的意愿如何?他们更愿意参与到哪类社团组织中?"90后"在社会交往中对哪些话题或内容更感兴趣?本章主要从以上方面展开对"90后"社会参与内容的分析。

---

[1][3] 时昱,沈德赛.当代中国青年社会参与现状、问题与路径分析[J].中国青年研究,2018(5):38-44.

[2] 吴鲁平.90年代中国青年社会参与意识和行为[J].当代青年研究,1994(Z1):8-14.

[4] 中共中央国务院印发《中长期青年发展规划(2016—2025年)》[N].人民日报,2017-04-14(1).

第一节　参与社团组织的行为

有研究表明，当前中国青年的社会参与总体上呈健康协调的发展态势，但依然存在参与面狭窄、参与渠道不畅等现象①。那么，"90后"参与各类社团组织的基本情况如何？不同群体的"90后"更倾向于参与哪种类型的社团组织？

一、"90后"主要参与校友会、工会以及兴趣类组织

调查显示（见表6-1-1），"90后"参与各类社团组织，排在前三位的是校友会、工会和兴趣/娱乐/运动组织，选择比例均在25%及以上；其次是教育/艺术/文化专业性组织和环境/生态保护组织，选择比例分别为12.2%和6.0%；选择比例在5%以下的有业主委员会、商会/行业协会、宗族会/老乡会和宗教/教会组织。可见，除了学校的校友会和工作单位的工会以外，"90后"参与比例最高的是兴趣和娱乐运动组织。

表6-1-1　不同代人参与社团组织的比较　　%

社团组织	60后	70后	80后	90后	x^2
校友会	24.6	30.9	32.7	32.0	7.737
工会	41.6	47.4	42.1	27.2	45.395***
兴趣/娱乐/运动组织	24.0	18.4	23.6	25.0	4.879
教育/艺术/文化专业性组织	12.2	9.6	10.9	12.2	1.653
环境/生态保护组织	9.7	4.8	6.4	6.0	6.266
业主委员会	11.8	8.8	4.3	2.4	43.994***
商会/行业协会	4.7	4.8	3.8	2.8	2.907
宗族会/老乡会	5.0	4.2	5.1	2.6	5.745
宗教/教会组织	2.5	2.1	2.2	1.8	0.557

---

① 时昱,沈德赛.当代中国青年社会参与现状、问题与路径分析[J].中国青年研究,2018(5):38-44.

从不同代人参与各类社团组织的比较来看，"90后"的参与比例并不比其他三代人更高，有的组织的参与比例更低。具体而言，在校友会的参与上，"60后""70后""80后"和"90后"的参与比例分别为24.6%、30.9%、32.7%和32.0%，且不同代之间并无显著差异（卡方检验结果$x^2=7.737$，$p>0.05$）。在工会组织的参与上，"90后"的参与比例显著低于其他三代人，其中"60后""70后""80后"和"90后"的参与比例分别为41.6%、47.4%、42.1%和27.2%，卡方检验结果$x^2=45.395$，$p<0.001$，这可能与"90后"加入正式工作的比例尚偏低，因此加入工会的比例也偏低。

在兴趣/娱乐/运动组织上，"60后""70后""80后"和"90后"的参与比例分别为24.0%、18.4%、23.6%和25.0%，"90后"的参与比例虽然不低，但与其他三代人并无显著差异，$x^2=4.879$，$p>0.05$。在教育/艺术/文化专业性组织上，"60后""70后""80后"和"90后"的参与比例分别为12.2%、9.6%、10.9%和12.2%，"90后"的参与比例与其他三代人基本持平，不同代人之间并无显著差异，卡方检验结果$x^2=1.653$，$p>0.05$。

在环境/生态保护组织上，"60后""70后""80后"和"90后"的参与比例分别为9.7%、4.8%、6.4%和6.0%，"90后"的参与比例偏低。在业主委员会上，"60后""70后""80后"和"90后"的参与比例分别为11.8%、8.8%、4.3%和2.4%，"90后"的参与比例显著低于前三代人（$x^2=43.994$，$p<0.001$），这可能与"90后"买房的比例更少以及"90后"较少有精力参与到社区事务中等因素相关。

此外，在商会/行业协会、宗族会/老乡会以及宗教/教会组织上，"60后""70后""80后"和"90后"的参与比例均比较低，都在5%左右或更低，且代际之间均无显著差异。

二、"90后"参与各类社团组织的影响因素

为了进一步分析哪些因素会对"90后"参与各类社团组织的行为产生影响，本研究将个体人口特征、家庭背景、国际化、媒体使用情况、社会信任度以及价值观取向等变量纳入多元回归模型。由于对参与各类社团组织的测量是分类变量，因此采用Mlogit模型，每个模型以每一类社团组织中"未参加"这一组为参照组（见表6-1-2）。

176　中国梦与"90一代"

表 6-1-2 "90 后"参与社团组织的影响因素（Mlogit 模型）

变量	校友会 B (SE)	工会 B (SE)	兴趣类组织 B (SE)	专业性组织 B (SE)	环保组织 B (SE)	业委会 B (SE)	商会/行业协会 B (SE)	宗族会/老乡会 B (SE)	宗教/教会组织 B (SE)
个体人口特征									
性别(1=男)	0.128 (0.244)	0.343 (0.263)	−0.040 (0.282)	−0.575 (0.384)	0.152 (0.465)	−0.679 (0.927)	−1.116 (0.895)	−0.417 (0.747)	−2.478 (2.217)
户口类型 (1=非农户口)	0.104 (0.340)	0.390 (0.380)	−0.637 (0.376)	0.414 (0.598)	0.389 (0.714)	0.521 (1.265)	−1.278 (1.053)	−0.626 (0.965)	−0.733 (1.901)
受教育程度（参照组：高中及以下）									
大学专科	0.765* (0.370)	0.467 (0.423)	0.393 (0.415)	−0.461 (0.542)	−1.003 (0.661)	16.286 (1 585.575)	−0.089 (1.077)	0.751 (1.236)	3.242 (4.283)
大学本科	0.577 (0.383)	0.709 (0.424)	−0.244 (0.440)	−0.667 (0.555)	−1.492* (0.726)	14.179 (1 585.575)	−3.000* (1.487)	0.435 (1.278)	0.547 (4.112)
研究生	0.248 (0.721)	1.401* (0.713)	0.822 (0.756)	0.164 (0.910)	−0.936 (1.164)	−2.510 (4 227.252)	−19.320 (4 126.667)	−15.461 (1 710.807)	−18.672 (8 197.998)
政治面貌（参照组：群众）									
中共党员	−0.062 (0.400)	0.846* (0.418)	−0.245 (0.475)	−0.168 (0.596)	1.065 (0.791)	1.915 (1.331)	−16.901 (2 470.297)	−1.160 (1.249)	20.030 (2 252.069)
共青团员	0.068 (0.258)	0.775** (0.287)	0.220 (0.294)	0.069 (0.383)	0.591 (0.552)	0.755 (0.980)	0.402 (0.857)	0.151 (0.733)	17.522 (2 252.068)

续表

变量	校友会 B (SE)	工会 B (SE)	兴趣类组织 B (SE)	专业性组织 B (SE)	环保组织 B (SE)	业委会 B (SE)	商会/行业协会 B (SE)	宗族会/老乡会 B (SE)	宗教/教会组织 B (SE)
家庭背景									
父亲职业	−0.035 (0.053)	−0.006 (0.055)	−0.019 (0.058)	−0.089 (0.077)	−0.064 (0.103)	0.015 (0.196)	−0.012 (0.180)	0.153 (0.151)	0.214 (0.335)
母亲受教育程度	0.089 (0.093)	0.059 (0.099)	0.146 (0.106)	0.188 (0.140)	−0.044 (0.186)	0.130 (0.323)	0.278 (0.336)	0.151 (0.285)	1.518 (0.894)
家庭经济主观感受	0.116 (0.219)	0.173 (0.238)	0.186 (0.247)	−0.003 (0.311)	0.594 (0.455)	−0.556 (0.673)	1.046 (0.693)	−0.145 (0.594)	3.627* (1.607)
有兄弟姐妹	−0.480 (0.301)	−0.365 (0.327)	−1.069** (0.371)	−1.088* (0.535)	−0.862 (0.676)	0.292 (1.122)	0.393 (0.954)	0.408 (0.801)	−1.073 (1.880)
国际化变量									
出国出境过	0.056 (0.262)	0.285 (0.280)	0.598* (0.292)	0.665 (0.385)	0.529 (0.512)	0.253 (0.909)	0.811 (0.899)	1.539 (0.824)	2.723 (2.128)
有外国朋友	0.767** (0.269)	−0.223 (0.297)	0.871** (0.292)	1.053** (0.379)	0.989 (0.511)	4.325** (1.335)	2.871** (0.970)	1.658 (0.729)	1.909 (1.521)

续表

变量	校友会 B (SE)	工会 B (SE)	兴趣类组织 B (SE)	专业性组织 B (SE)	环保组织 B (SE)	业委会 B (SE)	商会/行业协会 B (SE)	宗族会/老乡会 B (SE)	宗教/教会组织 B (SE)
媒体使用情况									
每日上网时间	0.006 (0.011)	0.018 (0.012)	0.018 (0.011)	0.005 (0.019)	0.018 (0.023)	−0.024 (0.092)	0.024 (0.034)	−0.013 (0.043)	0.028 (0.111)
微信朋友圈人数	0.001 (0.001)	0.000 (0.001)	0.001 (0.001)	0.001 (0.001)	0.000 (0.002)	0.002 (0.002)	0.004* (0.002)	0.001 (0.002)	0.008 (0.005)
看新闻联播	0.747** (0.255)	0.456 (0.275)	0.408 (0.290)	0.881* (0.408)	0.186 (0.514)	−0.728 (0.897)	1.067 (0.948)	1.749 (0.925)	1.307 (1.698)
用过翻墙软件	0.031 (0.268)	−0.089 (0.285)	0.390 (0.298)	0.216 (0.370)	0.243 (0.468)	0.287 (0.839)	−0.142 (0.862)	−0.404 (0.777)	0.985 (1.496)
社会信任度	0.110 (0.108)	0.008 (0.114)	0.123 (0.122)	0.148 (0.168)	0.519* (0.247)	−0.137 (0.374)	−0.976** (0.375)	−0.612 (0.339)	−1.708* (0.745)
价值观取向									
传统价值取向	0.007 (0.010)	−0.003 (0.010)	−0.005 (0.011)	−0.004 (0.015)	−0.002 (0.019)	0.004 (0.030)	0.034 (0.035)	0.027 (0.032)	0.061 (0.071)
社会价值取向	−0.012 (0.010)	0.021 (0.012)	0.006 (0.012)	0.009 (0.016)	0.047 (0.024)	0.076 (0.054)	0.012 (0.037)	0.008 (0.034)	0.108 (0.104)

续表

变量	校友会 B (SE)	工会 B (SE)	兴趣类组织 B (SE)	专业性组织 B (SE)	环保组织 B (SE)	业委会 B (SE)	商会/行业协会 B (SE)	宗族会/老乡会 B (SE)	宗教/教会组织 B (SE)
价值观取向									
成就价值取向	−0.002 (0.008)	−0.014 (0.009)	−0.004 (0.009)	0.026* (0.013)	−0.018 (0.016)	0.012 (0.032)	0.007 (0.029)	0.009 (0.025)	−0.021 (0.048)
快乐价值取向	0.015 (0.008)	0.006 (0.009)	0.029** (0.009)	0.017 (0.013)	−0.001 (0.018)	−0.056 (0.032)	−0.037 (0.029)	−0.004 (0.025)	−0.105 (0.058)
常数	−3.822*** (1.014)	−4.703*** (1.129)	−5.302*** (1.184)	−7.427*** (1.677)	−8.704*** (2.311)	−23.116 (1 585.578)	−6.917 (3.581)	−8.174* (3.258)	−45.614 (2 252.105)
Log pseudo likelihood	−227.700	−204.367	−185.71	−118.521	−77.78	−30.096	−30.496	−40.109	−15.392
Wald chi²	46.44**	44.84**	73.52***	60.56***	34.94*	40.05*	46.19**	26.77	54.80***
Pseudo R²	0.093	0.099	0.165	0.204	0.183	0.400	0.431	0.250	0.640

注：* $p<0.05$，** $p<0.01$，*** $p<0.001$；B 为非标准化回归系数，SE 是标准误。

(一) 中共党员和共青团员参与工会的比例显著更高

与参照群体相比,在控制了其他变量的情况下,中共党员和共青团员参与工会组织的发生比显著更高,其回归系数分别为 0.846($p<0.05$)和 0.775($p<0.01$),即发生比值分别为 2.330($e^{0.846}=2.330$)和 2.171($e^{0.775}=2.171$),表明中共党员和共青团员参与工会组织的发生比分别比群众高出 1.330 倍和 1.171 倍。进一步数据分析发现,参加了工会组织,中共党员、共青团员和群众的比例分别为 42.9%、33.3%和 18.0%。

(二) 独生子女参与兴趣类和专业性组织的比例更高

与参照群体相比,在控制了其他变量的情况下,独生子女参与兴趣类组织和专业性组织的发生比显著更高,其回归系数分别为 -1.069($p<0.01$)和 -1.088($p<0.05$),即发生比值分别为 0.343($e^{-1.069}=0.343$)和 0.337($e^{-1.088}=0.337$),表明有兄弟姐妹的"90后"参与兴趣类组织和专业性组织的发生比仅为独生子女的 34.3%和 33.7%。进一步数据分析发现,参加了兴趣类组织,独生子女和非独生子女的比例分别为 17.3%和 27.6%;参加了专业性组织,独生子女和非独生子女的比例分别为 13.6%和 7.9%。

(三) 有国际化经历的"90后"参与社团组织的比例相对更高

调查显示,有过出国出境经历的"90后"参与兴趣类组织的发生比显著更高,其回归系数为 0.598($p<0.05$),即发生比值为 1.818($e^{0.598}=1.818$),表明有过出国出境经历的"90后"参与兴趣类组织的发生比没有出国出境经历的"90后"高出 0.818 倍。进一步数据分析发现,有过出国出境经历和没有出国出境经历的"90后"参加了兴趣类组织的比例分别为 33.5%和 19.3%,卡方检验结果为 $x^2=13.090$,$p<0.001$。

与参照群体相比,有外国朋友的"90后"参与各类社团组织的发生比更高,其中参与校友会、兴趣类组织、专业性组织、业委会和商会/行业协会的发生比均显著更高,其回归系数分别为 0.767($p<0.01$)、0.871($p<0.01$)、1.053($p<0.01$)、4.325($p<0.01$)和 2.871($p<0.01$),即发生比值分别为 2.153($e^{0.767}=2.153$)、2.389($e^{0.871}=2.389$)、2.866($e^{1.053}=2.866$)、75.566($e^{4.325}=75.566$)和 17.655($e^{2.871}=17.655$),这表明有外国朋友的"90后"参与以上五项社团组织的发生比没有外国朋友的"90后"分别高

出 1.153 倍、1.389 倍、1.866 倍、74.566 倍和 16.655 倍。进一步数据分析发现,有外国朋友和没有外国朋友的"90 后"参与校友会的比例分别为 46.0% 和 26.2%、参与兴趣类组织的比例分别为 41.5% 和 18.2%、参与专业性组织的比例分别为 21.2% 和 8.4%、参与业委会的比例分别为 6.9% 和 0.6%、参与商会/行业协会的比例分别为 6.8% 和 1.1%,其差异均达到显著性程度,$p<0.001$。

(四)受主流媒体影响的"90 后"参与社团组织的比例相对更高

在媒体使用方面,看新闻联播的"90 后"在参加校友会和专业性组织上的比例更高,其回归系数分别为 0.747($p<0.01$)和 0.881($p<0.05$),即发生比值分别为 2.111($e^{0.747}=2.111$)和 2.413($e^{0.881}=2.413$),这表明看新闻联播的"90 后"在参与校友会和专业性组织上的发生比分别比不看新闻联播的"90 后"高出 1.111 倍和 1.413 倍。进一步数据分析发现,看和不看新闻联播的"90 后"参与校友会的比例分别为 37.7% 和 24.5%、参与专业性组织的比例分别为 15.1% 和 8.5%,其差异均达到显著性程度,$p<0.05$。

(五)社会信任度对"90 后"参与不同类型社团组织的影响作用不同

社会信任度对"90 后"参与不同的社团组织有不同的影响作用。其中,社会信任度对参与环保组织有正面的影响作用,即社会信任度越高,"90 后"参与环保组织的发生比更高,回归系数为 0.519($p<0.05$),即发生比值为 1.680($e^{0.519}=1.680$),这说明社会信任度每提高 1 分,"90 后"参加环保组织的发生比会提高 68%,这也恰恰说明当社会发展到一定程度,人群之间的社会信任度较高时,人们会更关注环保问题,并投身环保实践。

与此相反,社会信任度对"90 后"参加商会/行业协会和宗教/教会组织有负影响作用,即社会信任度越高,人们参加商会/行业协会和宗教/教会组织的比例会下降,换句话说,社会信任度低的人参加商会行业协会和宗教教会组织的比例更高,即当社会信任度低时,人们才更倾向于通过参与商会/行业协会以及宗教/教会组织获得安全感和社会支持。与"未参加"的参照群体相比,"90 后"参加商会/行业协会和宗教/教会组织的回归系数分别为 −0.976($p<0.01$)和 −1.708($p<0.05$),即发生比值分别为 0.377($e^{-0.976}=0.377$)和 0.181($e^{-1.708}=0.181$),这表明社会信任度

每提高1分,"90后"参加商会/行业协会以及宗教/教会组织的发生比会下降62.3%和81.9%。

(六)成就价值取向越高越倾向于参加专业性组织,快乐价值取向越高更倾向于参加兴趣类组织

模型分析结果显示,成就价值取向越高的"90后"参加专业性组织的发生比显著更高,其回归系数为0.026($p<0.05$),即发生比值为1.026($e^{0.026}=1.026$),这表明成就价值取向每提高1分,"90后"参加专业性组织的发生比会上升2.6%。对此的解释是,成就一般和专业联系在一起,追求成就要求更专业,因此,追求成就的"90后"更倾向于加入专业性组织,以提高自己的专业能力。

而快乐价值取向越高的"90后"参加兴趣类组织的发生比显著更高,其回归系数为0.029($p<0.01$),即发生比值为1.029($e^{0.029}=1.029$),这表明快乐价值取向每提高1分,"90后"参加兴趣类组织的发生比会上升2.9%。对此的解释是,快乐一般和兴趣爱好联系在一起,因此,具有快乐价值取向的"90后"更倾向于加入兴趣爱好类的组织,以追求更高程度的愉悦。

第二节 参与社团组织的意愿

有研究认为,中国社会的快速变迁使得公民社会参与尤其是青年群体社会参与出现传统与现代杂糅的现象,青年因为快速提升的主体意识和公共精神而具有强烈的社会参与意愿。[1]那么,"90后"参与各类社团组织的意愿如何?与参与行为相比,参与意愿体现为何种特征?不同群体的"90后"更愿意参与哪种类型的社团组织?

一、"90后"参与社团组织的意愿较高

调查显示(见表6-2-1),"90后"参与各类社团组织的意愿要远远高于

---

[1] 时昱,沈德赛.当代中国青年社会参与现状、问题与路径分析[J].中国青年研究,2018(5):38-44.

其实际的参与比例。其中,"90后"参与意愿最高的三项是兴趣/娱乐/运动组织、校友会以及教育/艺术/文化专业性组织,比例分别为57.6%、55.2%和46.4%;排在第四和第五位的是环境/生态保护组织和工会,选择比例分别为43.9%和36.5%;排在后四位的是业主委员会、商会/行业协会、宗族会/老乡会以及宗教/教会组织,选择比例分别为19.2%、18.3%、14.1%和8.2%。可见,兴趣/娱乐/运动类组织是"90后"最有意愿参与的社团组织。

表6-2-1 不同代人参与社团组织意愿的比较　　　　　　　　%

社团组织	60后	70后	80后	90后	x^2
兴趣/娱乐/运动组织	41.7	50.8	53.6	57.6	15.948**
校友会	37.8	42.0	49.3	55.2	22.475***
教育/艺术/文化专业性组织	30.5	40.0	42.8	46.4	16.875**
环境/生态保护组织	28.1	42.8	41.4	43.9	17.695**
工会	36.7	46.6	41.3	36.5	7.989*
业主委员会	21.4	24.7	20.2	19.2	3.389
商会/行业协会	7.5	16.0	16.9	18.3	12.936**
宗族会/老乡会	10.3	14.9	15.8	14.1	5.076
宗教/教会组织	6.0	6.2	7.7	8.2	1.787

从不同代人的比较来看,在兴趣/娱乐/运动组织、校友会、教育/艺术/文化专业性组织和环境/生态保护组织上,"90后"的选择比例显著高于前三代人,卡方检验结果分别为 x^2=15.948、22.475、16.875和17.695,p值均小于0.01及以下。

在工会和业主委员会上,"90后"的选择比例要低于前三代人。在商会/行业协会上,"60后""70后""80后"和"90后"的选择比例分别为7.5%、16.0%、16.9%和18.3%,且差异达到显著程度,卡方检验结果 x^2=12.936,p<0.01,说明与前三代人相比,"90后"参与商会/行业协会的意愿显著更高,而商会/行业协会往往意味着社会资本和人脉圈的拓展。对于宗族会/老乡会,"90后"的参与意愿和前三代人基本持平,差异未达到显著程度

($x^2=5.076$, $p>0.05$)。在宗教/教会组织上,"60后""70后""80后"和"90后"的选择比例分别为6.0%、6.2%、7.7%和8.2%,"90后"的选择比例略高,但差异未达到显著程度($x^2=1.787$, $p>0.05$)。

从"90后"参与各类社团组织的实际与意愿比例来看(见表6-2-2),意愿均要大于行为,如果将意愿比例减去实际比例定义为意愿差,那么,意愿差大于30%的有三项,即环境/生态保护组织、教育/艺术/文化专业性组织和兴趣/娱乐/运动组织,比例分别为37.9%、34.2%和32.6%,可见"90后"参与以上三个社团组织的意愿提升是最大的。

意愿提升在10%～30%的有校友会、业主委员会、商会/行业协会和宗族会/老乡会,比例分别为23.2%、16.8%、15.5%和11.5%。意愿提升在10%以下的有工会以及宗教/教会组织,比例分别为9.3%和6.4%,可见这两项的意愿提升比例相对较低。

表6-2-2 "90后"参与各类社团组织的行为和意愿 %

社团组织	参与比例	参与意愿	差值(意愿—行为)
环境/生态保护组织	6.0	43.9	37.9↑
教育/艺术/文化专业性组织	12.2	46.4	34.2↑
兴趣/娱乐/运动组织	25.0	57.6	32.6↑
校友会	32.0	55.2	23.2↑
业主委员会	2.4	19.2	16.8↑
商会/行业协会	2.8	18.3	15.5↑
宗族会/老乡会	2.6	14.1	11.5↑
工会	27.2	36.5	9.3↑
宗教/教会组织	1.8	8.2	6.4↑

二、"90后"参与社团组织意愿的影响因素

为了进一步分析哪些因素会对"90后"参与各类社团组织的意愿产生影响,本研究将个体人口特征、家庭背景、国际化、媒体使用情况、社会信任度以及价值观取向等变量纳入多元回归模型。由于对参与各类社团组织意愿的测量是分类变量,因此采用Mlogit模型,每个模型以每一类社团组织中"没兴趣参加"这一组为参照组(见表6-2-3)。

第六章 社会参与追求现状及成因

表6-2-3 "90后"参与社团组织意愿的影响因素（Mlogit模型）

变量	兴趣类组织 B (SE)	校友会 B (SE)	专业性组织 B (SE)	环保组织 B (SE)	工会 B (SE)	业委会 B (SE)	商会/行业协会 B (SE)	宗族会/老乡会 B (SE)	宗教/教会组织 B (SE)
个体人口特征									
性别(1=男)	−0.626* (0.282)	−0.037 (0.267)	−0.629* (0.267)	0.077 (0.274)	0.034 (0.278)	−0.135 (0.353)	0.172 (0.377)	0.139 (0.390)	0.487 (0.464)
户口类型(1=非农户口)	−0.261 (0.370)	−0.105 (0.351)	−0.586 (0.355)	−1.064** (0.363)	−0.267 (0.365)	−0.409 (0.423)	0.111 (0.513)	−0.072 (0.483)	−0.620 (0.556)
受教育程度（参照组：高中及以下）									
大学专科	0.183 (0.405)	0.287 (0.383)	0.193 (0.388)	0.296 (0.402)	−0.110 (0.419)	−0.334 (0.525)	0.268 (0.545)	−0.561 (0.540)	−0.156 (0.693)
大学本科	−0.528 (0.411)	0.190 (0.389)	0.101 (0.390)	−0.057 (0.409)	−0.240 (0.429)	−0.033 (0.528)	−0.422 (0.562)	−0.150 (0.551)	−0.142 (0.734)
研究生	−0.407 (0.824)	0.601 (0.768)	0.363 (0.775)	0.098 (0.764)	−0.274 (0.802)	1.120 (0.888)	−0.897 (1.075)	−14.325 (642.327)	−15.778 (1184.875)
政治面貌（参照组：群众）									
中共党员	0.391 (0.473)	0.077 (0.445)	0.514 (0.444)	0.643 (0.447)	1.395** (0.443)	−0.091 (0.559)	0.779 (0.572)	0.062 (0.627)	1.839* (0.716)
共青团员	0.232 (0.300)	0.144 (0.278)	0.267 (0.280)	0.243 (0.286)	0.421 (0.300)	0.427 (0.372)	0.619 (0.387)	−0.097 (0.420)	1.138* (0.554)

续表

变量	兴趣类组织 B (SE)	校友会 B (SE)	专业性组织 B (SE)	环保组织 B (SE)	工会 B (SE)	业委会 B (SE)	商会/行业协会 B (SE)	宗族会/老乡会 B (SE)	宗教/教会组织 B (SE)
家庭背景									
父亲职业	0.006 (0.064)	−0.025 (0.060)	−0.021 (0.059)	−0.002 (0.060)	−0.018 (0.062)	−0.165* (0.079)	−0.101 (0.080)	−0.050 (0.092)	0.147 (0.105)
母亲受教育程度	0.040 (0.107)	−0.094 (0.100)	−0.012 (0.100)	−0.100 (0.103)	0.123 (0.105)	−0.145 (0.133)	0.077 (0.143)	−0.396* (0.170)	−0.164 (0.186)
家庭经济主观感受	−0.460 (0.256)	−0.025 (0.227)	−0.365 (0.236)	−0.353 (0.242)	−0.057 (0.237)	−0.097 (0.290)	−0.355 (0.289)	−0.358 (0.310)	−0.762* (0.375)
有兄弟姐妹	−0.338 (0.323)	−0.295 (0.302)	−0.210 (0.303)	−0.189 (0.306)	0.265 (0.319)	−0.077 (0.400)	0.435 (0.486)	0.570 (0.425)	0.523 (0.481)
国际化变量									
出国出境过	0.566 (0.309)	−0.019 (0.286)	0.507 (0.283)	0.385 (0.289)	0.202 (0.294)	−0.134 (0.361)	0.603 (0.400)	−0.219 (0.409)	−0.063 (0.482)
有外国朋友	1.241** (0.364)	0.935** (0.325)	0.901** (0.314)	1.480*** (0.321)	0.039 (0.316)	0.752* (0.370)	0.980* (0.392)	0.881* (0.418)	1.078* (0.481)

续表

变量	兴趣类组织 B (SE)	校友会 B (SE)	专业性组织 B (SE)	环保组织 B (SE)	工会 B (SE)	业委会 B (SE)	商会/行业协会 B (SE)	宗族会/老乡会 B (SE)	宗教/教会组织 B (SE)
媒体使用情况									
每日上网时间	0.023 (0.020)	0.002 (0.014)	0.002 (0.012)	0.001 (0.013)	0.018 (0.012)	0.006 (0.016)	0.030* (0.015)	−0.008 (0.021)	−0.008 (0.023)
微信朋友圈人数	0.001 (0.002)	0.001 (0.001)	0.000 (0.001)	0.000 (0.001)	0.000 (0.001)	0.000 (0.002)	0.000 (0.002)	0.004* (0.001)	−0.001 (0.002)
看新闻联播	0.261 (0.291)	0.796** (0.273)	0.439 (0.272)	0.545* (0.273)	0.814** (0.284)	1.129** (0.367)	1.083** (0.394)	0.376 (0.384)	0.117 (0.470)
用过翻墙软件	0.576 (0.337)	−0.039 (0.303)	0.370 (0.304)	0.238 (0.313)	−0.055 (0.320)	0.878* (0.378)	0.372 (0.407)	−0.566 (0.480)	−0.301 (0.538)
社会信任度	0.099 (0.125)	0.112 (0.116)	0.145 (0.119)	0.170 (0.120)	0.245 (0.128)	−0.068 (0.153)	0.040 (0.167)	0.077 (0.174)	−0.178 (0.196)
价值观取向									
传统价值取向	0.013 (0.010)	0.014 (0.010)	0.014 (0.010)	0.007 (0.010)	0.006 (0.011)	0.002 (0.013)	0.019 (0.014)	0.006 (0.014)	0.004 (0.016)
社会价值取向	−0.005 (0.011)	−0.008 (0.011)	0.002 (0.011)	0.009 (0.011)	0.038** (0.012)	0.054** (0.016)	−0.002 (0.017)	0.013 (0.017)	0.000 (0.019)

续表

变量	兴趣类组织 B (SE)	校友会 B (SE)	专业性组织 B (SE)	环保组织 B (SE)	工会 B (SE)	业委会 B (SE)	商会/行业协会 B (SE)	宗族会/老乡会 B (SE)	宗教/教会组织 B (SE)
价值观取向									
成就价值取向	0.001 (0.010)	−0.005 (0.009)	0.000 (0.009)	−0.013 (0.009)	−0.016 (0.010)	−0.009 (0.012)	0.027* (0.013)	−0.011 (0.014)	0.016 (0.015)
快乐价值取向	0.038*** (0.009)	0.025** (0.008)	0.027** (0.009)	0.028** (0.009)	−0.001 (0.009)	0.001 (0.012)	−0.014 (0.012)	0.002 (0.013)	0.006 (0.015)
常数	−2.941** (1.115)	−2.685** (1.006)	−2.792** (1.035)	−2.186* (1.035)	−4.457*** (1.103)	−4.326** (1.359)	−4.531** (1.409)	−0.790 (1.416)	−2.159 (1.686)
Log pseudo likelihood	−170.978	−190.521	−190.279	−187.267	−176.469	−128.618	−115.373	−109.033	−82.930
Wald chi²	88.54***	48.48***	73.84***	80.87***	65.59***	60.80***	42.62**	40.24*	30.74
Pseudo R²	0.206	0.113	0.163	0.178	0.157	0.191	0.156	0.156	0.156

注：* $p<0.05$，** $p<0.01$，*** $p<0.001$；B 为非标准化回归系数，SE 是标准误。

（一）女性参与兴趣类和专业性组织的意愿更高，农业户口"90 后"参与环保组织的意愿更高

在性别方面，与参照群体相比，在控制了其他变量的情况下，女性参与兴趣类组织和专业性组织的发生比显著更高，其回归系数分别为－0.626（p<0.05）和－0.629（p<0.05），即发生比值分别为 0.535（$e^{-0.626}$＝0.535）和 0.533（$e^{-0.629}$＝0.533），表明男性愿意参与兴趣类组织和专业性组织的发生比仅为女性的 53.5% 和 53.5%。进一步数据分析发现，男性和女性愿意参加兴趣类组织的比例分别为 49.2% 和 65.1%；愿意参加专业性组织的比例分别为 37.7% 和 53.8%，且差异均达到显著性程度（p<0.01）。这可能是因为，女性更愿意通过加入社会性团体获得帮助和支持。

在户口类型方面，农业户口的"90 后"愿意加入环保组织的发生比要显著高于非农户口的"90 后"。其回归系数为－1.064（p<0.01），即发生比值为 0.345（$e^{-1.064}$＝0.345），表明非农户口的"90 后"愿意参加环保组织的发生比仅为农业户口"90 后"的 34.5%。进一步数据分析发现，非农户口和农业户口"90 后"愿意参加环保组织的比例分别为 41.7% 和 55.3%，卡方检验值为 x^2＝4.678，p<0.05，差异达到显著性程度。这可能是因为，农业户口的"90 后"接触大自然的机会更多，因此对自然环境以及环保重要性的认识和参与意愿更强。

（二）母亲受教育程度越高的"90 后"参与宗族会/老乡会的意愿越低，家庭经济主观感受越好的"90 后"参与宗教/教会组织的意愿越低

在家庭背景上，数据显示，与参照群体相比，在控制了其他变量的情况下，父亲职业地位越高的"90 后"参与业委会的意愿越低，其回归系数为－0.165（p<0.05），即发生比值为 0.848（$e^{-0.165}$＝0.848），表明父亲职业地位每提高 1 级，"90 后"愿意参加业委会的发生比会下降 15.2%。母亲受教育程度越高的"90 后"参与宗族会/老乡会的意愿越低，其回归系数为－0.396（p<0.05），即发生比值为 0.673（$e^{-0.396}$＝0.673），表明母亲受教育程度每提高 1 级，"90 后"愿意参加宗族会/老乡会的发生比会下降 32.7%。家庭经济主观感受越好的"90 后"参与宗教/教会组织的意愿越低。其回归系数为－0.762（p<0.05），即发生比值为 0.467（$e^{-0.762}$＝0.467），表明家庭经济主观感受每升高 1 分，"90 后"愿意参加宗教/教会组织的发生比

下降 53.3%。

（三）有外国朋友的"90 后"参与各类社团组织的兴趣相对更高

与参照群体相比，除了工会以外，有外国朋友的"90 后"有兴趣参与其他各类社团组织的发生比均更高，其中参与兴趣类组织、校友会、专业性组织、环保组织、业委会、商会/行业协会、宗族会/老乡会和宗教/教会组织的发生比均显著更高，其回归系数分别为 1.241（$p<0.01$）、0.935（$p<0.01$）、0.901（$p<0.01$）、1.480（$p<0.001$）、0.752（$p<0.05$）、0.980（$p<0.05$）、0.881（$p<0.05$）和 1.078（$p<0.05$）。进一步数据分析发现，有外国朋友和没有外国朋友的"90 后"愿意参与兴趣类组织的比例分别为 78.5% 和 49.5%，愿意参与校友会的比例分别为 74.1% 和 48.0%，愿意参与专业性组织的比例分别为 61.2% 和 40.5%，愿意参与环保组织的比例分别为 62.6% 和 36.4%，愿意参与业委会的比例分别为 27.0% 和 16.0%，愿意参与商会/行业协会的比例分别为 27.6% 和 14.7%，愿意参与宗族会/老乡会的比例分别为 19.4% 和 12.0%，愿意参与宗教/教会组织的比例分别为 11.1% 和 7.0%，且差异均达到显著性程度。由以上数据可知，有外国朋友的"90 后"选择愿意参与各类社团组织的比例要远远大于没有外国朋友的"90 后"，这可能是因为有外国朋友本身就意味着较强的社交能力和社交愿望，而这种愿望也会体现在对各类社团组织的实际参与行为以及参与意愿上。

（四）受主流媒体影响的"90 后"有兴趣参与各类社团组织的比例相对更高

在媒体使用方面，看新闻联播的"90 后"有兴趣参加校友会、环保组织、工会、业委会以及商会/行业协会的比例更高，其回归系数分别为 0.796（$p<0.01$）、0.545（$p<0.05$）、0.814（$p<0.01$）、1.129（$p<0.01$）和 1.083（$p<0.01$）。进一步数据分析发现，看和不看新闻联播的"90 后"有兴趣参加校友会的比例分别为 63.8% 和 44.6%，有兴趣参加环保组织的比例分别为 51.3% 和 35.0%，有兴趣参加工会的比例分别为 45.8% 和 25.0%，有兴趣参加业委会的比例分别为 25.7% 和 10.3%，有兴趣参加商会行业协会的比例分别为 24.6% 和 10.1%，且其差异均达到显著性程度，$p<0.01$。可见，看新闻联播的"90 后"往往具有较强的参与意识和对时局的关注，因此对各类社团组织的参与意愿也更高。

（五）不同价值取向对"90后"参与社团组织的意愿有不同的影响作用

模型分析结果显示，社会价值取向越高的"90后"有兴趣参加工会以及业委会的发生比显著更高，其回归系数分别为 0.038（$p<0.01$）和 0.054（$p<0.01$），即发生比值分别为 1.039（$e^{0.038}=1.039$）和 1.055（$e^{0.054}=1.055$），这表明社会价值取向每提高 1 分，"90后"参加工会或者业委会的发生比会分别上升 3.9% 和 5.5%。对此的解释是，工会和业委会更多承担的是社会责任，因此社会价值取向对其有正面的影响作用。

成就价值取向越高的"90后"有兴趣参加商会行业协会的发生比显著更高，其回归系数为 0.027（$p<0.05$），即发生比值为 1.027（$e^{0.027}=1.027$），这表明成就价值取向每提高 1 分，"90后"有兴趣参加商会行业协会的发生比会上升 2.7%。商会行业协会一般意味着较高的专业性，是在商界有一定成就的人才有机会进入的组织，因此其与人的成就取向有较大的关联。

此外，快乐价值取向越高的"90后"有兴趣参加兴趣类组织、校友会、专业性组织以及环保组织的发生比显著更高，其回归系数分别为 0.038（$p<0.001$）、0.025（$p<0.01$）、0.027（$p<0.01$）和 0.028（$p<0.01$），即发生比值分别为 1.039（$e^{0.038}=1.039$）、1.025（$e^{0.025}=1.025$）、1.027（$e^{0.027}=1.027$）和 1.028（$e^{0.028}=1.028$），这表明快乐价值取向每提高 1 分，"90后"参加兴趣类组织、校友会、专业性组织以及环保组织的发生比会分别上升 3.9%、2.5%、2.7% 和 2.8%。

第三节　社交媒体参与

随着智能手机以及微信 APP 的快速发展，使用微信已经成为一种新的生活方式，发朋友圈，看朋友圈，为朋友点赞，获得朋友点赞已经成为人们日常生活的重要内容。因此，发布微信朋友圈内容能够在一定程度上体现"90后"的社交兴趣和社会参与状况。

一、生活、艺术和娱乐是"90后"微信朋友圈的主要内容

调查结果显示（见表 6-3-1），对"90后"而言，在朋友圈常发的话题排在

前五位的是"日常生活""文化艺术""影视娱乐""旅游"和"人生励志",选择比例分别为 35.0%、22.9%、20.8%、20.6%和 17.1%,可见,生活、艺术和娱乐是"90 后"在朋友圈中最关注的话题。

从不同代人的比较来看,我们发现,在"日常生活""文化艺术"和"影视娱乐"这三项上,"60 后""70 后""80 后"和"90 后"的选择比例分别为 33.8%、26.7%、27.5%和 35.0%,15.7%、16.0%、12.6%和 22.9%,6.8%、7.8%、13.2%和 20.8%,可见,"90 后"的选择比例均高于前三代人,说明"90 后"比前三代人更关注生活、艺术和娱乐的话题。

在"旅游"和"人生励志"这两项上,"60 后""70 后""80 后"和"90 后"的选择比例分别为 23.5%、31.9%、29.8%和 20.6%,17.8%、24.4%、17.1%和 17.1%,可见,"90 后"的选择比例均低于或等于前三代人,说明"90 后"对旅游和励志话题的关注程度并不高于前三代人。

此外,我们还关注到,"90 后"对"自拍照""游戏电玩"和"文学"的关注程度均要高于前三代人,其中,"90 后"对这三项的选择比例分别为 13.7%、9.0%和 8.1%,可见"90 后"更关注娱乐性质的话题。相反,"90 后"对"社会""消费购物""新闻""教育""经济""家庭照"和"政治"的关注程度均低于前三代,其中,"90 后"的选择比例分别为 11.0%、8.6%、7.0%、6.3%、4.5%、4.5%和 3.8%,可见"90 后"对涉及一些非娱乐性质的话题的关注程度要更低一些。

表 6-3-1　不同代人朋友圈常发话题的比较　　　　　　　　　%

选项	60 后	70 后	80 后	90 后
日常生活	33.8	26.7	27.5	35.0
文化艺术	15.7	16.0	12.6	22.9
影视娱乐	6.8	7.8	13.2	20.8
旅游	23.5	31.9	29.8	20.6
人生励志	17.8	24.4	17.1	17.1
自拍照	9.3	7.5	11.6	13.7
社会	16.4	18.2	15.2	11.0
游戏电玩	2.8	2.9	7.1	9.0

续表

选　　项	60后	70后	80后	90后
消费购物	13.9	11.7	17.7	8.6
文学	2.1	4.2	4.5	8.1
体育	3.2	3.3	7.1	7.0
新闻	19.6	20.2	14.5	7.0
教育	10.3	19.2	14.5	6.3
经济	7.1	11.4	9.1	4.5
家庭照	11.7	9.4	15.3	4.5
政治	6.0	5.9	4.5	3.8
广告	0.4	0.0	1.5	0.9
不发朋友圈	18.5	14.0	11.5	19.0

二、"90后"社交媒体话题的群体差异

从不同群体"90后"所发布的微信朋友圈的话题来看，确实存在一些差异。由于调查题目为多项选择题，因此主要从不同群体对各个选项的选择比例来进行比较。

（一）女性发朋友圈的比例高于男性，男性更关注游戏电玩、体育等话题，女性更关注生活、娱乐等话题

具体而言，男性和女性所关注的微信朋友圈话题有所不同（见表6-3-2），其中男性比女性更关注的话题主要有"游戏电玩""体育""新闻""经济""社会"和"政治"，以上几项男性比女性高出的百分比分别为14.9%、12.7%、6.4%、4.9%、4.7%和3.4%，可见男性会更关注游戏以及经济、政治和社会生活等方面的内容。与之相对，女性比男性更关注的话题主要有"日常生活""自拍照""影视娱乐""旅游"和"消费购物"，以上几项女性比男性高出的百分比分别为17.0%、10.3%、9.2%、9.2%和3.4%，可见女性会更关注生活、娱乐和消费方面的话题。从发朋友圈的比例来看，有22.4%的男性表示自己不发朋友圈，17.0%的女性表示自己不发朋友圈，可见，女性发朋友圈的比例会更高一些。

194　中国梦与"90一代"

表 6-3-2　不同性别"90后"朋友圈常发话题的比较　　%

选　项	男	女	差异值（男—女）
游戏电玩	18.1	3.2	14.9
体育	14.8	2.1	12.7
新闻	11.0	4.6	6.4
经济	7.5	2.6	4.9
社会	14.1	9.4	4.7
政治	5.9	2.5	3.4
教育	7.0	6.0	1.0
广告	1.3	0.6	0.7
文学	7.4	8.5	－1.1
文化艺术	22.0	23.5	－1.5
人生励志	15.6	18.0	－2.4
家庭照	2.8	5.4	－2.6
消费购物	6.4	9.8	－3.4
旅游	15.0	24.2	－9.2
影视娱乐	15.0	24.2	－9.2
自拍照	7.2	17.5	－10.3
日常生活	24.5	41.5	－17.0
不发朋友圈	22.4	17.0	5.4

（二）非农户口"90后"发朋友圈的比例略高于农业户口"90后"，非农户口更关注游戏电玩、文化艺术等话题，农业户口更关注人生励志、日常生活等话题

从不同户口类型"90后"的比较来看（见表6-3-3），非农户口和农业户口"90后"所关注的微信朋友圈话题有所不同，其中非农户口比农业户口更关注的话题主要有"游戏电玩""文化艺术""影视娱乐"和"体育"，以上几项非农户口比农业户口"90后"高出的百分比分别为5.7%、5.6%、4.7%和3.5%，可见非农户口比农业户口"90后"更关注娱乐和艺术方面的话题。与之相对，农业户口比非农户口的"90后"更关注的话题主要有"人生励志"

"日常生活"和"自拍照",以上几项农业户口比非农户口"90后"高出的百分比分别为6.0%、5.8%和3.2%,可见农业户口比非农户口"90后"会更关注与生活以及努力相关的话题。从发朋友圈的比例来看,有17.8%非农户口的"90后"表示自己不发朋友圈,有21.9%的农业户口的"90后"表示自己不发朋友圈,可见,非农户口"90后"发朋友圈的比例会更高一些。

表6-3-3 不同户口"90后"朋友圈常发话题的比较   %

选项	非农户口	农业户口	差异值（非农户口—农业户口）
游戏电玩	10.6	4.9	5.7
文化艺术	24.5	18.9	5.6
影视娱乐	22.2	17.5	4.7
体育	8	4.5	3.5
政治	4.4	2.3	2.1
新闻	7.5	5.6	1.9
文学	8.4	7.4	1.0
经济	4.6	4.2	0.4
消费购物	8.5	8.3	0.2
家庭照	4.5	4.3	0.2
广告	0.9	0.8	0.1
旅游	20.4	20.6	−0.2
教育	6.2	6.5	−0.3
社会	10.6	12.1	−1.5
自拍照	12.7	15.9	−3.2
日常生活	33.5	39.3	−5.8
人生励志	15.5	21.5	−6.0
不发朋友圈	17.8	21.9	−4.1

（三）学历低的"90后"发朋友圈的比例更高,学历高的"90后"更关注艺术、生活、励志等话题,学历低的"90后"更关注娱乐、消费等话题

从不同受教育程度"90后"的比较来看（见表6-3-4）,不同学历的"90后"所关注的微信朋友圈话题有所不同,其中学历越高的"90后"更关注的话题主要有"文化艺术""日常生活话题""旅游""文学"和"人生励志",以上

几项研究生学历的"90后"比高中及以下学历的"90后"高出的百分比分别为20.1%、16.6%、9.1%、7.8%和7.6%，可见学历更高的"90后"更关注艺术、生活以及励志方面的话题。与之相对，学历越低的"90后"更关注的话题主要有"自拍照""消费购物""游戏电玩""影视娱乐"和"家庭照"，以上几项高中及以下学历的"90后"比研究生学历的"90后"高出的百分比分别为16.5%、14.7%、13.8%、11.1%和11.0%，可见学历更低的"90后"会更关注与娱乐相关的话题。从发朋友圈的比例来看，高中及以下、大学专科、大学本科和研究生学历的"90后"表示自己不发朋友圈的比例分别为9.9%、17.4%、20.6%和22.0%，可见学历越低的"90后"发朋友圈的比例会越高一些，换言之，学历越高的"90后"发朋友圈的比例会略低一些。

表6-3-4　不同受教育程度"90后"朋友圈常发话题的比较　　　　%

选项	高中及以下	大学专科	大学本科	研究生	差异值（研究生—高中及以下）
文化艺术	10.8	18.1	26.5	30.9	20.1
日常生活	21.6	32.7	37.5	38.2	16.6
旅游	15.3	21.9	19.7	24.4	9.1
文学	3.6	5.9	9.7	11.4	7.8
人生励志	13.5	19.1	15.6	21.1	7.6
教育	8.1	4.5	7.1	9.8	1.7
社会	13.5	8.9	11.8	14.6	1.1
广告	0.0	0.5	1.3	0.0	0.0
体育	9.0	7.2	6.4	8.9	−0.1
经济	9.0	4.1	4.1	7.3	−1.7
政治	6.3	3.0	4.1	4.1	−2.2
新闻	14.4	6.9	5.9	9.8	−4.6
家庭照	12.6	5.8	3.1	1.6	−11.0
影视娱乐	22.5	22.3	20.5	11.4	−11.1
游戏电玩	16.2	13.8	5.9	2.4	−13.8
消费购物	18.0	11.6	6.3	3.3	−14.7
自拍照	19.8	20.3	9.8	3.3	−16.5
不发朋友圈	9.9	17.4	20.6	22.0	12.1

（四）中共党员发朋友圈的比例更高，中共党员更关注生活、文化、社会等话题，群众更关注游戏电玩、娱乐等话题

从政治面貌的比较来看（见表6-3-5），不同政治面貌的"90后"所关注的微信朋友圈话题有所不同，其中中共党员比群众更关注的话题主要有"日常生活""文化艺术""社会""文学""教育"和"政治"，以上几项中共党员"90后"比群众的"90后"高出的百分比分别为14.1%、12.7%、8.2%、6.1%、4.9%和4.6%，可见中共党员的"90后"更关注生活、艺术以及社会等方面的话题。与之相对，政治面貌为群众的"90后"更关注的话题主要有"游戏电玩""自拍照""影视娱乐""消费购物"和"家庭照"等，以上几项群众比中共党员的"90后"高出的百分比分别为12.4%、11.0%、6.7%、5.6%和4.0%，可见政治面貌为群众的"90后"会更关注与娱乐相关的话题。从发朋友圈的比例来看，政治面貌为中共党员、共青团员和群众的"90后"表示自己不发朋友圈的比例分别为10.9%、20.5%和17.5%，可见，政治面貌为中共党员的"90后"发朋友圈的比例会更高一些，这可能与中共党员更注重宣传国家的政策以及个人的思想等因素相关，当看到好的内容或者自己有所感悟时，喜欢通过发朋友圈的方式传播出去。

表6-3-5　不同政治面貌"90后"朋友圈常发话题的比较　　　　　　%

选项	中共党员	共青团员	群众	差异值（中共党员—群众）
日常生活	40.3	36.6	26.2	14.1
文化艺术	29	23.7	16.3	12.7
社会	19.3	10	11.1	8.2
文学	11.3	8.3	5.2	6.1
教育	10.1	5.9	5.2	4.9
政治	7.6	3.5	3	4.6
旅游	25.2	19.6	21.5	3.7
人生励志	17.2	17.9	13.8	3.4
经济	7.1	4	4.9	2.2
广告	1.3	0.9	0.7	0.6

续表

选项	中共党员	共青团员	群众	差异值（中共党员—群众）
新闻	9.7	6	9.1	0.6
体育	5.5	6.6	9.4	−3.9
家庭照	4.6	3.4	8.6	−4.0
消费购物	6.3	8.1	11.9	−5.6
影视娱乐	16	21.1	22.7	−6.7
自拍照	8.8	12.9	19.8	−11.0
游戏电玩	3.4	8.1	15.8	−12.4
不发朋友圈	10.9	20.5	17.5	−6.6

（五）去过国外以及有外国朋友的"90后"发朋友圈的比例更高，他们更关注旅游以及文化艺术等话题

从不同出国出境经历的比较来看（见表6-3-6），有过出国出境经历的"90后"会更关注"旅游""文化艺术"和"自拍照"等话题，相比之下，其以上几项的选择比例比没有出国出境经历的"90后"分别高出11.8%、4.5%和3.0%，这也符合出国出境常伴随的行为。而没有出国出境经历的"90后"更关注的话题主要有"人生励志"，比有过出国出境经历的"90后"高出4.3%，这可能是因为这一部分"90后"更需要励志，通过励志鼓励自己努力取得成功。从发朋友圈的比例来看，去过和没去过国外或境外的"90后"表示自己不发朋友圈的比例分别为12.3%和22.1%，可见，去过国外或境外的"90后"发朋友圈的比例会更高一些。这可能是因为这部分人群有更多的热情和资源来发朋友圈，和大家进行分享。

表6-3-6　不同出国出境经历"90后"朋友圈常发话题的比较　　　　%

选项	去过国外	没去过国外	差异值（去过国外—没去过国外）
旅游	28.6	16.8	11.8
文化艺术	26	21.5	4.5
自拍照	15.7	12.7	3.0

续表

选 项	去过国外	没去过国外	差异值（去过国外—没去过国外）
消费购物	10.1	7.8	2.3
家庭照	6	3.7	2.3
新闻	8.4	6.3	2.1
政治	5.2	3.2	2
影视娱乐	21.7	20.4	1.3
经济	5.4	4.1	1.3
日常生活	35.3	34.9	0.4
体育	6.9	7	−0.1
广告	0.5	1	−0.5
社会	10.6	11.2	−0.6
文学	7.5	8.4	−0.9
教育	5.7	6.6	−0.9
游戏电玩	8.2	9.4	−1.2
人生励志	14.2	18.5	−4.3
不发朋友圈	12.3	22.1	−9.8

从不同外国人交往经历的比较来看（见表6-3-7），有认识并交往的外国人的"90后"会更关注"文化艺术""文学""旅游"和"日常生活"等话题，相比之下，其在以上几项的选择比例上会比没有外国朋友的"90后"分别高出9.0%、6.3%、5.3%和4.6%。从发朋友圈的比例来看，有外国朋友和没有外国朋友的"90后"表示自己不发朋友圈的比例分别为15.2%和22.6%，可见，有外国朋友的"90后"发朋友圈的比例会更高一些。

表6-3-7 不同外国人交往经历"90后"朋友圈常发话题的比较　　　　%

选 项	有交往外国人	无交往外国人	差异值（有交往外国人—无交往外国人）
文化艺术	27.5	18.5	9.0
文学	11.3	5	6.3
旅游	23.3	18	5.3
日常生活	37.4	32.8	4.6

续表

选项	有交往外国人	无交往外国人	差异值（有交往外国人—无交往外国人）
政治	4.7	3.1	1.6
社会	11.8	10.3	1.5
体育	7.5	6.6	0.9
广告	1.2	0.5	0.7
自拍照	13.9	13.4	0.5
教育	6.4	6.2	0.2
人生励志	17.1	17.1	0.0
经济	4.5	4.5	0.0
游戏电玩	8.8	9.2	−0.4
新闻	6.7	7.2	−0.5
家庭照	3.8	5.1	−1.3
影视娱乐	19.8	21.9	−2.1
消费购物	7.5	9.6	−2.1
不发朋友圈	15.2	22.6	−7.4

小　　结

社会参与是人们对各种社会生活以及社会团体的介入程度，构成"90后"人生追求体系中的群体属性层面。本章主要从"90后"参与社团组织的行为、参与社团组织的意愿以及社会交往兴趣这三个方面展开分析。本章的主要研究结果如下：

一、"90后"参与比例最高的社团组织是"校友会"和"工会"

在"90后"参与的社团组织中，比例排在前三位的是"校友会""工会"以及"兴趣/娱乐/运动组织"。校友会和工会作为学校和单位最基本的社团组织，其参与比例高往往与组织行为相关。"兴趣/娱乐/运动组织"是除了学校的校友会和单位的工会之外，在可以自由选择的社团组织中，"90后"参与比例最高的组织。代际比较显示,"90后"参与兴趣类组织的比例要略高于前三代人。"90后"内部的群体比较显示独生子女、有过出国出境经历、有外国朋友以及快乐价值取向更高的"90后"参与兴趣类组织的比例会更高。

二、"90后"参与各类社团组织的意愿较高,排在首位的是"兴趣/娱乐/运动组织"

数据显示,"90后"参与各类社团组织的意愿均要高于实际的参与比例,高出幅度最大的三类组织为生态保护组织、专业性组织和兴趣类组织。代际比较显示,"90后"在大部分社团组织上的参与意愿均要高于前三代人,说明"90后"是具有较强社会参与意识的一代人。

三、"90后"的社交兴趣主要体现在生活、艺术和娱乐方面

数据显示,"90后"微信朋友圈最常发布的话题内容排在前三位的是日常生活、文化艺术和影响娱乐。代际比较结果表明,在以上三方面,"90后"的发送比例均要高于前三代人。在"90后"内部的群体差异方面,不同性别、不同户籍、不同受教育程度、不同政治面貌、不同国际经历和不同媒体使用情况的"90后"所关注的微信话题均有所差异,体现了不同群体独特的社交兴趣和价值取向。

第七章 结论和对策建议

"90后"作为我们国家社会主义事业的建设者和接班人，其人生追求不仅关系到个人健康和家庭幸福，更关系到国家经济社会的发展、关系到中华民族屹立于世界民族之林，关系到中华民族伟大复兴梦想的实现。当"90后"的人生追求目标与国家发展、社会进步的方向相一致时，则将推动国家和社会的进步和发展，而当"90后"的人生追求目标与国家发展的目标相背离时，则会产生反作用力。因此，我们要重视"90后"的人生追求目标，并将其放在国家发展战略的高度来关注。

第一节 主要结论

习近平总书记在中共十九大报告中指出："中国特色社会主义进入新时代，我国社会主要矛盾已经转化为人民日益增长的美好生活需要和不平衡不充分的发展之间的矛盾。"对比中共十一届六中全会时我国社会的主要矛盾即"在社会主义改造基本完成以后，我国所要解决的主要矛盾，是人民日益增长的物质文化需要同落后的社会生产之间的矛盾"，可见，我们国家的发展阶段已经提升，社会的主要矛盾已经发生变化。与这种阶段和变化相对应，"90后"的人生追求也体现出相应的特征。本研究通过调查分析，得出以下研究结论。

一、自由、快乐、务实和多元是"90后"一代人生追求的鲜明特征

人们的人生追求和价值取向会随着时代的发展和外部环境的改变不断发生变化，在不同历史时期呈现不同特征。如果说中国传统文化奉行的是道德至上的价值取向和知足乐道的生活观念，西方现代奉行的是功利主义

的价值取向和享乐主义的生活观念①,那么对于出生于20世纪末,成长于21世纪初的"90后"一代而言,他们既面临中国经济高速发展带来的较为充裕的物质环境和科技进步带来的便利生活,又面临社会贫富差距拉大、自然环境恶化、社会信任度下降等现实问题,这使他们的人生追求呈现出独有的矛盾特征。

（一）价值观追求:"90后"高度认同自由和快乐,但仍然以物质主义价值追求居多

在社会主义核心价值观的十二个选项中,"90后"选择最认同"自由"的比例高达50.8%,远远超过前三代人对自由的选择比例以及"90后"对其他十一个选项的选择比例。"90后"在快乐价值取向上的得分为84.01分,既高于前三代人在该维度上的得分,也高于"90后"在传统、社会和成就价值取向上的得分。尽管如此,"90后"中物质主义者要多于后物质主义者,两者之间的比例为4.7∶1,这意味着近5位物质主义者对应1位后物质主义者。可见,"90后"在价值追求上是处于理想我与现实我的矛盾统一之中。

（二）婚恋家庭追求:"90后"既认同成功婚姻的关键在于尊重、理解等情感因素,又非常注重物质因素

在婚姻追求上,"90后"认同成功婚姻最重要的三大因素是"相互尊重和欣赏""理解和宽容"以及"忠贞"。尽管"90后"主观上认同情感因素是成功婚姻最主要的因素,但是当落实到具体的择偶行为时,又很看重物质因素,有超过四成的"90后"择偶时认为对方必须有自己的房子,仅有一成"90后"认为房子完全不重要。可见,观念上的理想化和行为上的务实化是"90后"婚姻追求的鲜明特征。

（三）就业创业追求:"90后"具有非常鲜明的务实性,经济收入仍是择业最重要因素

"90后"高度重视工作的重要性,有94.9%的"90后"认同工作重要。"90后"择业时考虑的重要因素,排在首位的是工资待遇,有近半数的"90后"选择工资待遇,仅有6.8%的"90后"选择兴趣爱好。可见,尽管"90后"是最注重追求自由和快乐的一代人,但是当落实到具体的职业选择时,他们

---

① 王德军.生存价值观探析[M].北京:社会科学文献出版社,2008.

就趋于务实,将经济收入放在所有可考虑因素的首位。

(四)政治参与追求:"90后"具有较高政治热情,但其动机主要出于实用性目的

"90后"对政治较感兴趣,日常谈论政治问题的频率较高,参与各类政治活动的行为和意愿均较高,有近半数"90后"表示如果国家遭遇危机愿意挺身而出为国参军打仗,可见,"90后"是充满政治热情的一代。但是在入党意愿上,有近半数"90后"表示入党仅仅是出于就业或岗位需要,且比例远远高于前三代人,可见"90后"在入党动机上表现出明显的实用性取向。

(五)社会参与追求:"90后"参与意愿最高的是兴趣类组织,但实际参与比例最高的是校友会和工会

"90后"参与各类社团组织意愿排在第一位的是"兴趣/娱乐/运动组织",有超过半数的"90后"表示自己愿意参与该类组织,其比例既高于"90后"对其他社团组织的选择,也高于前三代人的选择,说明"90后"注重兴趣娱乐,尤其在可以做自由选择时。但是,从实际的参与比例来看,带有组织行为特征的校友会和工会的参与比例最高。可见,参与意愿或参与追求往往与实际的参与行为之间存在一定差距,这种差距常常体现出理想和现实之间的落差。

二、成长环境和受教育程度是影响"90后"人生追求的个体原因

习近平总书记在中共十九大报告中指出:"我国社会生产力水平总体上显著提高,社会生产能力在很多方面进入世界前列,更加突出的问题是发展不平衡不充分,这已经成为满足人民日益增长的美好生活需要的主要制约因素。"[1]事实上,这种发展上的不平衡不充分体现在个体身上,就会形成不同背景的个体所存在的差异,甚至是阶层差异。当前青年中存在的阶层分化现象已经引起众多研究者的关注,研究者还注意到青年的阶层分化已经引起青年价值观和青年文化的分化[2][3][4][5]。在本研究中,阶层分化对"90

---

[1] 习近平.决胜全面建成小康社会 夺取新时代中国特色社会主义伟大胜利——在中国共产党第十九次全国代表大会上的报告[N].人民日报,2017-10-28(1).
[2] 孙立平.失衡:断裂社会的运作逻辑[M].北京:社会科学文献出版社,2004:81-83.
[3] 陆玉林.当代中国青年文化的回顾与反思[J].中国青年政治学院学报,2002(4):37-42.
[4] 陆玉林.论社会主义核心价值观培育中的代际问题[J].中国青年政治学院学报,2014(1):19-24.
[5] 杨雄."第五代人":自身特点与发展趋势[J].中国青年研究,2002(3):11-16.

后"的人生追求有较大影响,具体体现在不同户籍、不同受教育程度、不同政治面貌以及不同家庭背景的"90后"在人生追求的许多方面存在差异。

（一）不同户籍的"90后"在人生追求上存在差异

调查显示,不同户籍的"90后"在人生追求上存在的差异主要体现在以下五个方面:

1. 在社会主义核心价值观认同上,非农户口的"90后"更注重自由、平等和民主,农业户口的"90后"更注重友善、诚信和敬业,体现了两个群体所优先关注价值观的不同。

2. 在家庭追求上,农业户口的"90后"生育意愿更高,其希望生育2个孩子的比例要显著高于非农户口的"90后",这与其从小接受的传统观念相关。

3. 在就业地选择上,非农户口的"90后"比农业户口的"90后"选择北上广深等一线大城市以及国外的比例更高,农业户口的"90后"比非农户口的"90后"选择发达地区二线城市和国内其他地区的比例更高,体现了农业户口"90后"更趋务实的特点。

4. 在政治参与上,农业户口的"90后"与周围人讨论政治问题的比例以及参与政治活动的意愿更高,为国参军打仗的意愿也更高。

5. 在社会参与上,农业户口的"90后"参与环保组织的意愿更高,这与其在农村成长,有更多接触自然的机会相关。

（二）不同受教育程度的"90后"在人生追求上存在差异

不同受教育程度的"90后"在人生追求上存在的差异主要体现在以下五个方面:

1. 在社会主义核心价值观认同上,受教育程度高的"90后"相对更注重自由,受教育程度低的"90后"相对更注重富强、和谐,体现了不同受教育程度的"90后"所优先关注价值观的不同。

2. 在家庭追求上,受教育程度高的"90后"希望生育两个孩子的比例更高,这可能与受教育程度高往往与较高的收入相关联,因而有能力承担起养育两个孩子的责任。

3. 在就业追求上,受教育程度高的"90后"更注重职业发展前景,更倾向于选择北上广深等一线大城市,体现了更长远的人生发展目标导向。

4. 在政治参与上，受教育程度高的"90后"提交入党申请书的比例更高，日常讨论政治问题的比例更高，参与政治活动的意愿也更高，体现了更高的政治参与热情。

5. 在社交兴趣上，受教育程度高的"90后"更关注艺术、生活、励志等话题，受教育程度低的"90后"则更关注娱乐、消费等话题，体现了不同的兴趣取向。

（三）不同政治面貌的"90后"在人生追求上存在差异

不同政治面貌的"90后"在人生追求上存在的差异主要体现在以下五个方面：

1. 在社会主义核心价值观认同上，中共党员更注重富强、民主和法治等，共青团员和群众更注重自由、友善和和谐等，体现出中共党员更关注国家的经济、政治以及法治的发展，共青团员和群众则更关注自由以及个体的感性体验。

2. 在家庭追求上，中共党员和共青团员比群众更认同有自己的房子才有家的感觉。

3. 在就业追求上，中共党员选择到党政机关工作的比例要远远高于共青团员和群体的选择比例。

4. 在政治参与上，中共党员和共青团员对党组织活动的兴趣更高，对政治更感兴趣，日常讨论政治问题的比例更高，参与各类政治活动的意愿也更高，体现出更高的政治参与热情。

5. 在社会参与上，中共党员和共青团员参与工会的比例更高，在社交兴趣上，中共党员发朋友圈的比例更高，更关注生活、文化、社会等话题，相比之下，群众会更关注游戏电玩、娱乐等话题。

（四）不同家庭背景的"90后"在人生追求上存在差异

不同家庭背景的"90后"在人生追求上存在的差异主要体现在以下五个方面：

1. 在基础价值取向上，父亲职业地位越高的"90后"越具有社会价值取向，母亲受教育程度越高的"90后"越具有成就价值取向，家庭经济主观感受越好的"90后"越追求快乐生活，体现出家庭的财富、教育和职业背景对个体的重要影响。

2. 在家庭追求上，家庭经济主观感受更好的"90后"更注重家族或亲戚的重要性。

3. 在就业追求上，母亲受教育程度越高的"90后"择业时越注重兴趣爱好的因素，越倾向于选择在北上广深等一线大城市工作。

4. 在政治参与上，母亲受教育程度越高的"90后"对政治感兴趣的程度越低，参与各类政治活动的意愿也更低。

5. 在社会参与上，父亲职业地位越高的"90后"参与业委会的意愿越低，母亲受教育程度越高的"90后"参与宗族会/老乡会的意愿越低，家庭经济主观感受越好的"90后"参与宗教/教会组织的意愿越低。

三、全球化是影响"90后"人生追求的时代特征

全球化是当前"90后"成长发展中面临的一个非常重要的时代因素。在全球化的背景下，青年人参与国际交流的机会越来越多，越来越广泛。一方面，我们国家的青年人有更多机会出国留学、短期交流、参观旅游等；另一方面，越来越多的外国人到中国来工作、学习、参观访问、旅游等，使得"90后"有更多参与全球化和国际交流的机会，这种交流对"90后"的价值观和人生追求都会产生一定的影响。

教育部2019年3月发布的我国出国留学人员情况统计显示，2018年度我国出国留学人员总数为66.21万人，其中，国家公派3.02万人，单位公派3.56万人，自费留学59.63万人，比2017年度出国留学人数增加5.37万人，增长8.83%，从1978年至2018年底，我国各类出国留学人员累计达585.71万人。[1]教育部2019年4月发布2018年来华留学统计显示，2018年共有来自196个国家和地区的492 185名各类外国留学人员在全国31个省（区、市）的1 004所高等院校学习，比2017年增加了3 013人，增长比例为0.62%。[2]以上留学人员都是以学生为主，可见，青年有更多机会参与到国际化和全球化的浪潮中。

在本次被调查的"90后"中，有31.5%的人出国出境过，这就意味着有

---

[1] 教育部.2018年度我国出国留学人员情况统计[EB/OL].[2019-06-20]. http://www.moe.gov.cn/jyb_xwfb/gzdt_gzdt/s5987/201903/t20190327_375704.html。

[2] 教育部.2018年来华留学统计[EB/OL].[2019-06-20]. http://www.moe.gov.cn/jyb_xwfb/gzdt_gzdt/s5987/201904/t20190412_377692.html。

近 1/3 的"90 后"有出国出境的经历和体验。其中出国出境次数 1~2 次的占比 24.4%，3~4 次的占比 5.2%，5 次及以上的占比 1.9%。在交往外国朋友方面，有 48.8% 的"90 后"有外国朋友，其中外国朋友 1~5 人的占比 39.4%，外国朋友 5 人以上的占比 9.4%。有 51.4% 的"90 后"表示自己有出国留学的想法，比例相当高。由此可见，当前的"90 后"一代是深受全球化和国际化影响的一代，这种国际化的经历会对他们的人生追求产生影响。

事实上，本研究的调查数据也显示出具有不同国际化经历的"90 后"在人生追求的各个方面均存在一定差异，具体表现在以下五个方面：

1. 在社会主义核心价值观认同上，有过国际经历如出国出境过或有外国朋友的"90 后"都会更注重和追求自由，这可能是因为追求自由的人更可能出国出境或者结交外国朋友，也可能是因为出国出境以及结交外国朋友的经历会促使个体更追求自由，或者两者之间会有交互效应。此外，调查显示，有外国朋友的"90 后"的成就价值取向更高，更具有创造性和冒险性。

2. 在家庭追求上，有外国朋友的"90 后"希望生育两个或三个孩子的比例会更高。

3. 在就业追求上，去过国外境外的"90 后"选择在北上广深等一线大城市以及国外工作的比例更高，去过国外境外或者有外国朋友的"90 后"选择去外企工作的比例会更高，有外国朋友的"90 后"有创业计划以及有创业行为的比例更高。

4. 在政治参与上，有外国朋友的"90 后"对政治感兴趣的程度以及日常谈论政治问题的频率均更高，参与各类政治活动的比例和意愿更高。此外，我们发现有出国出境经历与"90 后"的参军意愿呈负相关，即有过出国出境经历的"90 后"更不愿意参军打仗。

5. 在社会参与上，有外国朋友的"90 后"参与各类社团组织的比例和意愿均更高，这可能是因为交往外国朋友本身就意味着较高的社会交往能力和交往愿望，这种能力和愿望也会体现在对各类社团组织的参与行为和意愿上，而且去过国外或者有外国朋友的"90 后"发朋友圈的比例也更高，他们喜欢通过发朋友圈的方式参与社交活动。

四、媒体是影响"90后"人生追求的重要力量

在信息化和网络化的时代,"90后"不断受到各类媒体包括电视媒体和网络媒体的影响,这些媒体传播的信息对其价值观和人生追求方向均会产生影响。在各类媒体中,新闻联播作为我们国家的主流媒体,在宣传主流意识形态以及国家的经济、政治、社会和文化发展所取得的成就、当前的国际形势和国际关系等方面仍然发挥着非常重要的作用,是"90后"了解国内外重要新闻的权威途径和窗口,因此,本研究重点分析了是否看新闻联播对"90后"人生追求的影响。此外,作为网络的原住民,"90后"一代是伴随网络的发展而成长起来的一代,他们几乎参与了互联网发展的全过程,并形成特有的网络语言和网络文化。对于网络和信息,"90后"有自己的理解,其中部分"90后"为了获得国外更多更全的信息,会采取网络翻墙行为,浏览被屏蔽的境外网页,这必然会对他们的价值观和人生追求产生影响,因此,本研究也重点分析了是否用过翻墙软件对"90后"人生追求的影响。在本研究的调查对象中,有53.7%的"90后"表示自己平时看新闻联播,42.5%的"90后"表示自己用过翻墙软件。

本研究的调查数据显示,不同媒体使用情况的"90后"在人生追求的各个方面均存在一定差异,具体表现在以下五个方面:

1. 在社会主义核心价值观认同上,看新闻联播的"90后"比不看新闻联播的"90后"会更关注富强、文明、和谐、爱国等,而不看新闻联播以及使用翻墙软件的"90后"会更关注自由。此外,看新闻联播的"90后"在传统、社会和成就价值取向上的得分要高于不看新闻联播的"90后",而使用翻墙软件的"90后"在传统价值取向上得分更低,但在成就价值取向上得分更高,且更具有后物质主义价值倾向。

2. 在家庭追求上,用过翻墙软件的"90后"希望生育三个孩子的比例更高。

3. 在就业追求上,看新闻联播的"90后"选择到国外就业的比例更低,使用翻墙软件的"90后"选择到一线大城市就业的比例更高,选择到国内其他地区就业的比例更低。在就业单位上,看新闻联播的"90后"选择到党政机关的比例更高,使用翻墙软件的"90后"则选择到各类企业工作的比例更高,而且,看新闻联播和使用翻墙软件的"90后"具有创业想法的比例均更

高,但是在创业行为上无显著差异。

4. 在政治参与上,看新闻联播的"90后"对党组织活动的兴趣更高,对政治感兴趣的程度以及日常谈论政治问题的频率更高,参与各类政治活动的比例和意愿更高,且为国参军打仗的意愿更高。相比之下,用过翻墙软件的"90后"对党组织活动的兴趣会更低,但其对政治感兴趣的程度以及日常谈论政治问题的频率更高,参与各类政治活动的比例和意愿均更高。由此可见,看新闻联播和使用翻墙软件的人都是更具有政治参与热情的人。

5. 在社会参与上,看新闻联播的"90后"参与各类社团组织的比例和意愿相对更高,发朋友圈的比例更高,体现了较高的社会参与度。

五、社会转型是影响"90后"人生追求的宏观环境

传统—现代—后现代社会转型是当前"90后"生存面临的重要社会环境。在这个环境中,各种社会要素交织在一起,形成一种复杂的社会氛围,共同对"90后"的人生追求目标产生影响作用。一方面,我们所处的社会依然非常强调传统价值观,如习近平总书记提出的要注重家庭、家教、家风,要发扬光大中华民族传统家庭美德,要继承和弘扬中华优秀传统文化等,并由此在社会上掀起学习国学、诵读经典的热潮。另一方面,我们所处的社会讲究成就和绩效,鼓励青年练就过硬本领,增长才干,提升能力素质,跟上时代发展的步伐,并且在创新创造中实现个人梦想,为国家和社会做贡献。同时,在后现代价值观的影响下,"90后"越来越注重追求自我表现,追求幸福价值观,追求快乐和自由。此外,集体主义作为中国的主流价值观被宣传和引导,青年被要求个人利益应当服从集体利益,小我应该服从大我。

由此可见,传统、现代、后现代,个人主义和集体主义等多种价值观导向交织在一起,形成"90后"成长的丰富而多元的社会氛围,这些价值观共同作用于"90后",对他们的人生追求目标产生或同向、或异向的影响作用。本次研究选择了其中最具代表性的四种价值观取向即传统价值取向、社会价值取向、成就价值取向和快乐价值取向,并深入分析了这四种价值取向对"90后"人生追求目标的影响作用。调查数据显示,"90后"在传统、社会、成就和快乐这四种价值取向上的得分分别为 74.94 分、74.88 分、63.71 分和 84.01 分,可见,快乐价值取向的得分排位第一,其次是传统价值取向,再次是社会价值取向,成就价值取向的得分排在第四。

调查数据显示,传统、社会、成就和快乐价值取向对"90后"人生追求的各个方面的影响作用均不相同,具体而言:

1. 在家庭追求上,不同价值取向对家庭重要性的认同有不同的影响作用。其中,传统和社会价值取向越高则越认同家庭重要,而且不仅认同核心家庭重要也认同家族或亲戚的重要性。与之相对,成就价值取向越高则越不认同家庭的重要性,既不认同核心家庭的重要性,也不认同家族或亲戚的重要性。有趣的是,快乐价值取向对核心家庭和扩大家庭的认同态度有不同的影响作用,即快乐价值取向越高越认同核心家庭的重要性,但越不认同家族和亲戚的重要性。在生育意愿上,传统和成就价值取向的作用完全相反,即传统价值取向越高则生育意愿越高,而成就价值取向越高则生育意愿越低。

2. 在就业追求上,当选择职业时,传统价值取向越高的"90后"越会注重家庭因素,而社会价值取向越高的"90后"越不注重家庭因素,成就价值取向越高的"90后"越不注重工作条件。当选择工作地点时,传统价值取向越高选择到国外就业的比例越低,相反,成就价值取向越高选择到国外就业的比例越高。当选择工作单位时,社会价值取向越高选择私营企业的比例越低,成就价值取向越高选择党政机关、私营企业、外资企业和自主创业的比例越高,快乐价值取向越高选择国有企业的比例越高,而且成就价值取向越高的"90后"创业的意愿和行为均显著更高。

3. 在政治参与上,不同的价值取向也存在完全不同的影响作用。其中,传统和社会价值取向越高则对党组织活动的兴趣越大,而成就和快乐价值取向越高则对党组织活动的兴趣越低。社会价值取向越高的"90后"对政治越感兴趣,日常谈论政治问题的频率越高。社会和成就价值取向越高,参与各类政治活动的比例越高。与之相反,传统和快乐价值取向越高,则参与各类政治活动的比例越低。在为国参军打仗上,社会价值取向越高的"90后"参军的意愿越高,与之相对,成就价值取向越高的"90后"参军的意愿越低。

4. 在社会参与上,成就价值取向越高的"90后"参加专业性社团组织的比例越高,而快乐价值取向越高的"90后"参加兴趣类社团组织的比例越高。在参与意愿上,社会价值取向越高的"90后"参加工会以及业委会的意愿更高,成就价值取向越高的"90后"参加商会行业协会的意愿更高,而快乐价值取向越高的"90后"参加兴趣类组织、校友会、专业性组织以及环保组织的意愿更高。

六、信任危机是影响"90后"人生追求的负面效应

社会信任是维持社会秩序的一个重要软性机制[①]。当前社会信任危机已经成为个体的主观感受和全社会共同关注的问题。中国社会科学院社会学研究所发布的《中国社会心态研究报告(2012—2013)》显示,中国社会总体信任度已跌破60分底线,已经进入"不信任"水平,到了社会信任的警戒线[②]。信任危机弥散在整个社会的各个方面,存在于不同人群、阶层和行业之间[③]。

社会信任危机会带来很多负面效应,增加社会运作的成本。"离开了人们之间的一般性信任,社会自身将变成一盘沙,当人与人之间没有任何信任时,人们将会陷入'所有人对所有人的战争'"[④]。中国社会科学院社会学研究所王俊秀认为,我国社会信任危机的出现是因为社会转型期,人们逐渐脱离原来的熟人社会形态,改变了原来的信任格局,加上市场秩序不完善,法律法规不完善或未得到很好执行,导致欺诈行为时有发生,并通过媒体宣传扩大,加上官员的不作为、乱作为和贪污腐败,导致人们对基层政府机关的信任度不高,对各种服务行业的信任度也很低[⑤]。

在本次被调查的"90后"中,对于"社会上大多数人都可以信任"这一说法,5.8%表示非常同意、41.1%较同意、10.3%一般、36.7%不太同意、6.1%完全不同意,可见有近半数"90后"认同社会是可信任的,但也有超过四成的"90后"认为社会是不可信任的,还有一成"90后"持不明确态度。本研究的调查数据显示,不同的社会信任度对"90后"不同领域的人生追求确实有较大的影响作用,具体而言:

1. 社会信任度越高的"90后"社会价值取向越高,越愿意贡献社会,帮助他人,换句话说,社会信任度低则意味着社会价值取向低,不愿意贡献社

[①] 曹聪敏,潘光莉.社会转型中大学生的社会信任危机及对策研究——以中部M高校为例[J].喀什大学学报,2019,40(1):92-98.
[②] 王俊秀,杨宜音.中国社会心态研究报告 2012—2013[M].北京:社会科学文献出版社,2013:73.
[③④] 王俊秀,陈满琪.中国社会心态研究报告 2016[M].北京:社会科学文献出版社,2016:117.
[⑤] 吴晓东.社会信任下降主因是人们风险意识提高[N].中国青年报,2013-02-17(4).

会、帮助他人。

2. 在就业追求上，社会信任度越高的"90后"选择到私营企业和外资企业工作的比例越低。

3. 在政治参与上，社会信任度高的"90后"对政治感兴趣的程度更高，且为国参军打仗的意愿会更高。换句话说，当社会信任度低时，"90后"对政治感兴趣的程度会下降，愿意为国付出的意愿也会下降。

4. 在社会参与上，社会信任度对"90后"参与不同社团组织的作用不同，社会信任度越高的"90后"参与环保组织的比例越高，但参与商会/行业协会和宗教/教会组织的比例越低。

基于以上结论，本研究归纳出"'90后'人生追求的现状及成因总结图"，具体如图 7-1-1 所示。

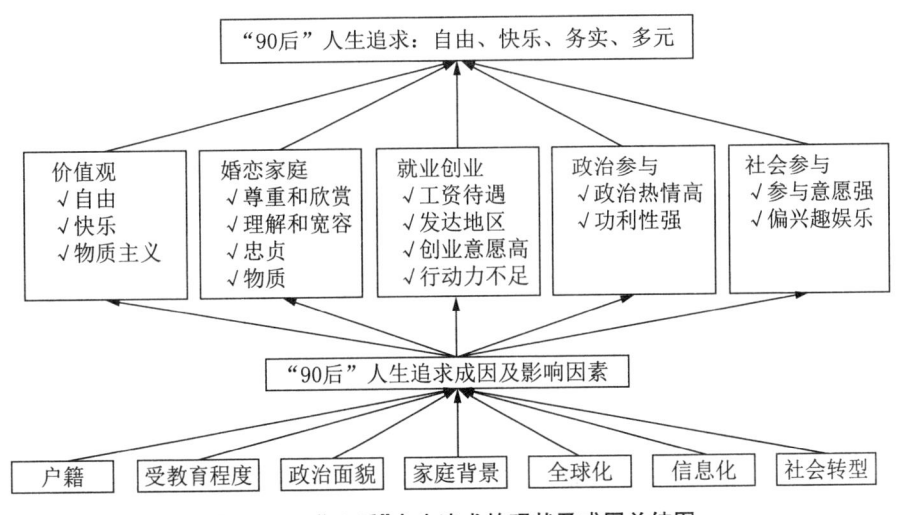

图 7-1-1 "90后"人生追求的现状及成因总结图

第二节 对策建议

赢得青年才能赢得未来，塑造青年才能塑造未来[①]。"90后"正处于成

---

① 中共中央国务院印发《中长期青年发展规划（2016—2025 年）》[N].人民日报，2017-04-14(1).

人初显期的年龄阶段,其突出的特点就是不稳定和充满机遇,可塑性强,未来拥有无限的可能性。因此,我们可以从党和国家需要的角度,从促进中华民族伟大复兴的角度来塑造青年,促进青年自由和全面的发展。

一、以中国梦引领和整合"90后"的多元人生追求

中国梦具有强大的包容性。中国梦是国家梦、民族梦,同时是每个个人的梦想。它支持每个人通过努力实现自己的梦想,同时把个人梦想的实现与国家梦想的实现相结合。中国梦的内涵即国家富强、民族复兴和人民幸福,既考虑到了国家的发展、民族的复兴,也考虑到个体幸福的实现,是对国家、民族和个人梦想的有机整合。中国梦对全体青年给予厚望,其中就包括了来自不同阶层和不同背景的青年,它不是属于某一个阶层青年的梦想,而是属于全体青年的梦想。中国梦不仅考虑到青年实现精神追求,也考虑到青年实现物质追求,因此是包容了理想和现实追求在内的综合体,也因此具备引领和整合"90后"多元人生追求的基础。

中国梦具有强大的凝聚力。中国梦作为一种整体的价值目标,是当前中国社会倡导的主导价值目标,反映出国家和社会发展的目标和要求,能够真正起到统帅、凝聚青年力量的目的,因此,具有强大的凝聚力[1]。无论来自不同阶层、不同背景的"90后"处于个体发展的哪个阶段,在具体的个人梦想上存在何种差异,在具体的利益诉求上具有何种独特性,都能够被囊括在追求中国梦的大框架之下,只要这种追求和诉求是合法合理合情的。因此,作为社会主导价值观的中国梦能够有效地将"90后"的多元利益追求凝聚起来,给青年奋斗以坚实的基点。

中国梦具有强大的激励作用。中国梦鼓励青年在奋斗中不断修炼个体的过硬本领,在时代发展的洪流中,不断抓住机遇,更新和迭代自我,从而实现个体的幸福生活,促进国家和民族的进步,提升国家的国际竞争力。中国梦充分肯定青年是先锋力量,具有远大理想和抱负,鼓励青年不断发挥自我的创造性,鼓励在新的历史时期建功立业,从而实现个人幸福、民族复兴、国家发展。因此,中国梦为青年创新创造提供了坚强的激励和支持。

---

[1] 卢杨."中国梦"语境下青年价值观的整合[J].当代青年研究,2014(1):15-18.

二、引导树立健康、理性婚恋观

家庭是社会的组成要素,只有家庭幸福稳定,社会才具有和谐发展的坚实基础。恋爱婚姻是"90后"生命历程中非常重要的环节,是"90后"从个体走向组建家庭,并为养育下一代做好准备的关键点。"90后"目前恰好处在二三十岁,大多数人将在此阶段经历恋爱并进入婚姻,通过组建家庭,生育和养育下一代承担社会责任。因此,有必要通过恋爱婚姻教育,引导"90后"树立健康、理性的婚恋观。

加强健康婚恋观教育。婚姻关系是重要的亲密关系,涉及物质、情感、责任、信仰等多重要素,良好的婚姻关系需要建构在多重要素共同的基础上,择偶时如果过于注重单方面要素如物质基础,则有可能会忽视其他方面如品德、性格、情感的关注,不利于良好亲密关系的建构。健康的婚姻需要基于一定的物质基础、共同的理想追求、良好的情感基础、男女平等的关系以及对家庭和社会的责任感。因此要引导"90后"在择偶以及结婚时不可过度看重物质条件,要加强对婚姻和情感生活中尊重意识、诚信意识和责任意识的培养[①]。

加强科学育儿能力的培养。职业需要上岗证,为人父母,养育子女作为最重要的育人工程,更需要有科学的理念和方法。十年树木百年树人,养育好下一代既是对自己的婚姻家庭负责任,对孩子负责任,更是为国教子,对社会和国家负责任。政府应通过婚姻登记机构、产前检查以及产科医院等机构,在"90后"进入婚姻以及怀孕和生育孩子之初就接受到科学育儿知识和方法的指导,这有助于下一代的健康成长以及良好家庭关系的建构。

三、完善政策体系,保障"90后"就业创业权益

不同背景"90后"在就业创业追求以及就业创业权益的保障上存在差异。中国城乡二元结构体制使城市和农村户籍的"90后"在受教育以及就业上所享受的社会资源配置有较大差异,直接影响他们的就业能力和就业预期,对他们职业的长远规划和发展产生影响。因此需要政府完善相关就业创业政策体系,以保障"90后"就业创业权益的充分实现。

加强职业生涯教育,促进"90后"理性选择就业。当前"90后"在选择就

---

① 中共中央国务院印发《中长期青年发展规划(2016—2025年)》[N].人民日报,2017-04-14(1).

业地和就业单位时往往存在一定盲目性,存在人云亦云,人选亦选的现象,缺乏结合自我性格特点和兴趣特长,在生涯理论系统指导下,经过科学评估,对自己的总体人生发展目标以及职业发展的不同阶段所要实现目标的综合认识、选择和判断。因此常常会出现职业与所学专业不对口,性格和职业不相匹配的状况,既无法充分实现个人价值,又无法更好服务社会。因此,应在学校以及社区中引入生涯教育,帮助"90后"自我评估、自我定位并通过有效就业实现个体和社会价值。

加强职业培训,提升"90后"就业技能。当前的学校教育和工作岗位需求之间往往存在一定的脱节,这中间的差距可以通过职业培训进行弥补和对接。因此有必要推出一系列适合市场需求的职业培训课程,为"90后"根据生涯规划选择需要的课程提供途径。同时,为促进公平就业,政府有必要对就业困难"90后"提供就业援助,对就业信息渠道不通畅的青年提供就业信息援助,为经济困难的"90后"青年提供培训补贴,从而助力"90后""就业力"的提升。

支持创业,激发"90后"的创新潜能和创业活力。创业是极具挑战性的事情,需要有创意、专业、资金、环境等多种因素的支持。部分"90后"感到创业风险太大、创业环境不佳、自身缺乏创业的条件和能力等。但是社会和国家的发展需要青年的创新和创业。因此,政府应通过提供政策支持,为有意愿也有能力的"90后"提供更好的创业机会和平台,如搭建平台和孵化机制、提供创业基金支持和创业指导、开展创业培训、开展创新创业大赛等,帮助"90后"提升"创业力"。

四、引导"90后"有序理性参与政治生活

"90后"有较高的政治参与热情,他们对政治感兴趣,热衷谈论政治问题,愿意参与政治活动。数据说明,"90后"并不是政治冷漠的一代,相反,在国家需要时,要近半数"90后"愿意挺身而出,为国参军打仗,可见"90后"是有责任感和政治担当的一代。对于"90后"饱满的政治参与热情,国家和政府更需要有合理的引导,要给予"90后"表达思想和参与政治的途径和方式,促进"90后"有序理性参与到政治生活中。

事实上,党和国家高度重视青年的政治参与权利,并积极探索引领青年有序参与政治生活。具体如:支持共青团、青联代表和带领青年积极参与人大、政府、政协、司法机关、社会有关方面各类协商,就涉及青年成长发展的重大问题协商探讨、提出意见、凝聚共识,充分发挥政治参与职能;探索建立有关人大代表、政协委员青少年事务联系机制,为青年参与畅通渠道、搭建平台;鼓励青年参与城乡基层群众自治,推动完善民主恳谈、民主议事制度,在实践中提高青年政治参与能力;推荐优秀青年代表担任人民陪审员、人民监督员、人民调解员等,依法履行相关职责。①

以上做法将大大拓展"90后"参与政治生活的途径和方式,一方面能够满足"90后"的参与需要,有助于"90后"参与到政治协商中,提高参政议政能力;另一方面能够切实发挥"90后"在政治生活的作用,在事关青年自身发展的政策上具有发言和参与协商的机会,监督国家公权力的行使,从而为国家的发展建言献策。

五、丰富和畅通"90后"参与社会的渠道和方式

青年需要有更广泛的社会参与。越来越多的青年期望拥有多重职业或身份,体现了多角度体验和参与社会的需求。"90后"拥有广泛参与社会的热情和需求,但当前参与面狭窄,参与渠道不通畅等问题依然困扰着"90后",因此,需要通过政府支持和市场开发等方式,为"90后"参与社会和融入社会提供更多更好的选择,助力青年适应社会,增强自信,在参与中服务社会、贡献社会,最终寻找到人生意义,实现自我价值。

发挥党组织和共青团在引导"90后"参与社会中的主导作用。要健全党领导下的以共青团为主导的青年组织体系②。党的领导能够确保"90后"社会参与的正确方向。共青团作为党的助手,可以在更广泛、更细致、更全面了解"90后"需求的基础上,发挥好联系党和"90后"之间的桥梁作用,共青团可以在相关调研的基础上开发和开展适合"90后"特点,符合"90后"需求的活动,调动"90后"参与的积极性和主动性,在活动中增加党组织和共青团对"90后"的吸引力和凝聚力。

发挥社会组织在引导青年参与社会中的重要作用。不同户籍、不同受教育程度、不同经济状况的"90后"参与社会的兴趣点和关注点有所不同,

---

①② 中共中央国务院印发《中长期青年发展规划(2016—2025年)》[N].人民日报,2017-04-14(1).

而要满足"90后"不同群体的多元化需求,就需要有多元社会组织和社会团体的介入。调查中"90后"最喜欢、最热衷参与如兴趣/娱乐/运动组织、教育/艺术/文化专业性组织以及环境/生态保护组织,这些恰恰是社会组织可以大有可为的领域。在党和政府的领导下,社会组织通过组织各种活动,吸引"90后"积极有序、理性合法地参与,在参与中提升能力,并增强认同感、责任感,从而更热爱生活、热爱社会、热爱国家。

六、加强对各类社会思潮的科学引导

以主流价值观引领多元化的社会思潮。面对多元社会思潮对青年的影响,习近平总书记提出要巩固马克思主义在意识形态领域的指导地位,培育和践行社会主义核心价值观,巩固全党全国各族人民团结奋斗的共同思想基础。因此,当前要加强对马克思主义和社会主义核心价值观的宣传引导,既注重以正面宣传的方式,同时可以加强隐性渗透的方式,如加入时尚元素,设计实践活动,增强互动性和趣味性等,在潜移默化中增强"90后"的认同度,达到以主流文化引领多元思潮的效果。

对各类社会思潮宜疏不宜堵。在信息化和网络化的时代,如果期望通过信息隔绝和信息屏蔽的方式达到思想净化的目的已经非常困难。因此,澄清事实,提高"90后"明辨是非的能力,才是解决问题的根本之道。追求自由的"90后"一代,在受到主流媒体影响的同时,也会自主采取各种方式如使用翻墙软件去了解防火墙以外的世界。因此,需要开放让"90后"系统、全面了解各类社会思潮的历史溯源、发展脉络、优劣利弊的通道,以专业的力量指导"90后"全面了解并形成科学理性判断,增加对主流价值的认同。

关注"90后"利益诉求,切实解决民生问题。"90后"对各类社会思潮的认同往往体现了其利益诉求关系。如"90后"支持"生态主义",说明他们对当前环境不满,希望生态环境能够有所改善;支持"新自由主义",说明他们追求自由,不喜欢被约束和控制;支持"民族主义",则与近些年所发生的各类民族主义事件如中日钓鱼岛争端、南海争端、中韩萨德事件等相关。看清楚这一点,则需要从民生问题出发,切实解决"90后"发展时需要的现实和瓶颈问题,通过实施青年优先发展战略以及建设青年友好型社会,完善公共服务体系,促进青年自由全面发展。

参 考 文 献

一、著作

阿奈特.长大成人你所要经历的成人初显期[M].段鑫星,等译.北京:中国轻工业出版社,2007.

陈国强.简明文化人类学词典[M].杭州:浙江人民出版社,1990.

陈映芳."青年"与中国的社会变迁[M].北京:社会科学文献出版社,2007.

刁绍华.外国文学大词典[M].长春:吉林教育出版社,1990.

丁俊萍.中国梦之中国力量[M].武汉:武汉大学出版社,2015.

英格尔哈特.现代化与后现代化:43个国家的文化、经济与政治变迁[M].严挺,译.北京:社会科学文献出版社,2013.

英格尔哈特.发达工业社会的文化转型[M].张秀琴,译.北京:社会科学文献出版社,2013.

冯克正,傅庆升.诸子百家大辞典[M].沈阳:辽宁人民出版社,1996.

马克思,恩格斯.马克思恩格斯全集(第3卷)[M].北京:人民出版社,1960.

金炳华.马克思主义哲学大辞典[M].上海:上海辞书出版社,2003.

君冢大学等.东亚社会价值的趋同与冲突中日韩青年社会意识比较[M].北京:社会科学文献出版社,2001.

李春玲.断裂与碎片——当代中国社会阶层分化实证分析[M].北京:社会科学文献出版社,2005.

李春玲.境遇、态度与社会转型:80后青年的社会学研究[M].北京:社会科学文献出版社,2013.

李耳.老子[M].太原:三晋出版社,2008.

李鹏程.当代西方文化研究新词典[M].长春:吉林人民出版社,2003.

林南.社会资本关于社会结构与行动的理论[M].张磊,译.上海:上海人民出版社.2005.

刘炳瑛.马克思主义原理辞典[M].杭州:浙江人民出版社,1988.

刘佩弦.马克思主义与当代辞典[M].北京:中国人民大学出版社,1988.

廖盖隆等.社会主义百科要览上[M].北京:人民日报出版社,1993.

卢风.启蒙之后近代以来西方人价值追求的得与失[M].长沙:湖南大学出版社,2003.

卢之超.马克思主义大辞典[M].北京:中国和平出版社,1993.

陆学艺.当代中国社会阶层研究报告[M].北京:社会科学文献出版社,2002.

米德.文化与承诺:一项有关代沟问题的研究[M].周晓虹,周怡,译.石家庄:河北人民出版社,1987.

米德.代沟[M].曾胡,译.北京:光明日报出版社,1988.

牟宗三.中国哲学的特质[M].上海:上海古籍出版社,1997.

彭克宏.社会科学大词典[M].北京:中国国际广播出版社,1989.

石国亮.中国梦大学生教育读本[M].北京:中国言实出版社,2014.

时蓉华.社会心理学词典[M].成都:四川人民出版社,1988.

孙立平.失衡:断裂社会的运作逻辑[M].北京:社会科学文献出版社,2004.

宋希仁等.伦理学大辞典[M].长春:吉林出版社,1989.

王德军.生存价值观探析[M].北京:社会科学文献出版社,2008.

王俊秀,杨宜音.中国社会心态研究报告2012—2013[M].北京:社会科学文献出版社,2013:73.

王俊秀,陈满琪.中国社会心态研究报告2016[M].北京:社会科学文献出版社,2016:117.

吴忠观.人口科学辞典[M].成都:西南财经大学出版社,1997.

熊建生.青年学通论[M].武汉:武汉大学出版社,1995.

徐少锦,温克勤.伦理百科辞典[M].北京:中国广播电视出版社,1999.

张鲁原.中华古谚语大辞典[M].上海:上海大学出版社,2011.

张清源.现代汉语常用词词典[M].成都:四川人民出版社,1992.

张首吉等.党的十一届三中全会以来新名词术语辞典[M].济南:济南出版社,1992.

邹瑜,顾明.法学大辞典[M].北京:中国政法大学出版社,1991.

中国百科大辞典编委会.中国百科大辞典[M].北京:华夏出版社,1990.

中国大百科全书总编辑委员会.中国大百科全书社会学[M].北京:中国大百科全书出版社,2002.

中共中央文献研究室.习近平关于实现中华民族伟大复兴的中国梦论述摘编[M].北京:中央文献出版社,2013.

中华人民共和国国家统计局.中国统计年鉴2014汉英对照[M].北京:中国统计出版社,2014.

Margaret Mead. Culture and Commitment: The New Relationships between the Generations in the 1970s[M]. Columbia University Press. 1978.

二、期刊论文

曹聪敏,潘光莉.社会转型中大学生的社会信任危机及对策研究——以中部M高校为例[J].喀什大学学报,2019,40(1):92-98.

陈秉公.论支撑中华民族伟大复兴的铸魂工程——解读十八大报告提出的"积极培育和践行社会主义核心价值观"[J].中国高等教育,2013(2):22-26.

程桂龙.政治社会化理论视阈下高校学生政治冷漠现象管控研究[J].当代青年研究,2018(4):17-22.

楚国清.十八大以来习近平关于青年工作重要论述研究[J].北京青年研究,2015,24(2):5-11.

楚国清.我国青年政策的发展脉络与未来思考[J].北京青年研究,2017,26(3):5-13.

崔岩."90后"青年社会认知特征和社会评价分析[J].青年研究,2016(4):38-46.

邓希泉.习近平青年发展观研究[J].中国青年研究,2017(6):36-42.

段鑫星,程嘉.成人初显期理论及其评述[J].当代青年研究,2007(2):20-27.

兰公瑞,李厚仪,盖笑松.人生目的:一个能预示积极发展的心理结构[J].心理科学进展,2017,25(12),2192-2202.

李春梅,师晓娟.青年社会参与政策的现状及效果评价研究[J].中国青年研究,2018(7):101-106.

李庆善.美国社会学界关于"代沟"研究的综述[J].青年研究,1986(5):44-47.

李汪洋,谢宇.中国儿童及青少年职业期望的性别差异[J].青年研究,2016(1):75-83.

李忆红,陈玲.实现"中国梦"与构筑当代青年的精神支柱[J].当代青年研究,2014(1):31-36.

刘书林."普世价值"问题出现的过程、原因及实质[J].政治学研究,2008(6):5-6.

刘帅,刘建华.习近平青年思想的逻辑体系述论[J].当代青年研究,2018(1):5-11.

刘汶蓉.家庭价值的变迁和延续——来自四个维度的经验证据[J].社会科学,2011(10):78-89.

卢杨."中国梦"语境下青年价值观的整合[J].当代青年研究,2014(1):15-18.

陆玉林.当代中国青年文化的回顾与反思[J].中国青年政治学院学报,2002(4):37-42.

陆玉林.论社会主义核心价值观培育中的代际问题[J].中国青年政治学院学报,2014(1):19-24.

骆清,刘新庚.习近平青年教育思想的理论特色与现实践履[J].当代青年研究,2018(1):12-16.

孟宪范.家庭:百年来的三次冲击及我们的选择[J].清华大学学报(哲学社会科学版),2008(3):133-145.

倪邦文.科学内涵、时代价值与理论品格——论习近平总书记关于青年工作的重要思想[J].中国青年社会科学,2018,37(5):1-11.

任伟.当代大学生"中国梦"的价值认同研究——以 S 省某高校为分析对象[J].中国青年研究,2014(8):56-58.

沈杰.青年、世代与社会变迁:世代理论的源起和演进[J].中国青年政治学院学报,2010,29(3):1-7.

沈杰.现代性进程中的青年发生与演变[J].北京青年研究,2018,27(1):5-15.

沈杰.后现代语境中青年概念的重构[J].中国青年研究,2018(6):26-32.

沈杰.世代分析:青年社会学的重要研究视角[J].云南大学学报(社会科学版),2018,17(3):100-106.

沈潘艳,辛勇,高靖,冯春.中国青少年价值观的变迁(1987—2015)[J].青年研究,2017(4):1-10.

石国亮.我们为什么要面向青年出台专门的"规划"——从"青年是不是弱势群体"谈起[J].中国青年社会科学,2017,36(4):1-9.

时昱,沈德赛.当代中国青年社会参与现状、问题与路径分析[J].中国青年研究,2018(5):38-44.

谭建光,世界新格局与《中长期青年发展规划》的价值[J].中国青年社会科学,2017,36(5):11-19.

田丰,顾旭光.青年危机——世界经验到中国政策的应对[J].中国青年研究,2015(7):35-40.

汪慧,王冲.阶层固化背景下底层青年的"中国梦"[J].当代青年研究,2014(1):19-25.

王萌.改革开放四十年我国青年价值观变迁机制研究[J].当代青年研究,2018(6):31-36.

王沛沛.当代青年群体的社会态度及影响因素[J].青年研究,2016(5):47-56.

王彤,黄希庭.心理学视角下的人生目标[J].心理科学进展,2018,26(4),731-743.

王延隆,李俊奎.习近平总书记关于青年工作的重要思想的科学内涵与实践价值[J].中国青年研究,2018(12):32-37.

魏莉莉.青年群体的代际价值观转变:基于 90 后与 80 后的比较[J].中

国青年研究,2016(10):64-75.

魏莉莉."80后""90后"青年对社会主义核心价值观的认同——基于代际和阶层比较[J].当代青年研究,2017(2):17-23.

魏莉莉.现代性和后现代性的同步发展——基于代际比较的"90后"生活价值观特征分析[J].当代青年研究,2018(6):17-23.

吴鲁平.90年代中国青年社会参与意识和行为[J].当代青年研究,1994(Z1):8-14.

吴鲁平.发达国家青年价值观变迁的启示[J].中国青年研究,2001(5):41-45.

吴鲁平.西方发达国家青年价值结构的转型及其社会经济根源——英格莱哈特的"后现代化理论"[J].中国青年政治学院学报,2002(2):14-21.

吴鲁平.青年研究的理论范式转型及其学科意义[J].中国青年政治学院学报,2014,33(2):20-26.

吴鲁平.青年研究的理论范式转型及其学科意义[J].中国青年政治学院学报,2014,33(2):20-26.

吴鲁平,杨巧,简臻锐.马克思主义青年观及其最新发展[J].中国青年研究,2019(1):38-46.

吴鲁平.西方青少年发展研究的框架、趋势及学科意涵——以《青少年百科全书》为基础的分析.中国青年社会科学,2019,38(1):57-64.

吴倩.中国梦与美国梦的比较研究——基于对中美青年大学生的调查分析[J].青年研究,2018(5):1-8.

徐先艳,王义军.马克思主义人的自由全面发展理论与新时代青年发展[J].中国青年研究,2018(8):38-44.

阎云翔.当代青年是否缺乏理想主义?[J].文化纵横,2013(5):56-61.

杨雄."第五代人":自身特点与发展趋势[J].中国青年研究,2002(3):11-16.

杨雄.青年是推动社会进步和托举"中国梦"的重要力量[J].当代青年研究,2014(1):5-8.

杨雄."四个伟大":当代青年发展的基本遵循[J].青年研究,2017(6):1-4.

姚望.增强抑或削弱:社会信任对中国特色社会主义制度自信的影响研究[J].宁夏党校学报,2019,21(2):107-114.

曾燕波."佛系"抑或奋进:青年职业价值观调查[J].当代青年研究,2018(6):5-11.

张敏.佛系标签下的"90后"青年价值观多维透析与塑造[J].当代青年研究,2018(6):12-16.

张铤.大学生政治冷漠的现状及其危害分析[J].教育评论,2015(5):48-50.

张阳.习近平新时代中国特色社会主义思想对青年成长的影响[J].当代青年研究,2018(1):17-22.

周晓虹.文化反哺:生发动因与社会意义[J].青年探索,2017(5):78-87.

周晓虹.从青年入手重塑中国人的价值观——《中长期青年发展规划(2016—2025年)》的精神启示[J].中国青年研究,2018(3):35-40.

周怡.代沟理论:跨越代际对立的尝试[J].南京大学学报(哲学社会科学版),1995(2):47-52.

周素丽,潘丽莉,高骊.2014中外十大思潮调查评选 2010—2014社会思潮动向调查分析报告[J].人民论坛,2015(1):14-17.

2014中外十大思潮调查评选 NO.8 极端主义[J].人民论坛,2015(3):52.

2015中外十大思潮调查评选 NO.9 极端主义[J].人民论坛,2016(3):64.

2014中外十大思潮调查评选 NO.10 宪政思潮[J].人民论坛,2015(3):64.

三、学位论文

郝韶梦.主流媒体对主流意识形态建构[D].合肥:安徽大学,2017.

黄逸凡.普世价值思潮对当代大学生的影响研究[D].杭州:杭州电子科技大学,2017.

雷双双."90后"大学生入党动机研究[D].上海:华东师范大学,2013.

刘利萍.新时期大学生入党动机研究[D].成都:西南石油大学,2016.

徐铖铖.大学生网络"翻墙"行为研究[D].杭州:浙江工业大学,2014.

许申申.高校大学生入党动机研究[D].长春:吉林农业大学,2015.

王彤.当代中国大学生人生追求的心理学研究[D].重庆:西南大学,

2018.

朱颖原.社会主义核心价值观研究[D].太原:山西大学,2013.

四、报纸文章

习近平.承前启后继往开来继续朝着中华民族伟大复兴目标奋勇前进——在参观《复兴之路》展览时的讲话[N].人民日报,2012-11-30(1).

习近平.在中央党校建校80周年庆祝大会暨2013年春季学期开学典礼上的讲话[N].人民日报,2013-03-03(1)。

习近平.在第十二届全国人民代表大会第一次会议上的讲话[N].人民日报,2013-03-18(1).

习近平.给北京大学学生回信勉励当代青年勇做走在时代前面的奋进者开拓者奉献者[N].人民日报,2013-05-05(1).

习近平.在同各界优秀青年代表座谈时的讲话[N].人民日报,2013-05-05(2).

习近平.在欧美同学会成立100周年庆祝大会上的讲话[N].人民日报,2013-10-22(1).

习近平信贺全球创业周中国站开幕创新是社会进步的灵魂[N].人民日报(海外版),2013-11-09(1).

中共中央文献研究室.为实现中华民族近代以来最伟大的梦想而奋斗——学习《习近平关于实现中华民族伟大复兴的中国梦论述摘编》[N].人民日报,2013-12-03(6).

习近平.给华中农业大学"本禹志愿服务队"回信[N].人民日报,2013-12-06(1).

中共中央办公厅.关于培育和践行社会主义核心价值观的意见[N].人民日报,2013-12-24(1).

习近平.在党的群众路线教育实践活动第一批总结暨第二批部署会议上的讲话[N].人民日报,2014-01-21(1).

习近平.把培育和弘扬社会主义核心价值观作为凝魂聚气强基固本的基础工程[N].人民日报,2014-02-26(1).

习近平.核心价值观是文化软实力的灵魂[N].人民日报(海外版),2014-

02-26(1).

习近平.青年要自觉践行社会主义核心价值观——在北京大学师生座谈会上的讲话[N].人民日报,2014-05-05(2).

习近平.从小积极培育和践行社会主义核心价值观[N].人民日报,2014-05-31(2)

习近平.在2015年春节团拜会上的讲话[N].人民日报,2015-02-18(2).

习近平.致全国青联十二届全委会和全国学联二十六大的贺信[N].人民日报,2015-07-25(1).

习近平.在知识分子、劳动模范、青年代表座谈会上的讲话[N].人民日报,2016-04-30(2).

习近平.在哲学社会科学工作座谈会上的讲话[N].人民日报,2016-05-19(2).

习近平在全国高校思想政治工作会议上强调:把思想政治工作贯穿教育教学全过程开创我国高等教育事业发展新局面[N].人民日报,2016-12-09(1).

习近平.在会见第一届全国文明家庭代表时的讲话[N].人民日报,2016-12-16(2).

中共中央国务院印发《中长期青年发展规划(2016—2025年)》[N].人民日报,2017-04-14(1).

习近平.在中国政法大学考察时的讲话[N].人民日报,2017-05-04(1).

习近平.决胜全面建成小康社会　夺取新时代中国特色社会主义伟大胜利——在中国共产党第十九次全国代表大会上的报告[N].人民日报,2017-10-28(1).

习近平.在纪念五四运动100周年大会上的讲话[N].人民日报,2019-05-01(2).

吴晶等.用青春书写新时代的荣光——以习近平同志为核心的党中央关心青年成长成才纪实[N].人民日报,2019-04-30(1).

倪邦文.让青春年华在为国家为人民的奉献中焕发出绚丽光彩[N].光明日报,2016-05-04(1).

《中长期青年发展规划(2016～2025年)》新闻发布会举行[N].中国青

年报,2017-05-18(1).

杜沂蒙.积极推进中长期青年发展规划的落实[N].中国青年报,2019-04-23(1).

吴晓东.社会信任下降主因是人们风险意识提高[N].中国青年报,2013-02-17(4).

五、电子文献

教育部.2018年度我国出国留学人员情况统计[EB/OL].[2019-6-20].http://www.moe.gov.cn/jyb_xwfb/gzdt_gzdt/s5987/201903/t20190327_375704.html.

教育部.2018年来华留学统计[EB/OL].[2019-6-20].http://www.moe.gov.cn/jyb_xwfb/gzdt_gzdt/s5987/201904/t20190412_377692.html.